조선의 세계적인 문화유산

태실 胎室

저자 金得煥

서삼릉태실연구소

추천사

이 태 섭
전주이씨 대동종약원 이사장

    우리 민족은 예로부터 자연에 순응하면서 인간을 존중하고 충효 사상과 생명존중 사상을 토대로 장구한 역사를 써내려왔습니다.

    그 생명존중 사상의 하나가 장태 문화라는 우리나라 고유의 풍습인 것입니다. 축복과 함께 경건한 의식으로 새 생명을 맞이하는 것은 생명존중 사상을 중요시해온 우리 조상들의 아름다운 문화라 아니할 수 없습니다. 다른 나라와 달리 출산과 더불어 모태도 소홀하게 다루지 않았습니다. 새 생명과 함께 어미의 태를 신중하게 처리함으로써 생명의 소중함을 인식함은 물론 새 생명의 무병장수와 발전도 기원했던 것입니다.

    이는 '대저 하늘이 만물을 낳는데 사람으로서 귀하게 여기며, 사람이 날 때는 태로 인하여 장성하게 되는데 하물며 그 현우(賢愚)와 성쇠(盛衰)가 모두 태에 달려 있으니 태란 것은 신중하지 않을 수가 없다'라고 기록한 〈태장경〉에 잘 나타나 있습니다.

    우리 조상들은 어질거나 어리석게 되거나, 쇠망하고 성하는 것이 모두 태에 의해 결정된다고 믿었습니다. 그 기원은 신라 때부터 시작해 조선시대까지 이어졌습니다. 그런데 아름답고 보존해야 할 장태 문화가 점차 우리 곁에서 사라져가고 유물 또한 방치되어 파손되는 현실에 안타까움을 느꼈습니다.

    이번 〈조선의 세계적인 문화유산 – 태실〉의 발간이 조상들의 생명존중 사상을 되돌아보고, 장태 문화의 유산들을 되살리는 큰 역할을 했으면 합니다.

조선의 세계적인 문화유산 태실胎室

  또한 이 책의 발간이 '조선의 태실'이 유네스코 지정 세계문화유산으로 지정되는 데 큰 힘을 실어줄 것으로 믿습니다.
  조선 왕릉은 지난 2009년 유네스코 세계문화유산으로 등재됐습니다. 모두 40기의 왕릉이 인류문화유산으로서 그 가치를 인정받았습니다. 이번에는 바로 조선 왕실의 태실(胎室)이 세계문화유산으로 등재될 차례입니다.
  세계문화유산으로 등재돼야 할 대표적인 태실은 고양시 '서삼릉'과 성주군 '세종대왕자 태실'입니다. 경기도 고양시 서삼릉복원추진위원회와 조선왕실태실연구소, 그리고 성주군에서 추진 중인 '태실 공간의 세계적인 문화유산 등재'는 생명 잉태의 소중한 문화적 가치를 가지고 있기 때문에 반드시 성과를 이루어야 한다고 봅니다.
  그러기 위해서는 단행본 발간과 함께 태실 문화에 대한 지속적인 학술 연구가 이어져야 할 것입니다. 경북 성주군은 매년 5월 생명문화축제의 서막을 알리는 '세종대왕자 태실(胎室) 태봉안 재현 행사'를 서울 경복궁에서 주최해오고 있습니다. 이와 함께 태실 전문가들의 연구 성과를 발표하고, 토론하는 학술대회와 세미나도 매년 개최해왔습니다. 조선왕조 유, 무형문화재의 보존 관리와 전통문화를 계승, 발전시키는 저희 대동종약원은 이 추천사를 통해 조선왕실태실연구소와 성주군에 감사의 뜻을 전합니다.
  끝으로 이 책이 나오기까지 10여년에 걸쳐 수고를 아끼지 않은 김득환소장님께 감사의 말씀을 드립니다.

추천사

이 창 환
상지영서대 교수
(사)국제기념물유적협의회 한국위원회 집행위원

서삼릉 문화해설사로 활동하던 시절부터 우리나라의 태실 문화에 무한한 애정을 가진 필자를 눈여겨보며 무엇인가 일을 해낼 사람이라고 생각했습니다. 그리고 무엇인가 도움이 되야 한다는 생각을 해왔습니다. 이번에 그동안의 성과를 집대성해서 역작을 내놓는다니, 내 자신이 출간하는 것처럼 설레임을 금할 수 없습니다. 이 책의 출간을 계기로 많은 사람들이 우리 고유의 태실 문화에 관심을 갖고 애정을 주었으면 좋겠습니다.

이 책의 면면을 보면 단시일에 자료 수집과 집필로 나온 서적이 아님을 알 수 있습니다. 오랜 세월 동안 현장을 답사하고 자료를 수집하고 분석한 뒤 깊이 있는 시선으로 바라본 '태실개론서'라고나 할까요. 어느 한 분야에 몰입해서 정진해 온 사람만이 이루어낼 수 있는 결과물이 아닌가 생각됩니다.

제도권 밖에서 조상들이 남겨준 우리 문화유산에 천착해서 놀랄 만한 성과물을 내놓는 이들이 가끔 있습니다. 이런 사람들을 향토사학자라 부르기에 모자람이 없겠지요. 또한 진정한 의미의 문화재 지킴이라고도 할 수 있을 것입니다. 우리 문화재의 유네스코 세계문화유산 등재에 이런 분들이 큰 기여를 한다고 봅니다.

사실 태실 문화에 대해서는 연구하는 사람이 적은 것으로 알고 있습니다. 특별히 이 분야에 파고 들어 저작물을 내놓는 이들도 찾아보기 힘들었습니다. 태실 문화에 대한 연구성과라고 해야 일회성 논문이나 보고서에 그치더군요. 실제로 도서관에 가보면 태실 관련 서적을 좀처럼 찾을 수 없습니다. 그 점이 안타까웠

조선의 세계적인 문화유산 태실胎室

습니다. 태실처럼 한국적인 문화유산도 별로 없는데 말입니다. 조선의 역대 왕들의 태를 묻는 태실이 22위나 남아 있다는 것만으로도 반드시 보존되야 할 우리의 문화유산인데 말입니다.

  역사의 대중화라는 말을 종종 들을 수 있습니다. 역사는 이제 제도권내에서만 연구하는 학자의 전유물이 아닙니다. 많은 뜻 있는 사람들이 우리 역사에 애정과 관심을 갖고 답사여행을 떠나고 역사적 담론을 즐기는 모습이 눈에 띕니다. 역사가 드라마와 영화의 소재로 많이 다루어지고, 히트한 역사물을 바라보는 다양한 시각이 장안의 화제가 되기도 합니다. 또한 많은 사람들이 현실에서 되풀이될 수도 있는 역사적인 사건에서 반면교사(反面敎師)의 교훈을 얻습니다.

  기적적인 경제성장을 이루어낸 우리나라가 문화적인 민족으로 재도약하는 것을 보는 것 같아 뿌듯하기만 합니다. 우리나라가 세계 6대 수출국이라는 경제적인 부의 축적 만으로는 진정한 선진국 대열에 들어설 수 없겠지요.

  필자처럼 우리 문화유산에 애정을 갖고 어느 한 분야에서 사학자에 버금가는 성과를 거두는 이들이 많이 나오기를 바랍니다. 열정이 없이는 아무 것도 이룰 수 없다는 말을 몸소 실천해낸 필자에게 뜨거운 박수를 보냅니다.

  그리고 이 책이 우리 고유의 태실 문화가 유네스코 지정 세계문화유산 등재되는 데 작은 밀알이 되리라 믿어 의심치 않습니다.

추천사

김 태 일
풍수지리학 박사
평화통일연구원 학술원장

    이 책을 집필한 김득환 소장에게 존경과 경의를 표합니다. 누구도 하지 않던 일을 해낸 김 소장에게 경외감마저 느낍니다.

    이 책은 잊혀져가는 우리의 문화 유산, 태실을 널리 알리는 동시에 태실에 관한 전문적인 길잡이가 될 것이 분명합니다. 이 책의 면면을 살펴보면 제가 쓴 박사 논문 〈조선의 왕릉과 태봉(胎峰)의 비교 연구 – 동기감응론과 풍수이론 중심으로〉보다 우월성이 느껴지며, 누구라도 쉽게 가까이할 수 있는 필독서라는 느낌이 옵니다. 우리 역사를 연구하는 학자들이나 문화유산에 관심이 있는 분들에게 매우 유용할 것입니다.

    제가 아는 김 소장은 서삼릉에 무한한 애정을 가져왔습니다. 서삼릉은 일제강점기에 침략자들이 민족의 정기를 말살하기 위해 전국에 산재해 있던 54기의 태실을 한곳에 모아 식민 통치를 위한 도구로 이용했던 곳입니다. 서삼릉의 아픔을 누구보다 절실히 느껴온 김 소장은 누구보다 앞장서서 태실 문화를 연구하고, 다양한 방식으로 자료를 수집하고, 또 널리 알리는 데 힘써왔습니다.

조선의 세계적인 문화유산 태실 胎室

   그렇게 10여년에 걸친 각고의 노력 끝에 드디어 국내에서 처음으로 태실에 관한 저서를 펴냈습니다.

   이 책의 출간으로 인하여 많은 사람들이 아름답게 보존해야 할 우리나라의 장태 문화에 관심을 갖게 될 것입니다. 또한 이 책의 출간이 조선 왕조의 태실이 유네스코 세계문화유산으로 지정되는 데 큰 몫을 할 것이라 믿습니다.

   조선 왕실과 태실을 연구하는 학자로서 다시 한번 김 소장에게 존경과 경의를 표합니다. 수고하셨습니다.

들어가는 글

저는 경기도 고양시 벽제면 문봉리에서 태어나 초등학교 때 서삼릉으로 소풍을 가곤 했습니다. 지금도 눈을 감으면, 마냥 즐거운 얼굴로 소풍을 가던 유년의 그 시절이 아련한 그리움으로 떠오릅니다.

그런 소중한 추억이 있는 나는 지난 2004년부터 고양시 문화관광해설사로 활동하면서 일제강점기에 일본 통치자들의 음모에 의해 희생된 서삼릉의 아픔을 알았습니다. 1929년 전국에 산재해 있던 조선 왕조의 태실 54기가 서삼릉에 집단 이장된 채 초라하게 남아 있다는 사실을 알게 된 것입니다.

그 후 꽃 피는 봄이 오면, 주말마다 내가 사랑하는 서삼릉에 나가서 몰려드는 관광 인파들을 위해 자원봉사로 교통정리를 하면서 즐거움을 느꼈습니다. 서삼릉이 내 집 같고, 내 고향 같은 희열감을 나는 느꼈습니다. 아내가 교통정리를 하는 내 모습에 곱지 않은 시선을 보내도 흔들리지 않았습니다.

그러던 어느날 나는 태를 묻는 태실 문화가 세계 어느 곳에서도 유례를 찾아볼 수 없는 우리 민족 고유의 문화 유산이라는 것도 인식하게 됐습니다.

그때부터 새로운 광맥을 발견하고 눈을 반짝이는 광부처럼 태실에 몰입하기 시작했습니다. 지금도 전국의 어느 명당 자리에서 비바람을 맞고 있을 태실들을 찾아 답사여행을 떠나고, 이런 저런 경로를 통해 자료를 수집하는 데 희열을 느꼈습니다. 태실을 연구하고 공부하는 이들도 열성적으로 만나 의견을 나누고, 자료를 공유하는 시간들이 참으로 행복했습니다. 뭔가 하나에 빠져들면 열정을 다하

조선의 세계적인 문화유산 태실 胎室

고 끝까지 가는 제 성격이 그대로 반영됐다고나 할까요.

그리고 어떤 의무감을 느끼기 시작했습니다. 조선의 세계적인 문화유산, 태실을 보존하고 널리 알리는 데 작은 역할이든 큰 역할이든 해야 한다는……호랑이는 죽어서 가죽을 남기고, 사람은 죽어서 이름을 남긴다는 속담이 있듯이 태실에 관해서라면 무언가 족적을 남기고 싶었습니다.

또한 고양시 서삼릉 태실과 경북 성주군 세종대왕자 태실이 유네스코 세계문화유산으로 하루 빨리 지정되기 위해서는 많은 학술 연구와 단행본 발행이 우선적으로 이루어져야 한다는 의무감을 느꼈습니다. 내가 나서는 것이 이 계통에 훌륭한 연구 성과를 남긴 다른 분들에게 주제 넘어 보일지는 모르지만, 누군가는 해야 할 일이라고 생각했습니다. 그래서 단행본 출간을 결심하게 되었습니다.

태실 관련 자료들을 살펴본 결과, 그동안 태실에 관한한 서적이 별로 없다는 사실도 용기를 주었습니다. 제가 써내려간 이 서적이 사학과 학생들이나 태실 문화를 연구하는 분들에게 하나의 개론서 역할도 할 수 있다는 자부심도 느끼게 되었습니다. 한편으로는 과연 그런 역할을 할 수 있을지 걱정이 되기도 합니다.

다시 말씀 드리지만, 이 책이 태실 문화의 유네스코 세계문화유산 지정, 태실의 보존과 유지, 문화재 수호에 도움이 됐으면 하는 바램입니다. 그리고 이 책을 읽는 이들이 저의 모자람을 질타해도 겸허하게 수용하겠습니다.

목차

제 1 장 - 세계문화유산으로 지정돼야 할 태실

1. 세계문화유산 지정에 근접한 서삼릉 태실과 세종대왕자 태실 ... 17
2. 태실은 우리 민족 고유의 세계적인 문화 유산 ... 25
3. 태실의 유래와 전승 ... 32
4. 태실에 담긴 철학 ... 45
   〈정자(亭子) - 세계문화유산으로 등재된 40기의 조선왕릉〉 ... 50

제 2 장 - 조선의 세계문화유산, 서삼릉과 세종대왕자 태실

1. 고양시 서삼릉 태실 ... 57
   〈정자(亭子) - 한많은 무덤과 태실이 서삼릉 한 곳에 : 연산군 모 폐비 윤씨〉 ... 73
2. 성주군 세종대왕자 태실 ... 78
   〈정자(亭子) - 태실을 지키던 수호 사찰들〉 ... 88

제 3 장 - 조선왕조의 태실은 어떤 절차로 조성되었나?

1. 태교 ... 93
2. 태봉(胎封)의 선정 ... 96
3. 산실의 준비와 아기씨의 탄생 ... 99
   (1) 산실청(産室廳)의 설치 ... 99

조선의 세계적인 문화유산 태실 胎室

    (2) 산실의 준비   102
    (3) 아기씨의 탄생   103
    (4) 탄생의 반포   104
    (5) 현초(懸草)   106
    (6) 권초제(捲草祭)   107
    (7) 행상(行賞)   108
    (8) 세태(洗胎)   109
    (9) 태항아리에 안치   110
    (10) 초도(初度)   111
4. 안태(安胎)   112
    (1) 발행 의식   112
    (2) 태실의 구조와 형태   118
    (3) 태실의 부장품 - 태항아리. 지석. 동전. 금종이   125
    (4) 태실의 관리 감독   136
〈정자(亭子) - 역사의 아이러니 : 한약재로 쓰이는 태반〉   138
〈정자(亭子) - 제대혈(臍帶血)을 아십니까?〉   142
〈정자(亭子) - 엄마와 아이의 뱃속 추억, 탯줄 도장에 담으세요!〉   145
〈정자(亭子) - 한독의약박물관 앞 마당에 가면 태실이....〉   149

목차

제 4 장 - 조선왕조 역대 임금들의 태실

태조 이성계부터 27대 임금 순종까지 역대 임금들의 태실   155
〈정자(亭子) - 성종의 태실은 왜 창경궁 안에 있을까?〉   208
〈정자(亭子) - 연산군 태실지가 발견되다!!??〉   211
〈정자(亭子) - 아버지 중종의 애틋한 사연이 담긴 인종 태실〉   215

제 5 장 - 태실 : 풍수지리의 대가들이 찾아낸 명당 중의 명당

1. 막중한 임무를 띠었던 태실증고사(胎室證考使)   221
2. '태실 찾아 삼만리'에 얽힌 사연들   227
   〈정자(亭子) - 세종대왕자 태실에 손자의 태를 묻고   236
   16년간 육아일기 '양아록'을 쓴 선비 할아버지〉

제 6 장 - 문화유산으로서의 태실

1. 국보 제 177호로 지정된 태항아리   243
2. 보물로 지정된 태항아리들 - 보물 제 1065호, 보물 제 1055호,   246
   보물 제 1169호
3. 보물 제 1065호로 지정된 태지석   253
4. 보물로 지정 예고된 세종대왕 단종대왕 태실 수개의궤(修改儀軌)   255

조선의 세계적인 문화유산 태실 胎室

5. 귀부와 이수의 미학	259
6. 헌종대왕 태봉도(胎封圖) 등 3대 태봉도	264
〈정자(亭子) - 잠수부가 저수지에서 태실비 인양〉	271
〈정자(亭子) - 병인양요 때 프랑스가 약탈해 간 조선왕조 의궤들〉	273
〈정자(亭子) - 태실의 꽃 : 달항아리〉	279
〈정자(亭子) - 일본인이 밀반출한 태항아리를 수집한 '아타카컬렉션'을 잊지 마세요!!!〉	282

제 7 장 - 조선왕조 왕들의 태실은 어떻게 훼손당했나?

1. 백성들에 의해 훼손 당한 세조의 태실	289
2. 임진왜란과 정유재란 때 파괴된 세종대왕 태실	289
3. 명봉사 사적비로 둔갑한 사도세자 태실	290
4. 일제강점기에 훼손 당한 태실들	295
5. 친일파 후손에 의해 훼손 당한 태실들	297
6. 부호의 묘자리로 팔린 영조의 태실	300
7. 도굴꾼에 의해 훼손 당한 태실들	303
8. 속설에 의해 훼손 당한 태실들	306
9. 근대화의 물결에 휩쓸려 사라진 태실들	307
10. 유림에 의해 훼손 당한 광해군 태실?	307
〈정자(亭子) - 주술적인 악의로 구리 호랑이를 묻은 김유신 장군 태실〉	310

목차

조선의 세계적인 문화유산 태실 胎室

제 8 장 - 답사여행지로 추천할 만한 태실들

1. 신라 김유신장군 태실 …… 315
2. 태조 이성계 태실 …… 321
3. 세종대왕 태실 …… 326
4. 퇴계 이황 태실 …… 332
〈정자(亭子) - 눈길 못 받는 정조의 모형 태실〉 …… 337

제 9 장 - 맺는 말

맺는 말 …… 343

부록 - 서삼릉 태실 집장지에서 출토된 …… 345
　　　조선시대 왕자와 공주, 옹주, 왕비의 태항아리들.

참고자료 …… 362

- 제1장 -
세계문화유산으로 지정돼야 할 태실

제 1장 – 세계문화유산으로 지정돼야 할 태실

1. 세계문화유산 지정에 근접한 서삼릉 태실과 세종대왕자 태실

조선 왕릉은 유네스코 세계문화유산으로 등재됐다. 모두 40기의 왕릉이 인류문화유산으로서 그 가치를 인정받았다.

조선 왕릉에 버금가는 것이 바로 조선 왕실의 태실(胎室)이다. 태실은 왕, 왕비, 대군, 왕세자, 공주 등이 출산하게 되면 태를 묻는 석실을 말한다.

무엇보다 태를 매장하는 관습은 중국에도 없는 우리나라의 독특한 풍습이다. 우리 민족은 태를 '생명선'으로 여겼다. 그래서 태를 함부로 처리하지 않고, 동물이 해를 끼치지 못하도록 땅속 깊이 파묻거나 태웠던 것이다.

우리나라에서는 예로부터 귀인이 되고 못되고는 태에 달렸으며, 어질거나 어리석게 되거나 쇠망하고 성하는 것이 모두 태에 의해 결정된다고 믿었다. 그 기원은 신라 때부터 시작해 조선시대까지 이어졌다. 특히 조선시대에 이르러 왕세자의 태는 장래의 국운과 관련이 크다 하여 갈무리하는데 더욱 정성을 쏟고, 전국 각지의 명당에 역대 조선왕들의 태실을 만들었다. 그러므로 태를 수습하고 태실을 만드는 일은 왕실의 일이기도 했지만 국가적인 사업이기도 했다. 이 일을 관할하던 관청이 '관상감'이란 곳이고, 이를 관장하는 관리는 '안태사'였다. 관청과 관리를 두어야 할만큼 중요한 일이었다.

생명존중 사상에 근거한 태봉이야말로 세계에서도 유례를 찾을 수 없는 우리의 고유한 문화가 살아 숨 쉬는 유산이므로 반드시 세계문화유산으로 등재할 수 있도록 지속적인 학술연구가 이어져야 할 것이다.

세계문화유산으로 등재돼야 할 대표적인 태실은 경기도 고양시 '서삼릉'과 경북 성주군 '세종대왕자 태실'이다.

경기도 고양시 서삼릉 복원추진위원회와 조선왕실태실연구소, 그리고 성주군에서 추진중인 '태실 공간의 세계문화유산 등재'는 생명 잉태의 소중한 문화적 가치를 가지고 있는 것이므로 반드시 추진되어야 한다.

고양시 서삼릉 태실은 전국 각지에 흩어져 있던 조선 왕실의 태실을 일제강점기에 집단으로 이장, 조성한 것이다. 현재 국왕 태실 20기, 폐비 윤씨 태실, 왕자 태실 19기, 왕녀 태실 13기, 왕손 태실 2기 등 총 54기가 모여 있다.

경북 성주군 월항면 인촌리 '세종대왕자 태실'은 세종대왕이 낳은 17왕자와 손자 단종 등 19기의 태실이 모두 한곳에 조성돼 있다. 세종대왕자 태실은 전국에서 규모가 가장 크며 원형이 잘 보존돼 있는 곳이다. 일제강점기의 말살정책에도 불구하고 굳건히 보전돼 태실의 온전한 자태를 그대로 간직하고 있다. 백성들의 부역과 묘지 이장의 고충을 덜기 위해 집단화시키는 등 백성을 사랑하는 세종대왕의 사랑이 돋보이는 문화유산이기도 하다.

▶서삼릉은 세계 유일의 문화 자원....박물관 조성과 각종 이벤트로 유네스코 세계문화유산 등재 조건에 더욱 근접해야

서삼릉을 이 상태로 방치한다면 큰 손실이 아닐 수 없다. 7개 구역으로 나누어진 서삼릉을 다시 하나의 경역으로 통합시켜 울창한 원래의 능림을 이루게 하고,

태실문화를 재정립해 세계적 문화관광 자원으로 가꾸어 나가야 할 필요가 있다.

태실 문화는 경쟁력 있는 문화관광 상품이 될 수 있다. 우선 유치를 목표로 하는 관광객 레벨의 취향에도 부합되는 내용이다. 유럽이나 구미 각국의 관광객 대부분은 '한국'하면, 다른 곳에서 느낄 수 없는 동양적인 신비 문화를 기대하고 있다.

태실 문화는 중국이나 일본에서도 찾아볼 수 없는 세계적으로 희귀한 우리만의 문화인데다 신비스러움도 한껏 깃들어 있다. 또한 태실 문화는 자연적이고 주술적인 신앙의 힘을 빌려서라도 가족의 안녕과 번영을 바라던 원초적 사랑이 배어 있는 인간의 근원적 문화라고 볼 수 있다.

이는 곧 세계적인 태실문화 상품으로의 부상도 가능함을 의미한다. 그리고 유네스코 세계문화유산 등재 조건에도 근접하기 때문에 '세계문화유산'이라는 또 하나의 소중한 자원을 확보할 수 있다. 그렇게 되기 위해서는 다음과 같은 조건이 따라주어야 한다.

> 첫째, 서삼릉 경내에 '태실박물관'을 마련한다.
> 둘째, 서삼릉 경내에 당시의 시대별, 형태별 태실을 볼 수 있는 '야외 태실전시장'을 조성한다.
> 셋째, 태실을 상징하는 토종 캐릭터를 개발해 다양한 상품도 부가적으로 선보인다.
> 넷째, 서삼릉에서 매년 '태실문화제'를 개최하는 등 태실 문화와 연계된 각종 역사 이벤트를 기획한다. 태실문화제 프로그램으로는 태항아리 전시회, 태(胎)도장 만들기, 태실 체험학습장 등을 마련한다.
> 다섯째, 태실 전문가들의 연구 성과를 발표하고, 토론하는 학술세미나를 매년 주최한다.

이같은 청사진이 단계적으로 실행된다면 유네스코 세계문화유산 등재 조건에도 더욱 근접할 것이다.

이탈리아 북부 소도시 베로나는 야외오페라로 유명한 세계적 명소이다. 여름 3개월 동안 이 도시에서 열리는 오페라 공연이 전 세계에서 매년 50만명의 관객을 끌어들여 베로나는 이탈리아에서 가장 잘 사는 도시에 들어간다.

한편 최근 프랑스는 '프랑스식 식사'를 유네스코에 세계무형유산으로 지정해달라고 신청해 화제가 되고 있다.

프랑스식 식사란 포도주와 요리의 조화, 포도주잔, 물잔, 접시, 식기의 배열, 나이프의 날과 포크의 날을 각각 안쪽과 아래쪽으로 놓는 방식, 손님을 초대할 때 메뉴를 인쇄해 손님에게 나눠주는 예절, 전식-본식-후식으로 이어지는 기본 3가지 식사 코스 등을 모두 포관하는 개념이다.

세계무형유산 등재신청을 주도한 '프랑스 유산-미식 사절단'(MFPC)의 아닉빈 단장은 "식사는 음식 문화의 실험적 연구소이며 관습을 모두 모은 것"이라고 강조했다.

이탈리아 그리스 모로코 등 지중해 연안 국가들은 '지중해식 식사'를, 멕시코는 옥수수를 주재료로 하는 '멕시코식 식사'를 각각 세계무형유산으로 신청해 프랑스식 식사와 경합을 벌였다.

서삼릉 태실 단지에서도 숲속 야외음악 공연 등을 기획한다면, 별빛 쏟아지는 밤하늘 아래 숲을 배경으로 문화를 즐기는 각별한 경험의 장이 되어 관광객들을 매료시킬 수 있을 것이다.

▶숭고한 태실지를 세계문화유산으로....세종대왕의 17왕자와 단종 태실 등 19기의 태실이 집단 조성돼 있는'세종대왕자 태실'

경북 성주군은 매년 5월 생명문화축제의 서막을 알리는 '세종대왕자 태실 태봉안 재현 행사'를 서울 경복궁에서 주최해왔다.

이 행사는 조선왕실 태실 의궤에 따라 1887년 조선왕실 태봉안이 있은지 120년만에 지난 2007년부터 성주군 주최로 조선왕실의 상징인 경복궁에서 재현됐다.

'세종대왕자 태실 태봉안 재현행사'로 복원된 조선왕실의 장태문화는 태를 100번 씻는 정성과 생명 존중의 숭고함을 드러내며 임금의 태봉지 낙점, 교지 선포, 안치의식, 경복궁 행사, 긴 여정을 떠나는 안태사를 위로하는 한성부윤 환송연, 청계천 행사로 나누어 진행됐다.

태봉안 재현행사의 높은 관심도를 반영하듯 성주군민 600여명의 자발적인 참여로 서울시민들은 600여년전의 조선왕실의 장태문화를 경험했다.

김항곤 성주군수는 "세종대왕자 태봉안 경복궁행사를 서막으로 우리 군에서는 지역축제를 넘어 세계로 뻗어 나가는 '성주생명문화축제의 장'을 마련했다"며 "우리 고유의 자연과 전통이 어우러진 '생명문화의 고장 성주'를 방문해 생(生)과 활(活), 사(死)가 하나가 되는 삶의 다양한 모습을 마음껏 담아 가길 바란다"고 말했다.

김군수는 "태는 태아의 생명력을 부여한 것이라고 여겨 태아가 출산한 뒤도 함부로 버리지 않고 소중하게 다뤘다"면서 "왕실에서는 국운과 직접 관련이 있다고 해서 전국의 명당에 의식과 절차를 거쳐 태실을 설치했다"고 강조했다.

세종대왕자 태실의 유네스코 세계문화유산 등재를 추진중인 성주군은 또한 태실 전문가들의 연구 성과를 발표하고, 토론하는 학술대회를 2014년부터 매년 개최해왔다.

경북 성주군은 매년 생명문화축제의 서막을 알리는 '세종대왕자 태실 태봉안 재현 행사'를 서울 경복궁에서 주최해오고 있다.

2016년 1월에는 서울 국립고궁박물관 별관 강당에서 '한국의 태실과 세계의 장태문화'를 주제로 제3차 학술대회를 개최했다.

이 학술대회에는 세종대왕자 태실의 세계문화유산 등재에 관심을 가진 성주 군민, 출향 인사, 각종 문화단체, 학계 연구자 등 200여명이 넘는 인원이 참석한 가운데 기조발표, 주제발표, 종합토론 순으로 진행되었다.

학술대회는 허권 유네스코 아태무형유산센터 사무총장이 '한국 태실의 세계 유산적 가치'라는 주제로 기조 발표한 것을 시작으로 패트릭 조한슨교수(국립 멕시코대)의 '라틴아메리카의 장태문화', 박충환교수(경북대)의 '조선 왕실의 장태 의례와 국가권력의 상징적 재생산' 등의 순으로 세계 각국의 장태문화를 내용으로 한 다양한 주제발표가 이어졌다.

참석자들은 이어 세계 장태문화 속에 한국의 태실이 갖고 있는 가치에 대한 종합 토론을 벌였다.

김항곤 성주군수는 "그동안 세종대왕자 태실의 세계문화유산 등재를 위해 기초 연구를 완료하고, 문화재 보호구역 확대지정 및 보존 관리계획을 수립하기 위한 용역을 진행 중"이라며, 각계의 지원을 당부했다.

〈 세계유산(World Heritage)이란? 〉

자연 재해나 전쟁 등으로 파괴의 위험에 처한 유산의 복구 및 보호활동 등을 통해 보편적 인류 유산의 파괴를 근본적으로 방지하고, 문화 유산 및 자연 유산의 보호를 위한 국제적 협력 및 각 나라별 유산 보호활동을 고무하기 위한 것이다. '세계유산협약'에 따라 세계유산위원회가 인류 전체를 위해 보호되어야 할 현저한 보편적 가치가 있다고 인정하여 UNESCO 세계유산목록에 등록한 문화재로 문화유산, 자연유산, 복합유산, 문화경관으로 분류하고 있다. 최근 세계유산 등재 관련 심사절차가 엄격해지고, 연속유산, 문화경관 등 특수한 유형의 세계문화유산 등재가 증가하는 경향이 있다.

〈 등록기준 〉

➤ 인간의 창의성으로 빚어진 걸작을 대표해야 한다. 오랜 세월에 걸쳐 또는 세계의 일정 문화권 내에서 건축이나 기술 발전, 기념물 제작, 도시 계획이나 조경 디자인에 있어 인간 가치의 중요한 교환을 반영해야 한다.

➤ 현존하거나 이미 사라진 문화적 전통이나 문명의 독보적 또는 적어도 특출한 증거가 되어야 한다.

➤ 인류 역사에 있어 중요 단계를 예증하는 건물, 건축이나 기술의 총체, 경관 유형의 대표적 사례여야 한다.

➤ 특히 번복할 수 없는 변화의 영향으로 취약해졌을 때 환경과 인간의 상호작용이나 문화를 대변하는 전통적 정주지(定住地)나 육지의 사용, 바다의 사용을 예증하는 대표적 사례여야 한다.

➤ 사건이나 실존하는 전통, 사상이나 신조, 보편적 중요성이 탁월한 예술 및 문학 작품과 직접 또는 가시적으로 연관되어야 한다(위원회는 이 기준을 여타 기준과 연계해 사용하는 편이 바람직해야 한다)

➤ 최상의 자연 현상이나 뛰어난 자연미와 미학적 중요성을 지닌 지역을 포함해야 한다.

➤ 생명의 기록이나 지형 발전상의 지질학적 주요 진행 과정, 지형학이나 자연지리학적 측면의 중요 특징을 포함해 지구 역사상의 주요 단계를 입증하는 대표적 사례여야 한다.

➤ 육상, 민물, 해안 및 해양 생태계와 동식물 군락의 진화 및 발전에 있어 생태학적, 생물학적 주요 진행 과정을 입증하는 대표적 사례여야 한다.

➤ 과학이나 보존 관점에서 볼 때 보편석 가치가 탁월하나, 현재 멸종 위기에 처한 종을 포함한 생물학적 다양성의 현장 보존을 위해 가장 중요하고 의미가 큰 자연 서식지를 포괄해야 한다.

2. 태실은 우리 민족 고유의 세계적인 문화 유산

▶태를 묻고 복을 기다리다

우리 선조들의 태아에 대한 태중 교육 즉, 태교는 서양의 어느 것과 비교해도 뒤지지 않는다. 어미는 아기를 잉태하기 전에 천지신명과 삼신 할머니께 좋은 아기를 점지해 달라고 간절하게 기원했다. 그리고 잉태를 하면 일정한 태교를 했다.

뱃속의 아기와 어머니를 이어주는 그 생명줄, 태(胎)는 새 생명을 창조하는 영양의 공급원이자 하늘에서 점지하신 자식을 만나게 되는 천상에서 지상으로의 생명의 통로였다. 따라서 우리 조상들은 아기가 태어난 후에도 태를 아주 소중하게 다뤘다.

또한 아기 배꼽에서 떨어져 나온 탯줄을 한지에 곱게 싸고, 명주실로 꼼꼼히 묶은 뒤 안방 높은 곳에 걸어 두었다. 그러다가 아이가 아프면 건조된 태를 잘게 썰어 달여 먹이기도 했다.

그만큼 태(胎)가 지닌 생명력에 대한 믿음이 각별했던 만큼, 좋은 항아리에 태를 담아 좋은 땅에 묻는 장태 풍습이 정착할 수 있었다.

남자의 태가 좋은 땅을 만나면 총명하여 학문을 좋아하고, 벼슬이 높으며 병이 없어진다는 것이 당시의 생각이었다. 또 여자의 태가 좋은 땅을 만나면 얼굴이 예쁘고 단정하여 흠모의 대상이 된다는 것이었다.

좋은 땅이란 우선 땅이 반듯하고, 우뚝 솟아 위로 공중을 받치듯 하고 있어야 했다. 이런 곳을 길지라 불렀다.

조선시대 문종 때에 풍수학에서 보고한 것을 보면 당시 사람들이 태를 얼마나 중시했는지를 알 수 있다.

> 〈'태장경'(胎藏經)에 이르기를, 대저 하늘이 만물을 낳는데 사람으로써 귀하게 여기며, 사람이 날 때는 태로 인하여 장성하게 되는데, 하물며 그 현우와 성쇠가 모두 태에 매여 있으니, 태라는 것은 신중히 하지 않을 수 없다〉(문종실록 즉위년 9월 8일)

우리 조상들은 사람의 어질고 어리석음과 성하고 쇠함이 모두 태와 관련이 있다고 여긴 것이다. 태는 결국 사람의 인성을 결정하는 생명선이었다. 특히 조선 왕실에서는 태를 조상의 신주처럼 귀중히 여겼다.

중국만 하더라도 풍수 문화가 태실까지는 크게 미치지 못했다. 〈선조수정실록〉의 기록을 보면 '태경지설(胎經之說)은 신라와 고려조 간에 시작된 것으로 중국 옛날 제도가 아니다'고 명시돼 있다.

일본인들은 어땠을까? 옛 유구(오키나와) 사람들은 산모가 태반을 먹었다는 기록이 있다. 놀랄 일이 아니다. 포유류는 어미가 태를 본능적으로 먹는다. 영양 덩어리이기 때문이다. 일본 서민들도 태를 강과 바다에 띄우거나 땅에 묻는 것은 우리와 같다.

다만 천왕가에서는 태를 이나리산(稻荷山), 가모산(賀茂山), 요시다산(吉田山) 등 특정 산에 묻었다. 높고 신성한 공간에 태를 두고자 한 심리로 이해된다.

중국 헤이룽장(黑龍江)성에서도 아이가 고관 대작이 되려면 태를 높은 언덕이나 산에 묻어야 된다고 생각했다. 풍수사상이 미친 영향으로 보인다.

태를 보관하는 관습은 퉁구스계 종족들 중에서도 선비족 예맥족 여진(만주)족

거란족들의 문화다. 이 가운데 농경민족인 우리만이 오랜 전통으로 관습이 되어 왔고, 다른 종족들은 대부분 사멸됐다.

이에 비해 우리나라의 왕실이나 상류층은 태를 태항아리에 넣어 매장하는 장태가 주류를 이루었다.

▶왕실에서는 태실을 만들고

왕실에서는 태실을 만들어 왕자녀의 태를 장태했다. 소태나 건태에 비하여 장태는 여러 가지 복잡한 절차가 요구됐다. 태를 묻을 길지를 찾아내야 하고, 안태에 필요한 의례는 물론 석함과 태항아리, 태지석 등의 소품을 정성껏 마련해야 했다.

또한 태를 묻고 난 다음에는 비석과 난간석 등 석물을 설치하여야 하고, 태의 주인공이 왕세자가 된다거나 왕위에 즉위하게 되면 태실의 품격을 높이는 태실 정비가 뒤따르게 마련이었다. 태의 처리는 아기가 출산 되기 전부터 준비를 했으며, 아기가 세상에 나오면 왕실은 물론 민간에서도 태를 땅에 묻었다.

왕실과 민간의 차이점이라면 왕실은 전문가들이 전국을 대상으로 길지를 찾았고, 민간에서는 동네 뒷산이나 마당에 묻었다는 것 뿐이다. 왕실에서는 왕자녀를 출산하면, 관상감에서 태항아리를 묻을 좋은 터와 날짜를 따로 잡아서 '안태식'이라고 하는 의식을 크게 치루고 태를 묻었다.

왕실의 태를 묻은 산을 일러 태봉산이라 했다. 태실은 '애기능'이라고 부르기도 했다. 요즘으로 말하면 '제대혈'(태)의 보관소인 셈이다. 태봉산은 좁은 의미로는 왕실의 태를 묻은 산이지만, 민간에서 태를 묻은 산도 넓은 의미로 태봉산이다.

태봉산은 지도에 오르지 않은 것까지 포함해서 전국에 수도 없이 많다. 태봉이 있어서 태봉마을, 태봉동, 태봉리라고 붙은 지명도 흔하고 태봉초등학교라는 이름도 여럿 있다. 모두 태봉 돌림 지명들이다.

대부분 태봉이라고 불리는 곳은 길지다. 오늘날까지 태봉이라고 불리는 지명이 풍수지리에서는 대부분 명당으로 본다.

경기도 연천군 죽면 태봉마을, 가평군 상면 태봉마을, 강원도 원주시 태장마을, 경상북도 울진군 북면 태봉마을, 구미시 옥석면 태봉리, 성주군 월항면 태실, 창원시 진동면 태봉리, 양산시 원동면 태봉리, 부산 북구 태봉산, 하동군 후천면 태봉, 충남 서산시 운산면 태봉리, 금산군 추부면 태봉마을, 충북 보은군 내속리면 태봉, 전북 익산시 삼기면 태봉리, 완주군 구이면 태실마을 등이 바로 그렇다.

▶사대부들은 태항아리에 넣어 가산에 모시고

조선시대의 사대부 양반은 왕실처럼 태실은 쓸 수 없었지만, 자손의 태를 태항아리에 정성껏 담아 가산(家山)에 안장했다.

민속 자료에서도 태를 항아리에 보관하는 사례가 적지 않게 찾아볼 수 있다. 태를 태운 재를 태항아리에 담아서 태주(胎主)가 혼인하면 주든가, 또는 상서로운 방향의 산을 찾아 그곳에 묻는다. 그러나 태를 태우지 않고 항아리에 담아 매장하는 경우도 있다.

이때는 태항아리의 안쪽 바닥 가운데에 구멍을 내어 태의 물이 서서히 빠져나가도록 한다. 태항아리는 길지를 잘 가려서 묻어야 한다. 그렇지 않으면 태주가 눈을 잘

뜨지 못하거나 시름시름 아플 수 있다고 한다. 이런 일이 생기면, 빨리 이장해야 한다. 때로는 집안의 대문이나 산실과 일직선 방향에 있는 산기슭에 묻기도 한다.

왜 우리나라 사람들은 산에 태를 묻었을까? 전통적으로 우리네 생명은 산의 정기를 타고 나는 것이었다. 산이 생명의 근원이었던 셈이다. 새 생명이 태어나면 모태를 산에 묻었으니 왔던 곳으로 되돌리는 회귀 의식의 반영이다.

그리고 산이라는 큰 생명 에너지에 접속하여 주인의 생기를 증폭하고자 한 현실적인 뜻도 있다. 사람들이 태를 산에 묻으면서 산에 대한 인식에 변화가 생기고, 사람과 산의 관계가 새롭게 달라졌다. 태를 묻은 산은 왕조 혹은 마을과 가문의 번성을 염원하는 생명의 산, 모태산이 되었다.

우리는 어머니 배 속의 태아처럼 하늘과 땅으로 이루어진 커다란 자궁 속에 잉태되어 공명하는 존재임을 알 수 있다. 형태적으로도 그렇다. 어머니 배 속에서 태반이 태아를 받치고 있는 모습은 우리네 산이 삶터를 뒷받침하고 있는 모습과 똑같다.

태반에서 탯줄이 태아에게 연결되듯 뒷산에서 산줄기가 마을과 집으로 연결됐다. 태반이 태아의 생존과 성장에 필요한 물질 교환을 매개하고 보호하는 역할을 하듯 산은 주민에게 지속가능한 삶의 터전을 제공하고, 먹을거리를 주며 생활 공간을 에워싸서 지킨다. 탯줄이 태아의 생명줄이듯 산줄기는 주민과 생태의 통로 역할을 한다.

▶민간에서는 다양한 태 처리 방식이....

민간에서는 태를 꼭 산에만 묻는 것은 아니었다. 지역에 따라서도 달랐다. "한

밭머리에 태를 묻었다"는 북한 지역 속담이 있다. 한 동네의 친한 사이를 비유하는 말인데 태를 밭머리에 매장했던 사실을 알려준다.

일반 백성들은 태를 어디에, 어떻게 처리했을까? 태를 불로 태운 후에 강물에 띄워 보내거나 산 혹은 땅에 묻었다. 정화해서 자연으로 되돌린다는 의미일 것이다. 태우지 않고 그대로 산이나 땅에 묻거나, 바다나 강물에 띄워 보내기도 했다. 산간지역에서는 산에 묻었고, 해안이나 강가에서는 물에 띄웠다. 제주도에서도 산간지방에서는 산에 묻었지만, 해안가에서는 바다에 띄웠다.

어촌에서는 바다에서 일을 잘하라고 갯벌에 묻기도 한다. 또 사내 아이의 태는 항아리에, 여자 아이의 태는 바가지에 넣어 묻기도 한다. 특히 전라남도 지역에서는 태항아리의 전통이 강한 편이다.

민가에서는 주로 태를 태워서 처리하는 소태 풍습이 이어져 왔다. 더러는 깨끗이 말려서 버리는 건태의 처리 방식이나, 물에 침수시켜 떠나보내는 수중태의 처리 방식도 있었다.

신생아의 몸을 뒤따라 나온 태는 조심스럽게 잘려져 맑은 빛이 감도는 비단에 받아 양지 바른 마당 가운데로 옮겼다. 마당에는 미리 준비해 둔 황금빛 왕겨더미가 기다리고 있었다.

비단으로 감싸진 태가 갓 찧어 낸 왕겨더미 위로 조심스럽게 올려져 불을 지피면, 태가 서서히 타들어갔다. 왕겨불은 미열을 뿜어내면서 3~4 시간 천천히 태를 태웠다.

타고 남은 회빛 잿가루를 쓸어 담은 아낙은 집 앞으로 흐르는 개울의 가장 윗목에서 재를 헹궈 떠내려 보낸다. 그렇게 태운 재를 맑은 물에 띄워 보내면서 아기의 건강한 성장과 총명을 축원하고, 다산을 빌었다.

마치 후손들이 잘되면, 조상의 은덕을 높이는 문화가 있듯이 태 본인의 신분이 변화함에 따라 태를 관리하는 격조가 달라지게 되는 것이다. 고유하게 내려오는 문화적 관습으로 우리 민족은 육신을 함부로 훼손할 수 없는 절대 윤리를 가졌다.

수도승들은 입산하여 처음 자르는 머리카락을 버리지 않고 보관한다. 신체 일부로 여기는 것이다. 우리 조상들은 탯줄 또한 타고난 육신의 한 부분이기에 손상치 않는 것이 근본이라고 여겼다.

생명선인 태는 모체와 새로운 생명체를 이어주는 연결고리다. 탯줄을 떼야 비로소 독립된 개체의 생명체가 되는 것이다. 가교이자 육신의 한 부분인 태를 신성하게 여긴 나머지 명당을 찾아 태를 묻고, 그 태의 주인공에게 발복하도록 기원하여 온 것이다.

▶태실의 파괴는 저주와 복수

태실을 파괴함으로써 태주와 그 조상의 관계를 단절하려는 저주와 복수의 행태도 있었다. 고려 말기, 조선 초의 문신 조준은 공양왕을 옹립하면서 신우, 신창의 태실을 파헤쳐서 없애자고 주장했다.

그럼으로써 신명과 사람들의 분노를 풀자는 것이었다. 여기서 태실의 훼손은 부관참시와는 다른 차원의 극형으로 여겨진다. 태실의 파괴는 조상과 이어지는 핏줄을 끊고, 부관참시는 후손과의 혈연성을 차단하는 것이다.

조선의 단종도 세조에 의해 폐위된 뒤 태실마저 철거되었다.

3. 태실의 유래와 전승

▶ **삼국시대**

우리나라에서 태를 묻은 역사는 '삼국사기'에 처음 보이는데 신라시대 김유신(595~673년)의 장태 기록이다.

삼국사기에는 '진평왕 때 만노군 태수 김서현의 처 만명이 임신한지 20개월 만에 아들을 낳으니, 이름을 유신이라 하고 태를 현의 남쪽 15리에 묻으니, 신으로 화하였으므로 이를 태령산이라 하였다. 이 태령산에 신라 김유신의 태를 묻고 고려 때까지 국가에서 제사를 지냈다'고 쓰여 있다.

김유신의 태는 고향의 산에 묻었다. 그런데 태가 육화하여 신이 되었기 때문에, 그 산을 태령산이라 불렀다고 한다. 망자가 신이 되듯이, 태도 신이 된 것이다.

이렇게 안태에 대한 최초의 기록은 7세기 후반 삼국통일의 영웅 김유신의 사례에서 찾아볼 수 있다. 그러나 안태의 역사가 그때부터 비롯된 것은 아니다. 기록으로만 그렇게 확인될 뿐이지, 그 역사는 분명히 그보다는 훨씬 이른 시기까지 소급된다.

또한 김유신 집안만 안태를 한 것이 아니라 당연히 당대의 다른 귀족들도 그러했고, 당대의 모두 사회 계층도 이러저런 형태로 안태를 했으리라 추측된다.

이러한 태실의 풍습은 그보다 더 거슬러 올라가 있었던 것으로 보인다. 가락국 왕의 응달리 태봉, 울주 보은리 태봉 등도 오래된 태실의 흔적들이다.

신라에 의해 멸망 당한 가야 국왕의 태실지는 경남 김해시 장유면 응달리 태봉산에 있다. 응달리 용곡마을의 산자락에 자리잡은 태봉 정상에는 가야의 영토 김해가 잘 조망된다. 이 태봉에 대해서는 일제강점기에 다음과 같이 조사됐다.

> 〈 태봉 : 장유면 응달리 : 가야국왕의 태를 매장했던 곳이라 전해진다. 장방형의 돌담장이 2단에 둘려져 있으며 발굴된 자취는 없다 〉— '조선보물고적조사자료' p359

장방형의 태실 석단은 이제 많이 무너져 2단이라는 표식도 희미하다. 민묘마저 바로 앞에 들어서 있다. 또 약간 떨어진 곳에 있는 다른 민묘의 석축도 아마 이 태실의 석단을 가져다 쌓은 것이라고 보여진다. 주민들 말에 따르면 이곳에는 인강사라는 고찰이 있었다고 한다.

안태 풍습은 신라와 가야에 이어 통일신라 말기에도 보인다. 877년(헌강왕 3년)에 태어난 고려 태조 왕건도 왕위에 오르기 전에 태를 봉안했음이 분명하다. 그 역시 왕으로 즉위한 이후에 태실을 조성했다. 또 당시에는 태아의 시신인 태시(胎屍)에 대해서도 특별한 관념이 있었다.

태는 비록 죽은 태아이지만, 한 집안의 자손 번성과 깊은 관련성을 지닌다고 여겨졌다. 그래서 태시를 유복인(有福人)의 무덤에 몰래 묻어서, 그 사람의 복을 전이 받아 후손이 대가 끊어지지 않도록 하는 풍습이 있었다.

904년 후고구려를 세운 궁예(弓裔)의 태실은 강원도 철원군 갈말읍 동막리 태봉산에 있다. 궁예의 태봉은 그가 세운 태봉국(후고구려)의 중심 지역인 철원의 넓은 평야를 내려다 보고, 또 천혜의 절경 한탄강을 품은 산 안에 위치하고 있다. 이곳 태실은 태봉묘라고 불렸다 한다. 그리고 이 산에 있는 고개는 예로부터 태봉재라고 불렀다.

이 태봉에 대해서는 일제강점기에 다음과 같이 조사된 바 있다.

> 〈태봉 : 갈말읍 동막리 : 궁예의 태봉이라고 전하는 태실의 주변은 약 15간, 거의 파괴되어 석재만 노출되어 있다.〉— '조선보물고적조사자료' p520

이곳은 지금은 민통선 지역이고, 또 지하 방공호와 참호 등을 구축하는 과정에서 거의 파괴된 상태다. 노출된 태석으로 추정되는 석물들도 참호를 연결하는 통로에 이용되어 버렸다. 애석한 일이 아닐 수 없다.

전북 익산시 삼기면 연동리 태봉산 정상에는 백제 무왕(武王)의 3왕자 태실지가 있다. 태봉산 정상에 마치 커다란 고분과도 같은 규모다. 태실은 지표에 노출되어 있었으나, 흙으로 메워졌다. 이는 일제강점기에 일본인들에 의해 도굴됐기 때문이다.

경북 울진군 평해읍 월송리에는 신라 시대의 태봉이 있다. '한국땅이름큰사전'에 신라 왕자의 태를 묻었다는 전설이 기록돼 있다. 그러나 외관상으로 볼 때 조선 왕조의 태봉과 비슷하다. 태봉 정상에는 장태 유적은 전하지 않고 민묘만이 있다.

경기도 안성시 삼죽면 배태리 삼태봉산에는 삼국시대 어느 왕자의 태를 묻었다는 전설이 있다. 삼태봉(3곳의 태봉) 가운데 중앙 태봉의 정상에 태실이 있었다고 한다. 그러나 30여년 전에 도굴된 후 그 흔적만 남아 있다. 정상에는 도굴 때 판 구멍이 아직도 남아 있다.

다음의 표는 고려시대 이전의 기록과 구전으로 전해지는 태실, 문헌기록에서 확인되는 고려시대 태실의 주인공, 시대, 소재지 그리고 현황을 나타낸 것이다.

 이 표에서는 고려시대 이전에는 신라 4, 가야 2, 삼한소국 1, 백제 1, 후고구려 1의 태실 유적지가, 지리적으로는 경상도 6, 전라도 2, 강원도 1, 충청도 1의 태봉지가 전해지고 있음을 알 수 있다. 이를 볼 때, 고려시대 이전에는 신라와 가야를 중심으로 태실이 성행했음을 추정할 수 있다.

 이를 뒷받침해주듯 그 당시 해당 지역이었던 경상도 지역에서 가장 많은 태봉지가 발견되고 있다. 고려시대 이후에도 신라 및 가야의 거점지였던 경상도 지역에서 타 지역에 비해 많은 태봉지로 선택되었음도 문헌기록에서 찾아 볼 수 있다.

 그러나 삼한시대부터 후삼국시대의 태봉 20여개소가 모두 그 당시의 태실이라고 확신할 수 있는 증빙자료는 아직 확인되지 않고 있다.

강원도 철원군 갈말읍 동막리 태봉산. 화살표 부분이 바로 후고구려를 세운 궁예의 태실지로 추정된다.

〈시대별 유적지 분포도〉

참고문헌 : 이규상 〈한국의 태실〉 p73

〈 고려시대 이전의 기록 및 구전 태실 〉

번호	주인공	시대	소재지 및 참고문헌	태봉 현황
1	김유신	신라	충북 진천군 진천읍 문봉리 산 63 〈삼국사기〉 〈세종실록 지리지〉 〈신증동국여지승람〉	방공호와 참호로 파괴 추정 (충청북도 기념물 제108호)
2	궁예	후고구려	강원도 철원군 갈말읍 동막리 치포 〈조선보물고적조사자료〉 p520	2단의 원형 호석으로 둘러싼 형태 (사적 제 414호 지정)
3	마한왕, 백제 무왕	마한, 백제	전북 익산시 삼기면 연동리 태봉산	커다란 고분의 형태
4	마한왕	마한	전북 익산시 여산면 호산리	
5	미상	신라	경북 경주시 나원리 〈조선보물고적조사자료〉 p229	타원형의 토총
6	소문국왕	삼한소국	경북 군위군 의흥면 연계리 안태봉	자연석들이 흩어져 있음
7	신라 태봉	신라	대구광역시 달성군 유가면 본말동 태봉산 〈조선보물고적조사자료〉 p219	
8	가락국왕	가야	경남 김해시 장유면 응달리 태봉산 〈조선보물고적조사자료〉 p359	
9	미상	신라	울산광역시 울주군 삼동면 보은리 태봉산 〈조선보물고적조사자료〉 p309.	
10	가락국왕	가야	경남 창원시 천선동 태봉산. 〈조선보물고적조사자료〉 p353.	민요가 들어섬. 석재는 태실에 사용된 석재로 추정.

참고문헌 : 이규상 〈한국의 태실〉 p74

▶ **고려시대**

고려시대에는 왕실의 안태 제도가 더욱 정비되고 정착됐다. 특히 신라 말기와 고려 초기에 풍수지리사상이 성행하고, 부분적으로는 '태경지설'이 유포되면서 그 영향을 크게 받았다. 정부는 안태를 위한 관리를 임명하였고, '태장경(胎藏經)'에 기초하여 태실지에 안태를 했다.

왕실의 장태(藏胎) 풍속은 〈고려사〉〈죽계별곡〉 등 고려시대 문헌 기록에서 많이 나타나고 있다. 따라서 왕실에서의 태실 제도는 고려시대에 성립된 것이다.

고려시대에는 주로 양광도와 경상도에서 명당을 찾아 태실을 썼다. 왕이 즉위하고 태자가 책봉되면, 그 이전에 설치했던 태실은 왕이나 태자의 격에 맞추어 새로운 명당에 위세가 만천하에 드러나도록 조성했다. 태실을 봉한 지역은 읍호를 승격하여, 현이나 목으로 올렸다. 이는 왕실의 권위를 높이는 데 기여했다. '태장경'은 잡과의 지리업에 부과하는 시험 과목이었다. 그만큼 왕실 중심의 안태는 중요시되었다.

고려 19대 임금 인종의 태실지는 경남 밀양시 초동면 성만리 태봉산에 있다. 하지만 석단 몇 개가 남아 옛 자취를 이를 뿐이다.

고려 25대 충렬왕의 태실지는 경북 영주시 순흥면 배점리로 태실을 수호하던 석륜암의 절터와 석탑 등 흔적이 남아 있다. 하지만 명확한 위치는 전해지지 않고 있다.

동국지도와 신증동국여지승람 등을 보면 충렬왕의 태실이 이곳 소백산에 있다는 기록이 있다. 특히 '신증동국여지승람'에는 태실을 이곳에 두었기에 풍기 고을을 현령을 두는 고을로 승격했다고 적혀 있다.

고려 27대 충숙왕. 충숙왕의 태실은 충북 소백산내 경원봉에 있는 것으로 파악되고 있다.

또 충렬왕 때 세자의 태를 안동부에 안장했다는 기록도 〈고려사〉에 나온다.

고려 27대 충숙왕의 태실은 소백산내 경원봉에 있다고 '신증동국여지승람' '동국지도' '해동지도' 등에 전한다. 그러나 경원봉의 위치는 파악되지 않는다. 결국 문헌상으로만 전하는 형편이다. 문헌상으로 위치를 추정해 보면 윤암봉과 욱금봉 사이에 있었을 것으로 보인다.

고려와 조선에 걸쳐 왕조에서는 전담 부서까지 두고 풍수전문가가 명당 터를 골랐으며, 신중히 택일하여 태실을 조성하고, 사후에 철저하게 보호 관리했다.

그러나 고려시대까지의 태봉은 그 위치가 기록 및 구전으로 전해질 뿐 태실 유적은 정확히 확인되지 않고 있다. 제도적으로 태실 문화를 갖추게 된 것은 조선시대 이후로 보고 있다.

〈 문헌기록에서 확인된 고려시대 태실 〉

번호	주인공	소재지 및 참고문헌	태봉 현황
1	태조 (918 - 943)	개성시 박연리 태안 태봉산 〈신증동국여지승람〉〈개성부상 산천〉	조선 중종 때까지도 태실이 잘 보존되고 있었음.
2	신종 (1197 - 1204)	김포 〈고려사〉지, 권제 10 지리 1 〈세종실록지리지〉〈신증동국여지승람〉 〈김포현건치연혁〉	신종 원년에 태실 조성
3	미상	강릉시 성산면 어흘리 374 대관령박물관 소장	
4	공민왕 (1351 - 1374)	원주시 소초면 치악산 〈고려사〉지 권제 10, 지리 〈세종실록지리지〉 원주목 〈동국여지승람〉, 〈원주목 건치연혁〉	공민왕 2년에 태실 조성
5	우왕 (1374 - 1388)	안동시 예안면 태곡리 태봉산 〈고려사〉지 권제 11, 지리 2 〈신증동국여지승람〉〈예안현 건치연혁〉	
6	충렬왕 (1275 - 1308)	영주시 순흥면 배점리 태봉산, 〈고려사〉지 권제 11, 지리 2 〈신증동국여지승람〉, 〈풍기군 산천〉	
7	충목왕(1345 - 1348)	영주시 풍기읍 삼가동 비로사 옆 달밭골 태봉산 〈고려사〉지 권제 11, 지리 2 〈신증동국여지승람〉, 〈풍기군 산천〉	
8	충숙왕 (1313 - 1330)	영주시 소백산 내 경원봉 〈고려사〉지 권제 11, 지리 2 〈신증동국여지승람〉, 〈풍기군 산천〉	
9	강종 (1211 - 1213)	예천군 용문면 내지리 용문사 일주문 뒤 〈예천군 건치연혁〉	암벽의 방형 구멍을 태실로 추정
10	인종 (1123 - 1146)	밀양시 초동면 성만리 215 대봉산 〈신증동국여지승람〉〈밀양부〉	정상에는 석실이 마련됨. 태실인지 석실분인지 명확하지 않음.
11	원종 (1259 - 1274)	서흥군 〈세종실록지리지〉 권제 152	

참고문헌 : 이규상 〈한국의 태실〉 p75

▶조선시대

왕자녀의 태실을 전국의 명당에 조성하는 등 왕실에서는 제도적인 태실 문화를 갖췄다. 사대부 집안에서도 장태 문화가 자리잡았다.

조선 전기에 묵재(默齋) 이문건(李文楗, 1494~1567년)이 쓴 〈양아록(養兒錄)〉이라는 육아일기에는, 당시 양반들이 자녀의 어떻게 태를 태봉산에 묻었는지에 대한 기록이 있다.

> '계집종에게 손자의 태를 개울에서 깨끗이 씻게 하고, 이를 황색 사기 항아리에 담아 기름 종이로 덮고 끈으로 묶은 다음, 이를 집으로 가지고 와서 묻어 두었다. 그리고 열이틀 후에 선석산 서쪽 마을 태봉 아래에 매장하였다.'

'양아록'의 기록을 통해 장태 절차를 구체적으로 보면,

> ① 냇가에서 깨끗이 씻는다.
> ② 항아리에 담아 기름종이로 싼다.
> ③ 생기방(生氣方)인 동쪽에 매달아 놓고 풀 위에 올려놓아 태운다.
> ④ 핏물에 채워 임시로 묻는다.
> ⑤ 생후 나흘째 되는 날, 북산(北山)에 묻도록 지시한다.

여기서 '나흘째 되는 날 북산(태봉)에 묻는다'고 기록돼 있다. 왜 북산일까? 북쪽은 오행의 수(水)로 생명의 근원이다. 사람이 죽어서 간다는 북망산도 북쪽을 가리킨다.

이런 기록을 통해서 장태하는 방법에 약간의 차이는 있지만 민간에서도 태를 항아리에 넣어 산에 매장하였음을 알 수 있다.

〈성종실록〉에도 "보통 사람은 반드시 가산(家山)에 태를 묻는다고 왕대비가 말씀하시더라"는 표현이 있는 것으로 보아도, 사대부 마을에서는 태봉산을 정해 태를 묻었다는 사실을 알 수 있다. 웬만한 마을마다 태봉산이 있었던 셈이다.

그런가하면 〈묵재일기〉에서는 태항아리에 불에 태운 태의 재를 넣었다는 기록도 있다.

전국에 걸쳐 조선 왕실의 태봉으로 알려져 있는 곳은 320여곳에 이른다. 이 중에서 태의 주인공이 명확하거나 혹은 석물과 유물 등이 존재해서 해당 주인공의 태실이 존재했음이 확인된 태봉은 147곳에 이른다. 나머지 170곳은 태실의 주인공을 알 수 없고, 태실 관련 석물도 확인되지 않는다.

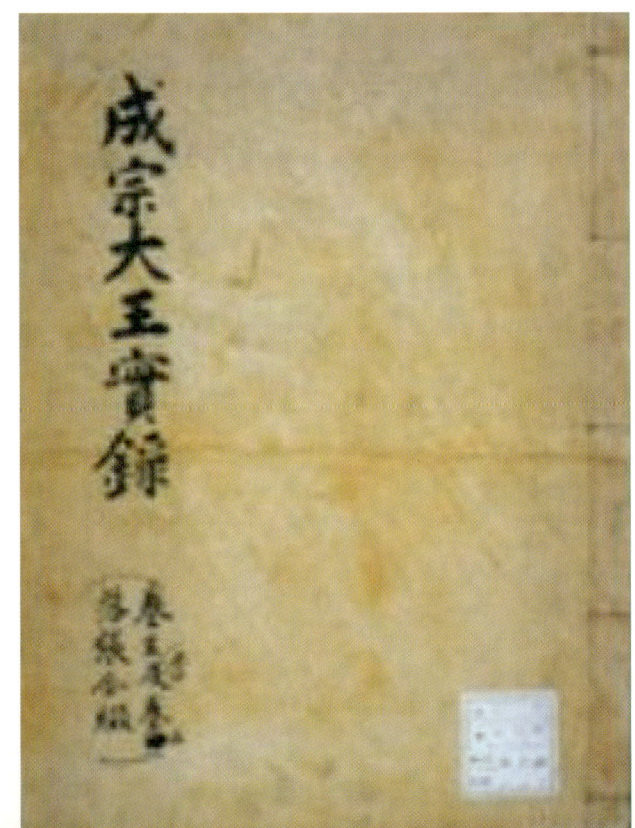

〈성종실록〉에도 사대부 마을에서 태봉산을 정해 태를 묻었다는 기록이 남아 있다.

〈 조선시대 태실 일람표 〉

번호	지역	분류	명칭	인물
1	경기도	태실	송우리 태봉	고려 태조의 정희왕녀로 추정
2	경기도	태실	태실군(서삼릉)	조선 시대의 왕, 왕자, 공주의 태실
3	경상남도	태실지	세종 태실	조선 제 4대 세종
4	경상북도	태실	세종대왕자태실	조선 제 6대 단종(원손) 홍위 – 조선 제 5대 문종과 현덕왕후 권씨의 적 1남 조선 제 7대 세조(수양대군) 유 – 조선 제 4대 세종과 소헌왕후 심씨의 적 2남 안평대군 용(훼손) – 조선 제 4대 세종과 소헌왕후 심씨의 적 3남 임영대군 구 – 조선 제 4대 세종과 소헌왕후 심씨의 적 4남 광평대군 여 – 조선 제 4대 세종과 소헌왕후 심씨의 적 5남 금성대군 유(훼손) – 조선 제 4대 세종과 소헌왕후 심씨의 적 6남 평원대군 림 – 조선 제 4대 세종과 소헌왕후 심씨의 적 7남 영응대군 염 – 조선 제 4대 세종과 소헌왕후 심씨의 적 8남 화의군 영(훼손) – 조선 제 4대 세종과 영빈 강씨의 서 1남 계양군 증 – 조선 제 4대 세종과 신빈 김씨의 서 1남 의창군 공 – 조선 제 4대 세종과 신빈 김씨의 서 2남 한남군 어(훼손) – 조선 제 4대 세종과 혜빈 양씨의 서 1남 밀성군 침 – 조선 제 4대 세종과 신빈 김씨의 서 3남 수춘군 현 – 조선 제 4대 세종과 혜빈 양씨의 서 2남 익현군 운 – 조선 제 4대 세종과 신빈 김씨의 서 4남 영풍군 전(훼손) – 조선 제 4대 세종과 혜빈 양씨의 서 3남 영해군 장 – 조선 제 4대 세종과 신빈 김씨의 서 5남 담양군 거 – 조선 제 4대 세종과 신빈 김씨의 서 6남 당 – 조선 제 4대 세종과 신빈 김씨의 서 7남
5	경상북도	태실비	문종 태실비	조선 제 5대 문종
6	전라북도	태실	예종 태실	조선 제 8대 예종
7	경상남도	태실지	단종 태실	조선 제 8대 예종과 장순왕후 한씨의 적 1남인 인성대군으로 추정
8	서울	태실	월산대군 태실	조선 제 9대 성종의 형, 추존된 덕종과 소혜왕후 한씨(인수대비)의 적 1남
9	서울	태실	성종 태실	조선 제 9대 성종
10	경상북도	태실비	제헌왕후 태실	조선 제 9대 성종의 비 폐비윤씨
11	경상북도	태실석재	상판리 태실	조선 제 9대 성종과 귀인정씨의 안양군(서3남)과 숙의홍씨의 완원군(서4남)
12	경상남도	태실지	경숙옹주 태실	조선 제 9대 성종과 숙의김씨의 서 5녀
13	강원도	태실지	왕녀 복란 태실비	조선 제 9대 성종과 숙의홍씨의 복란공주(서 6녀인 정순옹주로 추정)
14	강원도	태실	왕녀 복란 태실	
15	경상북도	태실	신래 태실	조선 제 9대 성종의 막내아들 견석으로 추정
16	강원도	태실비	대덕리 태실	조선 제 10대 연산군과 거창군부인 신씨의 적 1남 추정

참고문헌 : 이규상 〈한국의 태실〉 p435

17	경상북도	태실	상현리 태실	조선 제 10대 연산군과 거창군부인 신씨의 적 2남 폐세자 황으로 추정
18	경기도	태실	중종 태실	조선 제 11대 중종
19	충청남도	태실	의혜공주 태실	조선 제 11대 중종과 문정왕후 윤씨의 적 2녀
20	경상북도	태실	인종 태실	조선 제 12대 중종과 장경왕후 윤씨의 적 1남
21	충청남도	태실	명종 태실	조선 제 13대 명종
22	충청남도	태실비	선조 태실	조선 제 14대 선조
23	강원도	태실 귀부	현암리 태실	조선 제 14대 선조의 태봉지로 선정되었다가 중단된것으로 추측, 현재는 귀부만 존재
24	충청북도	태실	산덕리 태실	조선 제 14대 선조와 정빈민씨의 서 7남 인성군
25	강원도	태실비	덕두원 태실	조선 제 14대 선조의 왕자로 추정
26	강원도	태실비	산현리 태실	조선 제 14대 선조와 온빈한씨의 서11남 경평군
27	경상북도	태실지	인흥군 태봉	조선 제 14대 선조와 정빈민씨의 서12남 인흥군
28	경상북도	태실	복원중 연경동 태실	조선 제 15대 광해군
29	경상북도	태실비	나곡 태실	조선 제 15대 광해군의 폐숙의윤씨의 1녀
30	충청북도	태실비	낙선군 태실	조선 제 16대 인조와 폐귀인조씨의 서 2남 낙선군 폐귀인조씨의 서 1남 숭선군의 태실은 소실
31	강원도	태실지	운산 태실	조선 제 17대 효종과 인선왕후 장씨의 적 4녀 숙휘공주 & 적 5녀 숙정공주
32	충청북도	태실비	명혜공주 태실	조선 제 18대 현종과 명성왕후 김씨의 적 2녀
33	충청남도	태실	숙종 태실	조선 제 19대 숙종
34	충청북도	태실	경종 태실	조선 제 20대 경종
35	충청북도	태실	영조 태실	조선 제 21대 영조
36	경상북도	태실비	명봉사 사적비	조선 제21대 영조와 영빈이씨의 적 2남 사도세자 태실비였다가 사적비로 변경
37	경기도	태실비	유촌리 태실	조선 제 21대 영조와 영빈이씨의 서 4녀 화억옹주
38	경기도	태실	ㅇㅇ옹주 태실	조선 제 21대 영조와 영빈이씨의 서 6녀 ㅇㅇ옹주
39	강원도	태실비	용산리 태실	조선 제 21대 영조와 영빈이씨의 서 7녀 화협옹주
40	경기도	태실비	만세교리 태봉	조선 제 21대 영조와 영빈이씨의 서 9녀 화완옹주
41	충청남도	태실비	화령옹주 태실	조선 제 21대 영조와 숙의문씨의 서 11녀 화령옹주
42	강원도	태실	정조 태실	조선 제 22대 정조
43	경상북도	태실비	문효세자 태실	조선 제 22대 정조와 의빈성씨의 서 1남 문효세자
44	충청북도	태실	순조 태실	조선 제 23대 순조
45	경기도	태실지	태봉 석조물	조선 제 23대 순조의 아들 익종(추존)이며, 헌종의 아버지
46	충청남도	태실	헌종 태실	조선 제 24대 헌종
47	강원도	태실지	철종 태실	조선 제 25대 철종
48	경상북도	태실	월송리 태실	주인공을 알 수 없음

참고문헌 : 이규상 〈한국의 태실〉 p435

4. 태실에 담긴 철학

조선시대 왕실에서는 〈태장경(胎藏經)〉의 장태법을 따라, 좋은 땅을 가려 자녀들의 태를 묻었다. 태를 좋은 땅에 묻으면, 태의 주인이 오래 살고 지혜롭게 된다고 믿었기 때문이다. 특히 왕이나 원자, 원손과 같이 왕위를 계승할 자손의 경우, 조선 왕조의 흥망성쇠가 그 태에 달려 있다고 여겼다.

> "사람이 태어날 때는 태로 인해 장성합니다. 아기가 나중에 현명할지 어리석을지, 잘될 지 못될지는 모두 태에 달려있습니다. 그렇기에 태를 신중히 다뤄야 합니다.…태가 좋은 땅을 만나면 총명하고 학문을 좋아하며 예뻐지고 단정하게 되며…병이 없고 높은 관직으로 승진하는 것입니다."(〈세종실록〉 1436년 8월8일 〈문종실록〉 1450년 9월8일)

삼국시대부터 태를 따로 묻는 풍습이 이어져 왔지만, 조선시대로 접어들면서 태를 묻는 것은 왕실의 권위를 상징하는 행위로 변화한다. 이런 이유로 조정에서는 일반인이 태를 묻는 것을 금지하는 '장태법'을 제정하기도 했다. 천문, 지리 등 사무를 보던 관청인 관상감에서는 왕자나 공주가 태어나면, 지방 관찰사들에게 명당을 찾아 올리라는 장계를 보냈다. 이후 관상감에서는 풍수지리에 능한 지관을 각 지역에 보내 실사한 뒤 태실이나 묘터를 결정했다.

조선 왕실의 태실은 전국의 길지에 조성되어 있다. 왕실에서 왕족의 태를 명당 중에 명당을 찾아 묻은 데에는 몇 가지 이유가 있었다.

◆ 왕자, 공주의 무병 장수를 기원

풍수지리의 핵심 이론이기도 한 '동기감응론(同氣感應論)'을 따른 것이다. 태를 좋은 땅에 묻어 좋은 기를 받으면, 그 태의 주인이 무병장수(無病長壽)해서 왕업의 무궁무진한 계승 발전에 기여한다는 믿음이 그것이다.

즉, '동기감응'에 의한 풍수학적인 견해다. 태를 좋은 땅에 묻으면 좋은 기를 발산하게 되어 그 태의 주인공이 무병장수하고, 왕업의 무궁무진한 계승 발전에 이바지할 것이라는 믿음 때문이었다.

동기감응론은 돌아가신 조상의 유골과 살아 있는 후손이 기가 서로 감응한다는 이론이기도 하다. 주변의 기와 그곳에 거주하는 사람과 기가 감응한다는 것이다.

◆ 양반들의 정기를 빼앗아 왕실에 도전하지 못하도록

특히 왕실에서 전국 방방곡곡의 명당을 찾아 태실을 조성한 배경에는 풍수사상이 만연해 있던 조선시대에 명당 길지를 모두 왕실에서 차지할 의도도 숨어 있었다.

백성이나 왕실이 모두 풍수사상을 신봉하던 시대였다. 그런 만큼 일반 백성이 왕후지지(王后之地)와 같은 좋은 길지를 찾아 쓰면, 왕조에 위협적인 인물이 배출된다고 왕실에서는 생각했던 것이다. 이를 원천적으로 봉쇄하는 뜻도 있었다.

다시 말하면 기존 사대부나 일반 백성들의 명당을 빼앗아 태실을 만들어 씀으로써 왕조에 위협적인 인물이 배출될 수 있는 요인을 없애자는 의도였다.

◆ 왕실과 백성의 유대 강화

경향 각지의 길지를 찾아 태를 묻은 또다른 의도는 왕실과 일반 백성간의 유대 강화다. 태실을 조성함으로써 도성과 먼 지방의 백성들에게도 왕실이 가깝다는 인식을 심어줄 수 있었다.

왕이 묻히는 왕릉은 도읍지에서 100리 안팎에 조성됐다. 이에 반해, 태실은 전국 방방곡곡의 명당을 찾아 조성되었다. 왕조의 은택을 일반 백성에게까지도 누리게 한다는 의도, 즉 왕조와 백성간의 유대감을 강화시켜 보자는 일종의 통치 이데올로기였다. 때문에 왕조에서는 태실의 관리에 정성을 기울였다.

거기다가 태실이 조성되는 지방은 군(郡)으로 승격시키고, 세금과 노역을 덜어주는 혜택까지 주어 왕족의 태실을 서로 자기 고장에 모시려는 경쟁심을 유발했다. 왕실에 대한 충성심을 불러일으킬 수 있었던 것이다.

조선 전기에 왕실의 태실 조성은 왕실의 영향력을 경기도 이외의 지역에까지 미칠 수 있는 좋은 기회였다. 그 때문에 왕의 태를 도성에서 멀리 떨어진 경상도 지역에 주로 안치하는 경향이 나타났다. 안태사가 태를 봉안하기 위해 각 지방을 지나갈 때마다 해당 지역의 백성들에게 왕실의 영향력을 보여줄 수 있었다

조선 왕실에서 전국의 명당을 찾아 태실을 조성한 이유를 구체적 사료를 통해 좀 더 자세히 알아보면 다음과 같다.

① 음양학을 하는 정앙이 글을 올리기를, '당나라 일행이 저술한 〈육안태지법(六安胎之法)〉에 말하기를, '사람이 나는 시초에는 태로 인하여 자라게 되는 것이며, 더욱이 그가 어질고, 어리석음과 성하고 쇠함은 모두 태에 관계 있다. 이런 까닭으로 남자는 15세까지 태를 간수하게 되나니, 이는 학문에 뜻을 두고, 결혼할 나이가 되기를 기다리는 것이다.

남자의 태가 좋은 땅을 만나면, 총명하여 학문을 좋아하고, 벼슬이 높으며 병이 없는 것이요, 여자의 태가 좋은 땅을 만나면, 얼굴이 예쁘고, 단정하여 남에게 흠앙을 받게 되는데, 다만 태를 간수함에는 묻는데 도수를 지나치지 않아야만, 좋은 상서를 얻게 된다.

그 좋은 땅이란 것은 땅이 반듯하고 우뚝 솟아 위로 공중을 받치는 듯하여야만 길지가 된다.'고 하였다.

② 부지돈녕부사 권총이 글을 올리기를, '태를 감추는 것은 수(壽)를 기르고 병을 막는 방비입니다'라고 하였다. 〈세종실록〉 세종 30년 4월 9일

③ 〈태장경〉에 이르기를, 대저 하늘이 만물을 낳는데 사람으로서 귀하게 여기며, 사람이 날 때는 태로 인해 장성하게 되는데, 하물며 그 현우(賢愚)와 성쇠(盛衰)가 모두 태에 매여 있으니, 태라는 것은 신중히 하지 않을 수가 없습니다.

무릇 태에서 내려온 지 3월에는 명칭을 화정태라 하고, 5월에는 연장태, 3년에는 장응태, 5년에는 중부태, 7년에는 향양태, 15년에는 과양태라 하니, 이를 '육안태법'이라 이른다고 합니다.

그런 까닭으로 경서(經書)에 이르기를 '남자가 15세가 되면 학문에 뜻을 둘 나이이고, 여자가 15세면 남편을 따라야 할 나이라' 하였으니, 그렇다면 남자는 마땅히 연장태, 중부태, 향양태 중의 연월(年月)에서 간수하여 학문에 뜻을 둘 나이를 기다려야 합니다.

여자도 또한 화정태, 장응태, 과양태의 연월에서 간수하여 남편을 따라야 할 나이를 기다려야만 하니, 남자가 만약 좋은 땅을 만난다면 총명하여 학문을 좋아하고, 구경(九經)에 정통하며 얼굴이 둥글고 상쾌하게 생겨 병이 없으며, 관직이 높은 곳에 승진되는 것입니다' 〈문종실록 문종 즉위년 9월 8일〉

이렇듯 태를 묻는 가장 근본적인 이유는 자녀 장래의 운명까지 결정하고, 이것이 왕자나 왕세자의 경우는 장래 국가의 운명까지 결정될 수 있다는 의식과 관념에 의한 것이었다. 즉, 왕실에서는 태에 대한 존중은 수(壽)를 기르고, 병을 막는 방비이기 때문에 태를 명당에 모심으로써 왕족들의 무병장수를 바라는 것이 그 목적이었다.

〈세종실록〉에도 방방곡곡의 명당을 찾아 태실을 조성한 연유가 구체적으로 나와 있다.

세계문화유산으로 등재된 40기의 조선왕릉

　조선왕릉은 2009년 6월 스페인 세비야에서 개최된 유네스코 세계유산위원회에서 세계문화유산으로 등재됐다. 태조 이성계의 건원릉에서부터 마지막 황제 순종의 유릉까지 모두 40기의 왕릉이 인류문화유산으로서 그 가치를 인정받게 된 것이다.
　이처럼 한 왕조의 무덤 전체가 한꺼번에 세계문화유산으로 등재되는 것은 유례가 없는 일이라는 게 전문가들의 설명이다.
　조선왕조는 519년의 역사를 자랑한다. 세계 역사상 한 성씨의 단일 왕조가 이처럼 기나긴 세월을 존속한 예는 찾아보기 어렵다. 조선이 대국으로 섬겼던 명나라(1368~1644년)는 270여년 만에 망했고, 동서양에 걸쳐 광활한 대륙을 지배했던 징기스칸의 원나라(1271~1368년)는 100년을 넘기지 못했다.
　장구한 역사를 간직한 조선왕조에는 왕실의 위계에 따라 능, 원, 묘로 분류된 120기의 왕족 무덤이 있다. 이 중 27명의 왕과 왕비, 그리고 추존된 왕과 왕비의 무덤을 조선왕릉이라고 일컫는다. 폐위된 연산군과 광해군의 묘를 제외하면 왕릉은 모두 42기에 이른다.
　42기 왕릉 가운데 북한의 개성에 자리하고 있는 제릉과 후릉을 제외한 40기의 왕릉이 유네스코 세계문화유산으로 등재된 것이다.
　유교를 통치 철학으로 삼았던 조선 왕조는 조상을 모시는 것을 무엇보다 중시했다. 그래서 왕이 잠들 왕릉도 매우 중요하게 여겼다. 임금이 세상을 떠나면 당대 최고의 지관들이 총동원되어 심혈을 기울여 왕릉의 위치를 결정했다. 살아 있을 때 미리 자신이 묻힐 곳을 결정한 왕도 있었다.
　왕이 묻힐 자리를 결정하는 데 최우선으로 생각한 것이 풍수지리였다.

구리시 동구릉로에 위치한 동구릉은 경복궁의 동쪽에 9개의 능이 모여 있는 우리나라 최대의 왕릉군이다. 40기의 조선왕릉들은 2009년 유네스코 세계유산위원회에서 세계문화유산으로 등재됐다.

풍수지리에서는 물, 산, 땅, 바람 등 자연 현상이나 지형이 인간의 행복과 불행을 결정하는 중요한 요소라고 믿었다. 왕이 머무는 궁궐 만큼이나 죽은 왕이 묻힐 위치를 정할 때, 풍수지리상으로 매우 좋은 위치를 골랐다.

경기도 구리시 동구릉로에 자리한 동구릉은 경복궁의 동쪽에 9개의 능이 모여 있다. 그래서 동구릉이라 이름 붙여진 이곳은 우리나라 최대의 왕릉군이다. 조선을 개국한 태조의 건원릉을 비롯하여 현릉, 목릉, 숭릉, 원릉, 수릉, 경릉, 휘릉, 혜릉이 함께 자리한다.

경기도 여주시 능서면 영릉로 영녕릉(왕릉수 2기)은 세종 영릉과 효종 영릉을 함께 부르는 말이다. 세종 영릉은 조선왕릉 최초의 합장 릉으로 소헌왕후와 함께 합장되어 있고, 효종 영릉은 인선왕후와 함께 있는 쌍릉이다.

경기도 남양주시 진접읍 광릉수목원로 광릉(왕릉수 1기)은 세조와 정희왕후의 능으로 정자각을 중심으로 왕과 왕비를 각각 좌우 언덕 위에 봉안했다.

조선 왕릉에 이어 우리나라 고유의 장태 문화인 '조선 왕실의 태실'도 유네스코 세계문화유산으로 등재될 날이 기대된다.

그동안 40기의 조선 왕릉과 함께 유네스코 세계문화유산으로 등재된 우리 문화재는 다음과 같다.

1. 해인사 장경판전(1995년 유네스코 세계문화유산으로 등재)
2. 종묘(1995년 유네스코 세계문화유산으로 등재)
3. 석굴암, 불국사(1995년 유네스코 세계문화유산으로 등재)
4. 창덕궁(1997년 유네스코 세계문화유산으로 등재)
5. 수원 화성(1997년 유네스코 세계문화유산으로 등재)
6. 경주 역사유적지구(2000년 유네스코 세계문화유산으로 등재)
7. 고창, 화순, 강화, 고인돌 유적(2000년 유네스코 세계문화유산으로 등재)
8. 안동 하회마을, 경주 양동마을(2010년 유네스코 세계문화유산으로 등재)
9. 남한산성(2014년 유네스코 세계문화유산으로 등재)
10. 백제 역사유적지구(2015년 유네스코 세계문화유산으로 등재)

● 우리나라의 유네스코 세계기록유산

1. 훈민정음(1997년 유네스코 세계기록유산으로 등재)
2. 조선왕조실록(1997년 유네스코 세계기록유산으로 등재)
3. 직지심체요절(2001년 유네스코 세계기록유산으로 등재)
4. 승정원일기(2001년 유네스코 세계기록유산으로 등재)
5. 조선왕조 의궤(2007년 유네스코 세계기록유산으로 등재)
6. 해인사 대장경판 및 제경판(2007년 유네스코 세계기록유산으로 등재)
7. 동의보감(2009년 유네스코 세계기록유산으로 등재)
8. 일성록(2011년 유네스코 세계기록유산으로 등재)

9. 5.18 기록물(2011년 유네스코 세계기록유산으로 등재)
  10. 난중일기(2013년 유네스코 세계기록유산으로 등재)
  11. 새마을운동 기록물(2013년 유네스코 세계기록유산으로 등재)
  12. 한국의 유교책판(2015년 유네스코 세계기록유산으로 등재)
  13. KBS 특별생방송 이산가족을 찾습니다 기록물(2015년 유네스코 세계기록유산으로 등재)

● 우리나라의 유네스코 세계무형유산

  1. 종묘제례 및 종묘제례악(2001년 유네스코 세계무형유산으로 지정)
  2. 판소리(2003년 유네스코 세계무형유산으로 지정)
  3. 강릉단오제(2005년 유네스코 세계무형유산으로 지정)
  4. 강강술래(2009년 유네스코 세계무형유산으로 지정)
  5. 남사당놀이(2009년 유네스코 세계무형유산으로 지정)
  6. 영산재(2009년 유네스코 세계무형유산으로 지정)
  7. 제주칠머리당영등굿(2009년 유네스코 세계무형유산으로 지정)
  8. 처용무(2009년 유네스코 세계무형유산으로 지정)
  9. 가곡(2010년 유네스코 세계무형유산으로 지정)
  10. 대목장(2010년 유네스코 세계무형유산으로 지정)
  11. 매사냥(2010년 유네스코 세계무형유산으로 지정)
  12. 줄타기(2011년 유네스코 세계무형유산으로 지정)
  13. 택견(2011년 유네스코 세계무형유산으로 지정)
  14. 한산모시짜기(2011년 유네스코 세계무형유산으로 지정)
  15. 아리랑(2012년 유네스코 세계무형유산으로 지정)
  16. 김장문화(2013년 유네스코 세계무형유산으로 지정)
  17. 농악(2014년 유네스코 세계무형유산으로 지정)

● 우리나라의 유네스코 세계자연유산

  – 제주 화산섬과 용암동굴 (2007년 유네스코 세계자연유산으로 지정)

- 제 2 장 -
조선의 세계문화유산,
서삼릉과 세종대왕자 태실

제 2장 – 조선의 세계문화유산, 서삼릉과 세종대왕자 태실

경기도 고양시 '서삼릉'과 경북 성주군 '세종대왕자 태실'은 세계문화유산으로 등재돼야 할 대표적인 태실이다.

1. 고양시 서삼릉 태실

서삼릉은 조선시대 왕실의 가족 묘지로 경기도 고양시 원당동에 있다. 일제강점기에 전국의 태실지에서 태항아리와 태지석만 옮겨와 초라하게 방치함으로써 식민통치를 위한 도구로 활용됐다.

1. 고양시 서삼릉 태실

사적 제 200호인 '서삼릉'은 조선 왕실의 가족 묘지다. 경기도 고양시 서삼릉은 희릉, 효릉, 예릉 등 3릉이 서울 서쪽에 있다 하여 붙여진 칭호이다.

여기에는 또한 역대 3세자의 묘인 의령원(사도세자의 큰 아들인 의소세손), 효창원(정조의 큰 아들 문효세자), 소경원(인조의 큰 아들 소현세자)이 있다. 원래는 왕릉 경역 내에 후궁, 왕자, 공주 등 왕이 아닌 신분의 묘나 태실을 둘 수 없었다.

현재 서삼릉은 희릉(중종의 계비 장경왕후 윤씨), 효릉(인종과 인성왕후), 예릉(철종과 철인왕후)과 조선 역대 왕들의 태가 묻혀있는 태실 54위, 연산군의 친어머니인 폐비 윤씨의 회묘, 공주, 옹주, 후궁들의 묘지 등 7개 구역으로 이뤄져 있다.

일제강점기에 일본 통치자들에 의해 조선 왕실의 태실, 왕자묘, 후궁묘, 공주, 옹주묘가 현재의 위치에 집결되었고, 해방 이후에는 명종의 후궁 경빈 이씨 묘 등 6기의 묘를 옮겨왔다. 1944년에는 정조의 맏아들 문효세자의 묘인 효창원이, 1949년에는 영조의 손자이자 사도세자의 맏아들 의소세손의 묘 의령원이 이곳으로 옮겨왔다. 1969년에는 성종 폐비 윤씨의 회묘가 서삼릉으로 옮겨왔다.

▶ 일제의 음모에 의해 희생된 서삼릉 '태실'

태실의 불행은 조선왕조가 막을 내리면서 시작된다.

조선 왕조가 멸망한 1910년, 일제는 망조 왕실을 관리한다는 명목으로 11월에 일본 궁내성 소속으로 '이왕직'(李王職)이라는 기관을 설치했다.

순종 서거 2년 후인 1928년 조선총독부는 이왕직의 이름으로 태실 정리를 계획했다. 이는 이왕직이 태실들을 이장하면서 기록으로 남긴 출장복명서인 '태봉'(胎封)'에서도 자세히 확인된다. 조선 왕실의 살림살이를 담당하던 이왕직은 조선총독부의 꼭두각시에 지나지 않았다.

이왕직은 조선 왕조를 '이씨 조선'이라고 폄하하는 작업부터 시작해 왕실의 존엄성을 훼손하는 일에 착수한다. 1929년을 전후해 망국의 왕실을 관리한다는 명목 아래, 일본 통치자들이 전국에 있는 태실을 경기도 고양시 서삼릉에 무성의하게 모아놓기 시작했다. 전국 각지에서 왕자, 공주, 옹주들의 태를 옮겨와서 공원 묘지처럼 집단으로 모아놓음으로써 서삼릉은 왕릉으로서의 존엄과 품격을 잃었다.

일본 통치자들은 묘비석을 세우고, 태실 주변을 '일'(日)자 모양으로 블록 담장(가로 28 × 세로 24 × 높이 1.5m, 총 둘레 104m)을 둘러 일본 천황에게 참배하는 신사의 모습을 띠게 하여 일제의 통치하에 가두어버렸다. 당시 전국의 태실지에서 태항아리와 태지석만 옮겨와 초라하게 설치함으로써 식민통치를 위한 도구로 활용한 것이다.

이같은 행위는 왕족의 존엄과 품격을 비하, 훼손시키고 백성들에게 조선의 멸망을 확인시켜주자는 의도에서였다. 이로 인해 아직 태봉이라는 지명을 갖고 있을지라도 원래 안치된 태실이 그 자리에 있는 경우는 극히 드물게 되었다.

서삼릉에 봉안되어 있는 태실은 총 54기이다. 그러나 태실의 태항아리와 지석을 옮겨온 시기와 이전하기 전의 기록은 자세히 알 수 없다.

참고 자료로 1929년 3월 1일자 동아일보에 실린 '조선총독부 이왕직(李王職)이 전국의 명당지에 있는 39기의 태실을 종로구 내수동의 임시보관소에 두었다가 추위가 물러가면 서삼릉으로 이전한다'는 기사가 있다.

그리고 〈이왕직 전사(典祀) 출장복명서〉에 '1928년 8월5일부터 8월30일까지 숙명공주 숙경공주 태종대왕 세종대왕 인종대왕 태실을 조사해서 태항아리와 지석을 경성(서울)에 봉송하여 봉안하였다'라는 기록과 '1930년 4월15일부터 4월17일까지 3일간에 걸쳐 서삼릉 경내에 태실 49기를 이장했다'라는 기록이 확인되고 있다.

이를 보도한 당시 신문 기사를 보면 서울로 옮겨 일단 수창동의 이왕직 봉상소에 봉안실을 신축해서 보관했음을 알 수 있다.

이왕직에 의한 태실 이봉의 내용을 담은 일제 강점기의 신문 자료는 다음과 같다.

〈매일신보〉 1928년 8월 19일자, '인조조 왕남 태봉발견, 광주 서방면'
〈동아일보〉 1928년 8월 22일자, '순종태실이안, 홍성의 태실을 옮겨모셔
　　　　　　　　　　　　　　　 19일 경성에 봉환'
〈매일신보〉 1928년 9월 10일자, '각지 명산에 뫼시었던 이왕가 선대 태봉 이봉'
〈매일신보〉 1928년 9월 10일자, '신설한 표본은 성종의 태봉'
〈매일신보〉 1929년 3월 1일자, '역대의 태옹 서삼릉에 봉안, 얼음풀리면 곧 착수,
　　　　　　　　　　　　　　　 전부 39개'

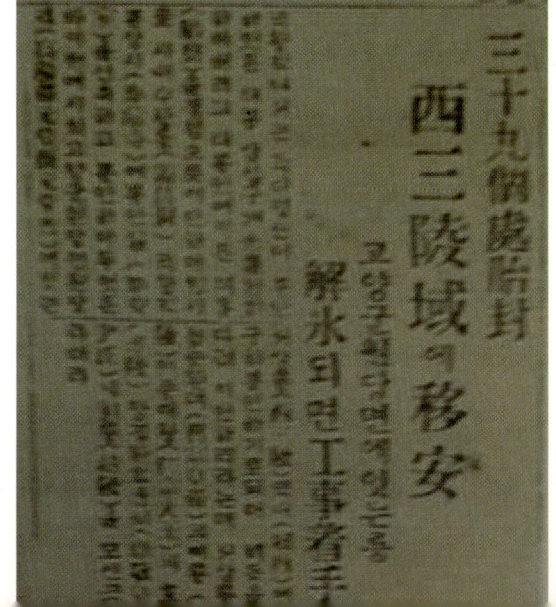

1929년 3월 1일 동아일보 기사. 전국 각지의 태실들을 일단 서울로 옮겨 수창동의 이왕직 봉상소에 봉안실을 신축해서 보관했음을 알려준다.

서삼릉에는 조선 국왕의 태실 가운데 단종, 연산군, 광해군, 인조, 효종, 경종, 철종, 고종의 태실은 이전되지 않았다.

역대 국왕의 태실에 대해 언급한 〈정조대왕실록〉을 보면 단종, 연산군, 광해군, 인조, 효종의 태실은 찾아볼 수 없다. 〈태봉 등록〉에서도 마찬가지다.

이 가운데 인조 태실은 〈인조실록〉 4년 8월 1일의 기록과 같이 민폐를 끼치지 않으려고, 혹은 어떤 사정이 있어 애당초 가봉되지 않았다. 그 결과 이 태실들은 이미 조선왕조 시대에 망실되었고, 서삼릉에 이전되지 않았다.

서삼릉 경내에 장태된 태실은 좌우 2구역으로 나뉘어졌다. 좌측에는 22기의 국왕 태실이, 우측에는 32기의 왕자녀 태실이 배치돼 있다. 모두 54위의 태실이 이곳에 모여 있다. 전통시대에는 통상 윗쪽이 아랫쪽보다, 왼쪽이 오른쪽보다 높은 자리라고 본다. 서삼릉의 태실은 이를 감안해서 태실을 배치하고 있다.

서삼릉 태실 단지의 표비는 〈오석비군〉과 〈화강암비군〉으로 나눠진다. 오석(烏石 검은빛 암석) 비군은 철자형의 기단석을 설치하고, 왕세자 태실을 비롯해 조선 역대 왕의 태실 19기 등 총 22기를 봉안해놓았다.

화강암비군에는 대군과 공주 등 총 32기가 봉안되어 있다.

〈 서삼릉 태실 이장전 분포도 〉

연번	태실 주인공	소재지
1	태조	충남 금산군 추부면 마전리 산 1-86
2	정종	경북 김천시 대항면 향천리 직지사
3	태종	경북 성주군 성암면 태봉 2리
4	세종	경남 사천시 곤명면 은사리 산 27
5	문종	경북 예천군 상리면 명봉리 명봉사 뒤
6	세조	경북 성주군 월항면 인촌리 산 9
7	예종	전북 완주군 구이면 덕천리
8	성종	경기도 가평군 경안읍 태전리
9	중종	경기도 가평군 가평읍 상색리
10	인종	경북 영천시 청동면 치일리 은해사 뒤
11	명종	충남 서산시 운산면 태봉리 산 1
12	선조	충남 부여시 중화면 오덕리 오덕사 앞
13	숙종	충남 공주시 이인면 태봉리
14	경종	충북 충주시 엄정면 괴동리 산 34-1
15	영조	충북 청주시 낭성면 무성리 산 6-1
16	장조	경북 예천군 상리면 명봉리 명봉사 뒤
17	정조	강원도 영월군 영월읍 영흥 2리
18	순조	충북 보은군 내속리면 사내리 산 1-1
19	헌종	충남 예산군 덕산면 옥계리
20	순종	충남 홍성시 구항면 태봉리
21	황태자	서울시 종로구 와룡동 창덕궁 비원
22	이구	동경
23	인성대군	경남 사천시 곤명면 은사리 산 438
24	폐비 윤씨	경북 예천군 용문면 내지리 용문사 앞
25	안양군	경북 상주시 모동면 반계리
26	완원군	경북 상주시 모동면 반계리

27	봉안군	경기도 남양주시 진접읍 내각리
28	견성군	강원도 양양군 강현면 하복리
29	연산군 세자	경북 상주시 화서면 신봉리
30	연산군 왕자	경북 문경시 가은면 왕릉리
31	연산군 왕녀	경기도 남양주시 진접읍 내각리
32	연산군 옹주	황해도 황주군 인교면 태조 태실 뒷산
33	연산군 왕녀	충남 금산군 추부면 마전리
34	덕흥대원군	충북 청주시 문의면 산덕리 산 411
35	인성군	충북 청원군 문의면 산덕리 산 411
36	인흥군	경북 상주시 함창면 태봉리
37	숙명공주	경북 김천시 지례면 관덕 1리
38	숙정공주	경원도 원주시 흥업면 대안 3리
39	숙경공주	경북 김천시 지례면 관덕 1리
40	명선공주	충남 보령시 미산면 남심리
41	연영군	충남 예산시 대술면 궐곡리
42	화유옹주	충남 당진군 순성면 성북리
43	화령옹주	충남 예산군 대흥면 면사무소 뒤
44	화길옹주	충북 단양군 대강면 용부원리
45	의소세손	경북 영주시 고현동 아래귀내
46	문효세자	경북 예천군 용문면 내지리 용문사 뒤
47	철종의 원자	강원도 영월군 주천면
48	덕혜옹주	서울시 종로구 와룡동 창덕궁
49	고종 제 팔왕자	서울시 종로구 와룡동 창덕궁
50	고종 제 구왕자	서울시 종로구 와룡동 창덕궁
51	이진	일본 동경
52	영산군	경기도 연천군 적성면 객현리
53	의혜공주	충남 부여시 규암면 함양리 90
54	경평군	대전광역시 유성구 가수원동

조선 역대 왕들의 태가 묻혀있는 서삼릉의 태실. 철자형의 기단석을 설치하고, 왕세자 태실을 비롯해 조선 역대 왕의 태실 19기 등 총 22기를 봉안해놓았다.

왕자와 공주, 옹주들의 태실. 이 화강암비군에는 대군과 공주 등 총 32기가 봉안되어 있다.

초라한 왕자와 공주의 공동묘지라고나 할까? 태실 옆에 있는 왕자와 공주, 옹주들의 묘를 바라보면 망국의 비애를 느낄 수 있다. 일반인 묘에도 못 미치는 작은 무덤들이 촘촘히 들어선 공동 묘지를 보면 초라하다 못해 기가 막힌다. 한눈에 봐도 무성의하게 아무렇게나 모아들인 옹색한 공동묘지 같다. 이것이 과연 존귀한 몸이었던 왕자와 공주들의 묘일까 의심스러울 정도다.

그리고 서삼릉에는 또 연산군 친어머니 윤씨(폐비 윤씨)의 지석도 있다.

서삼릉에 이장되어 있는 지석은 모두 돌에 새긴 것으로 도굴된 경종대왕 태실을 제외한 53기의 태실에서 각각 1개씩 출토되었다. 서삼릉 태실에서 출토된 지석 가운데 일부는 태실지에서 이장하기 전에 이미 없어진 것을 이장할 때 일괄적으로 제작한 것이다. 지석에 쓰여진 이장 시기를 보면 소화 4년(1929년)임을 알 수 있다. 태항아리에서도 같은 형태로 나타난다.

그밖의 지석은 원지석으로 〈아기태실 지석〉과 〈가봉태실 지석〉으로 나뉘어진다. 아기태실 지석은 대부분 왕으로 등극되지 않은 왕자대군, 군과 딸인 공주, 옹주의 것이다.

가봉태실 지석은 왕으로 등극한 후 태실을 더 화려하고 웅장하게 꾸밀 때 다시 제작된 지석을 말한다. 이것을 가봉이라 한다.

일제 통치자들은 왕실과 백성들의 연결 고리가 되는 태실을 없앰으로써 조선인들이 조선 왕실을 생각할 여지를 아예 없앤 것이다. 또한 태실이 대부분 풍수지리적으로 명당에 위치해 있었기 때문에 일본인들이 그 터를 차지하려는 속셈도 있었다. 실제로 원래 태실이 있던 자리에 조선총독부 유력 인사의 무덤이 들어서기도 했다.

▶바꿔치기 당한 태항아리들

일제강점기에 태실의 상당수가 도굴을 당한 것으로 추정된다. 특히 태를 담았던 조선 백자들은 거의 모두 도굴 당했음은 물론이다. 이는 태를 묻은 항아리가 보물급 문화재였기 때문이다. 후손들이 도굴되었다고 주장한 월산대군 태실의 경우, 태항아리가 일본인에 의해 수집된 것으로 드러나 일제가 도굴했음을 확증하고 있다.

태를 담았던 항아리는 이곳 서삼릉으로 태실을 모아들이는 과정에서 가짜로 바꿔치기 당했다. 도자기 전쟁이라 했던 임진왜란에 이어 일본의 끈질긴 도자기 도둑질은 일제 강점기를 거치면서, 수많은 도자기들이 일본에 유출되고 태실 도자기까지 도난 당하는 데 이른다. 이왕직의 태실 집장은 도자기를 바꿔치고 도둑질하는 데 일본 관료들이 앞장섰음을 증명한다.

국립중앙박물관이 정리한 〈유리원판목록집 III〉(1999)에는 이 당시 반출된 태항아리와 지석의 모습을 담은 사진자료가 다수 남아 있다.

이같은 만행은 지난 1996년 국립문화재연구소 주관으로 서삼릉 태실구역을 발굴 조사해서 재정비하는 과정에서 확인됐다. 서삼릉 태실에 봉안된 조선왕조 역대 왕들의 태항아리 대부분이 일제강점기의 질그릇으로 바꿔치기 당했음이 드러난 것이다.

당시 문화재관리국 국립문화재연구소 장경호 소장은 "서삼릉 태실 54기중 17기에 대한 수습조사 결과, 태조를 비롯해 15세기 말인 11대 중종 대까지 역대 왕들의 태항아리는 대부분 일제강점기에 만들어진 항아리로 바꿔치기 됐으며, 12대 인종 이후 후대의 태항아리는 당시의 것으로 여겨지는 것도 있으나, 일부는 바꿔치기된 것으로 나타났다"고 공식 발표했다.

당시 국립문화재연구소측은 "태항아리 가운데 상당수가 일제강점기 시대의 자기로 교체된 것은 일제가 우리 문화재를 빼돌리기 위해 의도적으로 자행했을 가능성과, 서삼릉 태실 조성 당시인 1930년대에 이미 도굴되거나 훼손된 상태의 태항아리들을 원상대로 복원하기 위해 교체했을 가능성 등 두가지 가능성이 있다"면서 "그러나 일부 태실의 경우 외항아리는 없고, 내항아리만 있는 점으로 미뤄 볼 때 일제에 의한 의도적 바꿔치기 가능성이 더욱 높다"고 밝혔다.

이왕직의 관리들은 전국에 산재한 조선왕조 태실들을 서삼릉으로 집결시킨 뒤 태봉(胎峰)이라는 보고서를 남겼다.

숙종의 태를 보관한 태항아리. 외항아리와 내항아리로 구성되어 있다.

▶ 일제에 대한 증오심으로 훼손된 비석들.

일본에 극도의 증오심을 갖고 있던 어떤 이의 소행이었다. 태실 비석 뒷면에 있는 일본식 연호로 소화(昭和) 몇 년에 옮겼다는 기록을 박박 긁어 없애버렸다. 누가, 언제, 왜 없앴는지 모르지만 이 때문에 언제 옮겨졌는지 기록이 모두 지워졌다.

얼마나 철저하게 긁어댔는지 비석마다 뒷면에 '소화 몇 년'이라는 글자들은 남김없이 사라지고 말았다. 무모하고 무지한 애국심의 치기가 치욕의 역사도 역사로 보존해야 하는 중요성을 모른 것이다.

일본의 연호를 긁어낸 흔적.
태실 비석 뒷면에 있는 일본식 연호(소화, 昭和)를 박박 긁어 없애버려서 어떤 과정을 거쳐 언제 옮겨졌는지 기록이 모두 지워졌다.

30여 기의 공주와 왕자들의 묘비 뒷면에 새겼던 이장한 날짜 역시 훼손돼 있다. 돌에 새겨진 이 많은 날짜를 일일이 다 지우려면, 하루 이틀 걸렸을 것도 아닌데, 모조리 없앤 것을 보면 지운 사람이 내리쳤을 망치와 끌의 광기가 느껴져 섬뜩해지기까지 한다. 문화재청에서 관리하기 이전 방치됐을 무렵에 행해진 일일 것이다.

공동묘지 비석 같은 태실을 한 바퀴 둘러보자니, 마지막 공주였던 덕혜 옹주의 태실이 보인다. 뒷면에 창덕궁에서 옮겨왔다는 내용이 새겨져 있다. 옮긴 날짜는 훼손돼 있다. 영조왕녀의 태실도 보인다.

▶ 다시 몰락한 서삼릉

서삼릉은 일제강점기부터 현대에 이르기까지 수난을 겪은 역사의 현장이라 할 수 있다. 그러나 왕실 비하를 위해 전국의 태실과 공주, 왕자 묘를 한 곳에 몰아 공동묘지를 만들었던 일제강점기에도 땅을 마구 내주는 몰지각한 일이 저질러지지는 않았다.

그래도 일제강점기까지는 서삼릉이 왕릉으로서의 하나의 경역을 형성하고 있었다. 불행은 그 이후에 더 심해졌다. 1960년대 말에 이르러 시범낙농단지 조성을 시행함으로써 경역의 대부분이 낙농방목지로 바뀌었다. 그리고 경역은 효릉 구역, 후궁 왕자 공주묘역, 태실집단 구역, 소경원 구역으로 분할됐다. 이로 인해 각 권역은 서로 통행할 수조차 없게 된 것이다.

일제강점기가 끝나고 대한민국이 탄생한 뒤에도 서삼릉은 지속적으로 훼손 당해왔다. 문화재청 자료에 따르면 경기도 고양시에 있는 사적 제 200호 서삼릉 부지는 당초 123만평이었다.

하지만 군사정권이 들어선 이후, 1963년 우선 한양골프장에 20만평 부지를 뚝 잘라 내준다. 그리고 그 이후 이런 저런 특례법을 만들어 1984년까지 마사회 원당 종마목장, 축협 목초지 목장, 농협대학, 군부대, 한국보이스카우트연맹, 뉴코리아골프장 등에 선심 쓰듯 땅을 마구 내주면서 전체의 94%인 127만평이 잘려나갔다.

특히 1960년대 말에 이르러 군사정권은 시범낙농단지 조성을 한다는 이유로 축협과 농협에 땅을 나눠준 결과, 서삼릉 경역의 대부분이 낙농 방목초지로 바뀐다.

이 과정에서 1970년 서삼릉 전체를 관리하던 재실까지 낙농단지에 편입돼 헐려버렸다. 현재 관리사무소로 쓰는 작은 한식 목조건물을 대신 세웠다.

이렇게 왕릉 부지가 잘려나가는 동안 문화재관리국장을 지낸 4명은 모두 육사 출신 인사이었다.

얼마나 철저하게 땅을 잘라서 내주었는지, 소경원과 효릉으로 가려면 진입로가 축협 소유의 땅이라 해서 서삼릉 관리소조차 축협의 허락을 받아야 한다. 구제역을 염려해 소독절차를 거치고 들어가는 일도 있다. 땅을 내주고 문화재청에서 출입 허가를 구걸해야 하는 꼴이다.

또 태실과 왕자, 공주, 후궁들의 공동묘지를 가려면 차를 타고 7~8분 가량 돌아서 가야 한다. 효릉과 이 지역들이 비공개로 되어 있는 건 축협과 농협, 마사회의 소유의 땅들이 들어차 있어서 외딴 섬처럼 여기저기 간신히 자리만 영위하는 형편이기 때문이다.

10여년 전에는 수도 서울의 외곽순환고속도로가 사적 제 200호인 서삼릉 태실과 회묘 바로 옆을 통과해 건설되기도 했다.

▶ 비공개 구역

　안타깝게도 모든 능이 공개되고 있는 것은 아니다. 비공개 구역인 일명 〈태실 구역〉에 는 더 많은 묘와 태실이 자리해 있다.
　효릉(인종과 인성왕후의 능)과 소경원(인조의 큰 아들 소현세자의 묘) 구역도 비공개 지역이다. 서삼릉 관리사무소에서 출입허가서를 받아야 관람할 수 있다.
　또 회묘(연산군 친어머니 폐비 윤씨 묘), 효릉(인종과 왕후의 능)도 비공개 지역이어서 여기도 공문을 보내야만 열어준다. 이와 함께 왕자 공주의 묘역, 후궁들의 묘역도 비공개지역으로 되어 있다. 서삼릉의 절반 가량이 비공개 구역이다.

비공개 지역에 있는 왕자 공주의 묘역. 회묘와 효릉 등 많은 묘역들도 비공개 지역에 있어 안타까움을 자아낸다.

▶ 문화재로 지정보호되고 있는 태실.

현재 서삼릉으로 옮겨진 역대 국왕의 태실 가운데 잔존한 석물이 문화재로 지정 보호되고 있는 경우들은 다음과 같다.

1. 태조대왕태실 (충남 유형문화재 제 131호), 충남 금산군 추부면 마전리
2. 세종대왕태실지 (경남 기념물 제 30호), 경남 사천시 곤명면 은사리
3. 문종대왕태실비 (경북 유형문화재 제 187호), 경북 예천군 상리면 명봉리 명봉사
4. 단종태실지 (경남 기념물 제 31호), 경남 사천시 곤명면 은사리
5. 예종대왕태실 및 비 (전북 민속자료 제 26호), 전북 전주시 완산구 풍남동 3가 경기전
6. 명종대왕태실 및 비 (충남 유형문화재 제 121호), 충남 서산시 운산면 태봉리
7. 선조대왕태실비 (충남 문화재자료 제 117호), 충남 부여군 충화면 오덕리 오덕사
8. 숙종대왕태실비 (충남 문화재자료 제 321호), 충남 공주시 태봉동
9. 경종대왕태실 (충북 유형문화재 제 6호), 충북 충주시 엄정면 괴동리
10. 영조대왕태실 (충북 기념물 제 69호), 충북 청주시 낭성면 무성리
11. 정종대왕태실 및 태실비 (강원 유형문화재 제 114호), 강원 영월군 영월읍 정양리
12. 순조대왕태실 (충북 유형문화재 제 11호), 충북 보은군 내속리면 사내리 법주사

한 많은 무덤과 태실이 서삼릉 한 곳에 : 연산군 모 폐비 윤씨

◆ 연산군 친어머니 폐비 윤씨의 한이 물어 있는 서삼릉.

　폐비 윤씨(1455년 ~ 1482년). 조선왕조 500년사에서 그녀보다 극적인 삶을 살다간 여인이 있을까?

　폐비 윤씨는 1473년 성종의 후궁으로 간택되어 숙의에 지위에 있다가 공혜왕후가 죽자, 왕비로 책봉되었다. 그러니까 성종의 계비이며 둘째부인이다. 후궁 가운데 군계일학처럼 뛰어난 자태와 치명적인 매혹으로 성종의 지극한 사랑을 받았다. 성종보다 12살이나 연상이었다. 신숙주는 그녀의 외당숙이었다.

　남편인 성종과의 슬하에 2명의 아들을 두었다. 장남은 조선 10대 왕 연산군이고, 둘째 아들은 젊은 나이에 죽었다.

　폐비 윤씨는 성종의 후궁들 문제로 시어머니인 인수대비와 고부 갈등을 빚었다. 결국 성종의 얼굴에 상처를 낸 일로 인해 폐비됐다. 그리고 사약을 받고 핏물을 토하며 한 많은 일생을 마쳤다. 그녀의 나이 38세였다. 그녀를 죽음으로 몰고간 시어머니 인수대비는 그녀보다 8살 위였다.

　폐비 윤씨의 묘 '회릉(懷陵)'은 서삼릉 비공개 구역에 있다. 그리고 폐비 윤씨의 태실도 서삼릉에 있다. 서삼릉 비공개 구역에 위치한 화강암비군 태실 32기(대군, 군, 세자, 세손, 공주, 옹주) 가운데 하나다.

　폐비 윤씨의 태실은 원래 경북 예천군 용문면 내지리 용문사에 있었다. 1920년 일제강점기에 전국 각지에 있던 왕자, 공주, 옹주들의 태를 서삼릉에 집결시킬 때 이곳으로 옮겨온 것이다. 그런데 폐비 윤씨의 태가 들어 있던 태 항아리는 현재 국립중앙박물관이 소장하고 있다.

무덤과 태실이 한곳에 있는 경우는 좀처럼 찾아보기 힘들다. 특이하게도 폐비 윤씨는 무덤과 태실이 서삼릉 한곳에 있는 것이다.

죽음을 당한 당시 윤씨는 친정 어머니인 신씨에게 세자가 자라서 왕이 되거든, 피를 토한 금삼(錦衫. 비단으로 만든 적삼)을 넘겨줄 것을 유언했고, 이는 후일 무오사화와 갑자사화의 도화선이 되어 비극에 비극을 불렀다.

연산군은 즉위하자, 자신의 친모 윤씨를 제헌왕후로 봉하고 왕비(王妃)의 작호를 내렸다. 그러나 중종 반정이 일어난 후 왕후의 호는 삭탈되었다.

 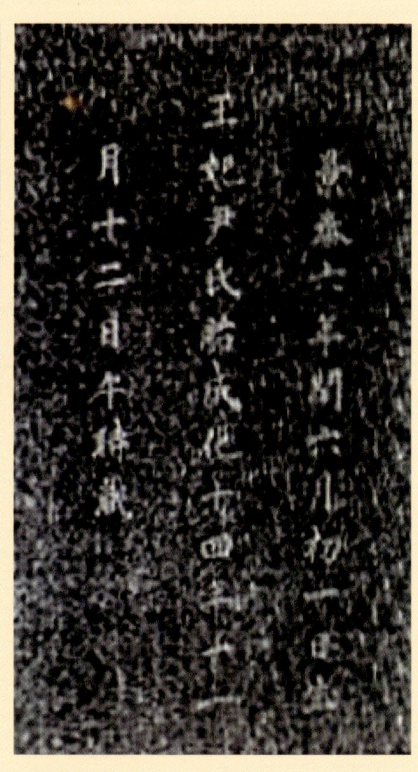

폐비 윤씨의 태항아리. 예천 용문사에 있던 것을 옮겨왔다. 당대에 쓰이던 다른 태항아리와는 달리 다소 투박해 보인다. 국립중앙박물관 소장

서삼릉에서 발견된 폐비 윤씨 태실의 지석

엄격히 말하면 이곳은 능(陵)이 아니라 묘(墓)다. 그러나 불과 2년의 짧은 기간이었지만 한때는 능(陵)이었다. 그때의 능상과 석물 등 무덤의 격식이 왕릉과 다름없으니 외양만으로 말한다면 능(陵)에 버금간다.

폐비 윤씨의 무덤은 묘비도 없이 버려져 있었다. 그러다가 사랑했던 여인에 대한 그리움이었는지 훗날 왕위를 이을 연산군을 생각해서 그랬는지, 그녀가 세상을 떠난 지 7년이 지난 1489년에야 성종은 '윤씨지묘'라는 표석을 세우도록 허락했다.

그리고 윤씨가 죽은 나이와 같은 38세가 되던 해에 성종은 창덕궁에서 승하했다. 1494년이었다. 윤씨의 아들 연산군이 20세의 나이로 왕위를 이었다.

비극은 무덤에서 시작됐다. 연산군은 아버지의 능에 묻을 지석(誌石)의 초안에서 운명으로 짊어진 출생의 비밀을 알게 된다. 지금도 숱한 드라마에서 출생의 비밀이 비극을 부르듯이 예나 지금이나 출생의 그것처럼 무서운 것도 없는가 보다.

지금까지 알고 있던 어머니 정현왕후는 생모가 아니었다. 자기를 낳아주신 진짜 어머니는 인수대비의 미움으로 사약을 받은 윤씨였다. 인간 연산군, 시인으로서 명성을 날린 연산군은 한순간에 피가 거꾸로 솟는 듯했다.

슬픔과 한(恨)의 여인 윤씨는 임금이 된 아들에 의해 다시 세상의 이야기가 됐다. 그러나 아무리 임금이라 해도 거대한 권력구조 속에서 어머니를 금방 복권시키는 일은 쉽지 않았다. 연산군은 속이 끓고 정신이 혼미하고, 그래서 방탕했다.

그러한 와중에 국고가 거덜났다. 연산군은 신하들이 부정 축재한 땅과 노비를 몰수하려고 했다. 폭정을 묵인하던 관리들이 반기를 들고, 갑자사화가 일어나 피비린내가 일었다. 연산군은 어머니를 죽음으로 몰아넣은 할머니 인수대비를 머리로 받아 쓰러뜨렸다.

드디어 폐비 윤씨는 아들에 의해 복권되었다. 제헌왕후로 추존되고 무덤도 회릉(懷陵)으로 격상되었다. 능상과 석물이 왕릉 수준으로 단장되었다. 연산군 즉위 10년만이었다.

능호에 왜 '품을 회(懷)'자를 썼을까. 어머니의 품이 간절하고, 가슴에 품은 모정이 사무쳤기 때문이 아니었을까? 연산군은 단 하나의 글자 선택을 '품'으로 했다. 그가 감성 깊은 시인이었음을 아는 사람은 많지 않다.

폐비 윤씨의 무덤 앞에 서 있는 석인상의 표정을 살펴보자. 칼 짚고 갑옷 입은 무인상이 슬픈 얼굴로 울고 있다. 어머니의 억울한 죽음 앞에서 통곡하는 아들의 표정이라고 할 수도 있겠다.

운명은 급변한다. 그로부터 고작 2년 후인 1506년 중종반정이 일어나고, 연산군은 강화 교동도로 쫓겨나 비참한 죽음을 맞이한다.

알고 보면 연산군은 뛰어난 시인이었다. 살아 생전에 운명처럼 모두 117편의 시를 남긴 연산군은 자신의 운명을 예감한 듯 아래와 같은 시를 쓰고는 얼마 지나지 않아 폐위 되었다.

莫好風江乘浪渡 – 바람 부는 강에 배 타고 건너길 좋아 마오
飜舟當急殺人唯 – 배 뒤집혀 위급할 때 그 누가 구해주리

시인 연산군은 위폐된지 두 달 만에 숨겼다. 연산군이 숨지기 전에 마지막으로 던진 말이 "중전이 보고 싶구나" 라고 전해온다.

회릉이 다시 윤씨 묘로 강등됐다. 그런데, 왕릉으로 꾸며진 무덤이 지금까지 이렇게 잘 보존되어 온 것은 무슨 까닭일까? '무덤을 건드리면 동티 난다'

는 민간 속설의 위력이 대단함을 느낄 수 있는 대목이다. 연산군의 정적들은 이 능에 손을 대고 싶어도 폐비 윤씨 묘의 저주를 두려워했기 때문이었을 것이다. 그래서 능 같은 묘로 오늘도 한풀이처럼 풍상을 이겨내고 있는 것이다.

폐비 윤씨의 묘는 동대문구 회기동에 있었다. '회기동'이라는 동명이 '회릉(懷陵)이 있던 터'에서 유래에서 비롯됐다. 지금의 경희대학교 경희의료원이 있는 자리다. 지난 1969년 현재의 자리로 옮겼다.

한때 윤씨 묘로 강등되기도 했던 연산군 어머니 폐비 윤씨의 회묘.
폐비의 능이 지금까지 이렇게 잘 보존되어 온 것이 약간 의아스럽다.

2. 성주 세종대왕자 태실

현재 남아 있는 조선왕조의 태실 중에서 그 규모가 가장 크고, 비교적 원형이 잘 보존되어 있는 곳은 사적 제 444호로 지정된 '세종대왕자 태실'이다. 자식들의 태실을 한 자리에 안치한 임금은 조선의 역대 임금 중에서 세종이 유일하다. 그리고 세종대왕자 태실은 조선시대 초기의 태실의 양식을 대변하고 있다.

세종대왕자 태실은 경북 성주군 월항면 인촌리 태봉산에 있다. 월항면에 들어서서 크고 작은 몇 개의 고개를 넘어 굽이굽이 산길을 따라 걸으면 저수지를 만난다. 이 저수지를 돌아 오르면, 수려한 산세가 사방을 둘러싼 놀라운 풍경을 만나게 된다.

선석산의 연맥들이 마치 병풍을 두른 듯 서로 이어져 사방을 감싸주는 가운데 막 피어오를 꽃봉오리 같은 둥근 봉우리 하나가 볼록 솟아 있다.

이곳이 세종대왕자 태실이 있는 태봉산이다. 태실을 조성하기 위한 풍수학적 대길지라고 할 만한 충분한 조건을 갖춘 장소다. 세종대왕이 낳은 18명의 아들 중 세자인 문종을 제외한 17명의 아들과 손자인 단종의 태를 묻은 곳이다.

● **'별 고을' 성주의 수려한 풍광 속에 자리잡은 태실들.**

성주라는 지명은 높은 곳에서 내려다보면 지세가 별 모양을 닮았다 하여 지어진 이름이다. 낙동강과 소백산맥 자락에 자리한 가야산의 수려한 풍광이 조화를 이룬다.

성주는 옛 성산가야의 터전이었다. 성주읍의 동남쪽에 있는 성산(星山)에는 크고 작은 무덤들이 능선을 따라 밀집돼 있다. 이 고분군은 가야시대 지배 집단의 무덤으로 추정되고 있다. 성주와 인근 지역에서는 가장 커다란 고분들로 구성돼 있다. 현재까지는 129기가 확인돼 정비와 복원작업이 진행되고 있다. 무덤은 장방형으로 석실을 만들어 시체를 안치하고, 부장품을 함께 넣은 석실분의 구조를 갖고 있다.

이중환은 〈택리지〉에서 성주를 '산천이 밝고 수려해 일찍이 문명이 뛰어난 사람들과 이름 높은 선비가 많았다. 논은 영남에서 가장 기름져서 씨를 조금만 뿌려도 수확이 많다. 때문에 고향에 뿌리를 박고 사는 이들은 모두 넉넉하게 살며 떠돌아다니는 자가 없다'고 했다.

이렇듯 유네스코 지정 '조선의 세계문화유산'으로 손색이 없이 세종대왕자 태실은 풍수학적 대길지(大吉地)인 성주에 자리잡고 있다.

사적 제 444호로 지정된 세종대왕 왕자 태실은 수려한 산세가 사방을 둘러싼 놀라운 풍경으로 다가온다.
이곳은 조선시대 초기의 태실의 양식을 대변하고 있다. 유네스코 지정 '조선의 세계문화유산'으로 지정돼야 할 태실이다.

● 세종대왕의 자녀들

　세종의 자녀는 모두 22명이나 된다.

　다른 왕들에 비하여 결코 많다고도 적다고도 할 수 없다. 태종은 12명의 부인에게서 12남, 19녀 총 31명의 자식을 낳았고, 성종 역시 부인 12명에게서 16남, 12녀 총 28명을 생산했다. 세종대왕은 부인 6명에게서 아들 18명, 딸 4명 등 총 22명의 자식을 얻었으나 최다산 기록은 태종과 성종에 미치지 못했다. 즉, 조선의 역대 임금 중에서 '다산왕'의 기록은 태종이 갖고 있다.

　이들 임금들은 다산(多産)을 장려했던 조선시대에서 그야말로 다산정책을 백성들에게 몸소 행동으로 보여 준 군왕들이다.

　세종의 첫째 부인은 소헌왕후 심씨로 대군 8명, 공주 2명 등 8남 2녀를 낳았다. 그리고 둘째 부인 영빈 강씨로부터 1남, 셋째 부인 신빈 김씨로부터 무려 아들만 6명이나 얻었다.

　그리고 넷째 부인 혜빈 양씨로부터 3남을 얻고, 숙원 이씨와 상침 송씨로부터 각각 옹주 1명씩을 얻으니, 모두 합하여 18남 4녀, 22명의 자식을 얻었다.

　아들 18명의 이름은 다음과 같다. 먼저 제 1부인 소헌왕후 소생은 문종, 세조(수양대군), 안평대군, 임영대군, 광평대군, 금성대군, 평원대군, 영응대군 등이다.

　제 2부인 영빈은 화의군 한 명만 낳았다.

　제 3부인 신빈 소생으로는 계양군, 의창군, 밀성군, 익현군, 영해군, 담양군이 있고, 제 4부인 혜빈 소생으로는 한남군, 수춘군, 영풍군이 있다.

　제 5비, 제 6비인 숙원과 상침 송씨 소생으로는 정안옹주와 정현옹주가 있다.

세종의 둘째 아들 수양대군(세조)이 문제를 일으켰다. 그는 동생들과 조카(단종)를 죽이고 왕위를 찬탈하는 만행을 저질렀다. 왕이 되기 위하여 수많은 충신들도 죽이고 조정에 많은 간신들을 두었다.

세조는 우선 세종의 3째 아들이자, 자신의 동생인 안평대군을 계유정난으로 죽였다. 세종의 6째 아들 금성대군 또한 단종의 복위를 꽤했다는 이유로 처형시켜 버렸다. 결국 수양대군은 왕권을 거머쥐고 조선의 7대왕 세조로 등극했다.

수양대군이 왕위에 오른 지 8년이 되자 신하들이 주청했다. "관례에 따라 주상 전하의 태실은 별도로 태봉을 만들어 모셔야 하나이다." 세조는 "형제가 태를 같이하였는데 어찌 고칠 필요가 있겠는가?"라며 불허했다.

어느 시대든 절대 권력자에 대한 아부는 도가 지나치는 법이리라. 실록은 이렇게 찬미가를 읊었다. "주상 전하의 총명하심과 예지하심과 겸손하심과 검약한 덕은 이루 다 말할 수 없으며, 조선 억만년의 무강한 기초가 더욱 길이 아름다울 것을 또한 점칠 수 있을 것이다."

세조는 태봉을 따로 만들지 않았다. 그 대신 이곳 17왕자 태실에 태비만 다시 세웠다. 이렇게 위대한 임금이라서 수양대군 세조의 태실에는 거북이가 큰 비석을 지고 서 있다. 그 반대편 끝에는 세조가 사약을 내린 조카 단종의 태실이 앉아 있다.

● **17왕자의 태실이 모두 한곳에.**

이곳 태실들은 그 건립연대가 세종 20년부터 24년(1438~1442년)간이다. 태실의 배치는 입구에서 보아 뒷줄에는 소헌왕후가 낳은 진양(수양)대군, 안평대군,

임영대군, 광평대군, 금성대군, 평원대군, 영응대군의 태실 7기와 손자인 단종의 태실 등 모두 8기의 태실을 두었다.

앞줄에는 후궁의 소생들인 화의군, 계양군, 의창군, 한남군, 밀성군, 수춘군, 익현군, 영풍군, 영해군, 담양군, 당(塘) 등 11기의 태실을 두었다.

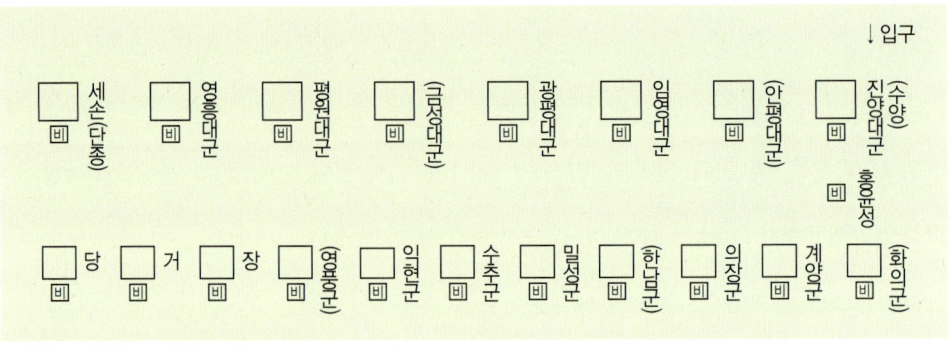

세종대왕자 태실 배치도. 질서 정연하게 배열을 이룬 가족묘 같은 느낌이다.

태실의 모양은 마치 작은 부도를 닮았다. 지하에 태항아리와 태지를 안치한 석함(석실)을 묻고, 그 위에 연화문을 장식한 방형의 지대석, 다시 그 위에 중동석과 뚜껑을 얹었다. 그 앞에는 태비를 세웠다.

특이하게도 맨 끝자락에 세종대왕의 손자인 단종의 태실이 끼어 있다. 그러나 이 19기의 태실에 실제 태반의 유무는 분명치 않다. 그 중 세조의 태반만이 일제강점기에 경기도 고양시 서삼릉 태실 묘역으로 옮겨진 것은 확인할 수 있다.

단종의 태반도 없다. 그저 일부 파괴된 태실의 석조물만 있을 뿐이다. 세종은 손자 단종을 너무 사랑해서 단종의 태실을 자신의 태실이 있는 경남 사천시의 태봉으로 옮겨갔다.

왕자들의 태실 앞에는 각각 이름이 새긴 태실비가 세워져 있다. 하지만 비석의 글자가 닳아서 몇 기를 제외하곤 누구의 것인지 알아보기가 어렵다.

비문을 확실히 판독할 수 있는 것은 평원대군, 영응대군, 의창군 등이다. 나머지 비석은 다행히 1977년 12월 이곳을 보수, 정비하면서 유물이 출토되어 태실의 주인을 알게 됐다. 금성대군, 화의군, 단종의 태실로 추정되는 자리에서 토기, 태호, 분청인화문 대접, 분청상감 연화문 등이 출토된 것이다.

그런데 세종의 17왕자와 손자(단종)의 태를 묻었다면 태실이 모두 18기라야 정상인데 이곳의 태실은 19기다. 이는 태실 가운데 영해군의 이름이 장(璋)에서 당(瑭)으로 고쳐지자, 태실을 다시 세운 탓이다.

● 기막힌 세조의 행각

앞서 말했듯이 세조도 세종의 아들이니, 수양대군의 태실 또한 형제들 태실과 함께 이곳에 있다.

그러나 여기서 기막힌 사실은 세조 수양대군의 행각이다. 수양대군은 조카 단종으로부터 왕위를 찬탈해 왕이 되고 나서, 자신의 태실 옆에 귀부(돌거북)로 된 가봉비를 왕의 태실이라 하여 추가로 설치했다.

원래 19기의 태실이 있었던 듯하나, 그 가운데 5기는 본체는 없어진 채 기단만 남아 있다. 역시 세종의 아들인 세조가 단종으로부터 왕위를 빼앗은 뒤 세조의 왕위 찬탈에 협력하지 않거나 반대를 한 안평대군과 금성대군을 위시한 여러 대군들의 태실을 파헤쳐 석물을 파괴하고, 산 아래로 밀어뜨려버렸기 때문이다

(1458년). 참으로 인정사정 없는 비정한 형이었다.

그후 다시 철거된 태실이 제자리에 복구되기도 하였으나 본체가 없이 기단만 남은 것이 5기가 된 것이다. 흥미로운 것은 세종의 손자, 즉 단종의 태가 이곳 한 구석에 안치되었다는 점이다.

물론 여기에 세조의 태실도 있다. 세조와 단종의 태실이 함께 있으니 묘한 상황이다. 지금도 세조와 단종 사이에 긴장감이 흐른다고나 할까? 죽이고 죽어야 했던 삼촌과 조카의 태실이 지척에 있으니 말이다.

세종대왕자 태실 가운데 단연 눈에 띄는 세조 태실. 어린 조카 단종을 죽이고 왕위를 찬탈했던 세조는 자신에게 협력하지 않고 반대한 대군과 군들의 태항아리 등을 파서 산 아래로 굴려버린 잔인한 왕이었다.

현재 금성대군을 비롯한 안평대군, 화의군, 한남군, 영풍군의 태실은 석함만 있을 뿐 다른 석조물은 훼손되었다. 세조가 어린 조카 단종으로부터 왕위를 빼앗고 그에게 협력하지 않고 반대한 대군과 군들의 태항아리 등을 파서 산 아래로 굴려버린 것을 다시 수습하여 지금의 모습으로 복원했기 때문이다.

역사의 심판을 받은 것일까? 세조 자신이 세운 태실비 비문의 글자는 닳고 훼손되어 현재는 알아볼 수가 없다. 이는 세조의 행각을 비난하는 주민들이 세조가 미워 비문의 글자를 지워버렸기 때문이라고 전해진다.

세조의 태반도 여기에 온전히 남지 못하고 일제강점기에 다른 왕실의 태반과 함께 경기도 고양시 서삼릉으로 강제 옮겨졌다.

한편 세종대왕은 왕자들의 태실을 수호하는 사찰을 두었다. 바로 태실지 주변에 있는 '선석사'(禪石寺)라는 사찰이다.

비운의 왕 단종의 태실은 숙부들의 태실과 떨어진 한 구석에 안치되어 있다. 죽이고 죽어야 했던 숙부 수양대군과 조카 단종의 태실이 지척에 있다.

● 옮겨간 단종의 태실지

 세종이 왕위에 오르던 해인 1418년, 전국에서 가장 좋은 길지를 수소문한 결과, 당시 사천의 곤명현 소곡산 자리가 천하 명당이라 해서 그곳에 태실을 안치했다. 이듬해인 1419년 곤명현은 이웃의 남해현과 합해 곤남군으로 승격시켜 태실을 관리하게 했다.

 그리고 세종은 당신이 가장 사랑했던 손자 단종의 태실을 자신의 태실 지척에 두도록 했다. 그리고 영조 9년(1733)에 태실비를 다시 세웠다.

● 세종대왕자 태실의 풍수지리학적 고찰

 사적 제 444호 세종대왕자 태실은 생명공원으로도 지정돼 있다. 이곳 태실의 입지는 당시의 왕명에 의해 생명존중 사상이 적용된 곳이었다.

 길지가 많다는 성주 고을에서도 도대체 어떤 풍수지리적 형식 논리를 갖췄길래 17왕자의 태실이 들어섰을까?

 태실의 주산을 이룬 선석산은 백두대간에서 줄기를 이룬 금오지맥이 수도산(1,317m)을 세우면서 북으로 용맥을 뻗어가다가 좌선을 히면서 기봉한 뒤, 중심 용맥이 태봉을 세우도록 큰 역량을 갖춘 산세다.

 즉 태를 잉태할 수 있도록 용맥이 끊어지지 않고, 이어져 온 곳을 의미한다. 그리고 주산의 여기맥은 다시 좌우로 크게 개장하면서 좌청룡과 우백호를 형성해서 태봉을 포근히 감싸고 있다. 이러한 지세는 풍수지리학적으로 바라보면 어머니 품에 포근히 안온하게 살아 숨쉬고 있는 생명체의 공간을 형성한 것을 뜻한다.

또한 전면에는 태봉의 지맥이 더 이상 뻗어나가지 못하도록 지당(池塘)을 이룬다. 즉 생명의 근원인 물이 존재하고 있는 공간이므로 생기를 지속적으로 받을 수 있도록 양수가 머물고 있는 공간을 말한다.

태반은 어머니의 자궁에 자리하는데, 자궁 속의 태아는 탯줄에 의해 엄마로부터 생명의 기를 공급받게 된다. 이처럼 부모의 태반은 생명체를 낳고 키워주듯이, 이러한 태반이 묻힌 자연 공간은 모든 생명체의 1차 태반인 것이다.

풍수지리학적인 시각으로 바라보면 산은 살아있는 유기체이므로 태봉의 입지는 풍수적으로 생기가 오래도록 분출될 수 있도록 혈장을 갖춘 명당의 공간이다. 따라서 생명체를 잉태한 태봉은 현무봉과 좌우 사격에 의해 감싸안은 지세를 이루는데, 생기는 오래도록 태실의 공간에 머물게 한다.

또한 바람에 의해 기가 흩어지지 않도록 장풍국 입지를 이루게 된다. 이러한 태실의 입지는 오래도록 지속될 수 있도록 명당의 지세를 갖춘 곳이 된다. 그러므로 지금까지도 훼손되지 않고 이어져 올 수 있었던 것이다.

이러한 설명이 아니더라도 이 명당에서 약간 떨어진 선석사라는 절 뒤쪽에서 바라보면 누구나 탯줄에 연결된 태아와 같은 모습을 연상하게 된다.

태실을 지키던 수호 사찰들

　왕릉과 마찬가지로 태실에도 위패를 모셔두고, 부처님의 자비심을 통해 죽은 사람의 명복을 빌며 제례를 준비하는 이른바 원당사찰(願堂寺刹)이 있었다.
　왕릉 수호의 원당 사찰로는 세조의 원찰 사찰이던 광릉 봉선사와 세종대왕의 원찰이던 여주 신륵사, 흥국사, 보광사 등이 널리 알려져 있다. 왕실의 원당 사찰을 조포사(造泡寺)라고도 했다. 유교가 통치이념인 조선왕조는 '두부를 만드는 절'이라는 의미로 사찰을 격하해서 원당 사찰로 삼았던 것이다.
　경북 성주군 월항면 세종대왕자 태실의 원당 사찰은 주변에 위치하고 있는 선석사(禪石寺)이다. 신라 시대에 의상대사가 창건했다는 절이다. 선석사는 태실의 원당 사찰로 기여한 바가 있어 영조로부터 어필(御筆)을 하사받기도 했다.
　선석사에 전해오는 영산회괘불탱(보물 1608호)은 숙종 28년 간탁휘 등 3명의 금어(金魚) 작품으로 당시에는 태실 제례에도 걸렸던 괘불로 추정할 수 있다. 선석사 주지스님에 의하면 태실 제례는 대한제국 이전에 중단되었다고 한다.

> ☞ 금어(金魚) - 불화(佛畵)를 그리는 사람의 우두머리.
> ☞ 괘불탱(掛佛幀) - 그림으로 그려서 걸어 놓은 부처의 모습.

　조선시대 최하층 신분이었던 승려와 사찰은 왕실의 원찰(願刹)이 되면 관이나 사대부들의 핍박에서 벗어났다. 그리고 부역도 면제되고, 특산품 공출을 하지 않아도 되는 등 조정의 보호를 받게 되어 태실 수호 가람의 역할에 충실할 수 있었다.

한편 팔공산 은해사(銀海寺)는 인종의 태실 수호 사찰이다. 인종이 오래오래 건강하게 살아가길 바랐던 중종은 인종의 태를 팔공산 은해사 뒤편의 명당에 묻게 하였다. 인종의 태봉은 태실봉안지의 전형으로 꼽히는 곳이다. 이곳 태실은 산중 돌혈의 전형적인 형태다. 조선의 왕들 중에서도 가장 큰 규모로 조성되었다.

백흥암(百興庵)은 은해사에 속한 암자로 신라 말기에 지은 것으로 전한다. 조선 명종 1년(1546년) 인종의 태실을 팔공산에 모시게 되자, 백흥암을 수호 사찰로 정하고 크게 고쳤다고 한다.

극락세계를 상징하는 아미타삼존불을 모시고 있는 극락전은 인조 21년(1643년)에 지은 건물이다. 지금 있는 건물은 그 후로 여러 차례 수리한 것이다. 규모는 앞면 3칸, 옆면 3칸이고, 지붕은 옆면에서 볼 때 여덟 팔(八)자 모양을 한 팔작 지붕이다.

지붕 처마를 받치기 위해 기둥 위부분에 장식하여 짜은 구조가 기둥 위 뿐만 아니라 기둥 사이에도 있다. 이를 다포 양식이라 하는데, 재료의 형태와 짜임이 조선시대의 옛 수법을 잘 갖추고 있다.

안쪽 천장은 가운데를 높이고 주변을 낮게 만들어 층을 이루게 꾸몄다. 불상을 올린 불단은 조각이 매우 특이하고 우수해서 '보물 제 486호 영천 은해사 백흥암 수미단'으로 지정되어 있다.

경북 김천시 대항면 직지사는 예부터 사두혈(蛇頭穴)의 명당 터로 알려져 왔다. 조선 2대 왕인 정종의 태실이 1399년(정종 1년) 대웅전 뒤의 북봉에 안치된 것은 풍수지리학적으로 명당 터로 평가됐기 때문이다.

북봉은 황악산의 산줄기가 뱀의 허리처럼 길게 내려 뻗다가 뱀이 머리를 치든 것처럼 하늘로 솟구쳐 올랐다 하여 기가 드센 사두혈의 길지로 알려졌다.

세종대왕자 태실 수호사찰 '선석사'.
조선은 억불숭유 정책으로 다스려지던 유교 국가였지만, 왕실의 원찰(願刹)과 태실의 수호사찰이 있었다.

　직지사는 정종의 어태를 관리하는 수호 사찰로 지정되어 사세를 유지할 수 있었다. 작은 현에 지나지 않았던 김산이 김산군으로 승격한 것도 정종의 태실 덕분이었다.
　〈조선왕조실록〉 1399년 4월 5일 기록에 따르면 '중추원사 조진을 보내 김산현에 태를 안치하게 하고, 김산을 군으로 승격시켰다'는 기록이 나온다.
　또 조선시대 태봉의 보수 및 가봉 내역을 기록한 〈태봉 등록〉이라는 자료에도 '정종대왕의 태봉이 김산 직지사 뒤에 있다'고 기록되어 있다.
　정종은 즉위한 원년에 다른 곳에 안치되어 있던 태실을 사두혈의 명당으로 이름난 직지사 북봉으로 옮겨 안치했다. 이 때문에 숭유억불(崇儒抑佛)이란 국시에도 왕의 태를 안치하고 태실을 관리해야 할 책임이 주어진 직지사를 보호할 수 밖에 없었다.

- 제 3 장 -

조선왕조의 태실은
어떤 절차로 조성되었나?

제 3장 – 조선왕조의 태실은 어떤 절차로 조성되었나?

1. 태교

왕비나 비빈이 임신하면, 태교의 중요성은 아무리 강조해도 지나치지 않을 정도였다.

"스승이 10년 가르치는 것보다 어미가 배 속에서 10개월 기르는 게 더 낫다."

1800년(정조 24년) 사주당 이씨(1739~1821년)가 〈태교신기〉에서 설파한 태교의 중요성이다.

〈조선왕조실록〉을 보면 "성인이 되기 위한 교육에는 태교만한 것이 없다"는 등 태교의 중요성을 강조하는 말이 지속적으로 나오고, 수나라 문왕의 어머니가 태교를 하여 문왕을 올바르게 키워냈다는 이야기도 전해져 내려온다.

율곡 이이의 〈성학집요〉도 태교법을 아주 구체적으로 일러주고 있다.

"옆으로 누워 자지 않고, 비스듬히 앉지 않고, 외발로 서지 않는다. 이상야릇한 맛의 음식도 먹지 않는다. 사특한 빛깔을 보지 않고, 음란한 소리도 듣지 않는다. 그러면 아이는 얼굴이 단정하고 재주가 남보다 뛰어날 것이다."

태교의 시기는 '임신 3개월부터'라 했다. 1434년(세종 36년) 노중례가 편찬한 〈태산요록〉은 "임신 3개월이 되면 형상의 변화가 시작되고, 느낌에 따라 감응을 일으키게 되어 태아가 어머니의 소리를 듣고 반응하기 때문"이라고 설명했다.

예나 지금이나 뇌세포가 대부분 완성되는 임신 3개월을 중요하게 여긴 것이다. 또 성품이 아직 정해지지 않은 3개월 때 임신부가 그릇된 음식을 먹고, 그릇된 언행을 하면 아기가 포악해지고 목숨이 짧아진다고 경고했다.

특히 만백성의 어버이를 낳고 키워야 하는 왕실의 태교는 어진 임금으로 만들기 위한 '초조기 교육'이었다. 임신 3개월부터 거처를 별궁에 옮긴 왕실의 여인은 본격적인 태교에 돌입했다. 임금과도 편지로만 연락했다.

영조 42년(1766년) 73살의 할아버지(영조)가 태교를 하는 이유를 묻자 15살 세손(정조)의 대답이 핵심을 찌른다. "임신 중에 착한 일을 하면, 그 아들이 나서 절로 어진 사람이 됩니다. 태교에 태만할 수 없습니다"〈영조실록〉

왕실 태교의 비법은 무엇이었을까? 좀 더 구체적으로 살펴보자.

조선 왕실에서는 임산부가 보는 것이 태아가 보는 것이고, 임산부가 듣는 것이 태아가 듣는 것이라고 믿으면서 바깥 사람의 출입도 엄격하게 통제했다. 늘 자세를 바르게 하며 오래 앉거나 눕는 것도 좋지 않다며 통제했다.

음악 등 '예술'적 방법을 이용해 산모의 정신 건강을 살피는 것이 첫 번째 비법이다. 침전과 같은 '문예'적 방법을 동원해 산모의 몸과 마음가짐을 바르게 했다. '음식'을 정갈하게 해 몸의 건강을 돕는 것을 최대한 세심하게 한 것도 왕가의 혈통을 보존해온 왕실 태교의 비법이다.

음악을 비롯한 예술의 활용도 조선왕실 태교의 비법 가운데 하나다. 왕실 임산부의 처소는 정숙을 유지했고, 궁중 악사를 불러 가야금과 거문고를 연주하게 했다. 산모가 아름다운 음악을 들으며 마음가짐을 바르게 하는 데 도움을 주기 위해서였다.

'피리'가 금기의 대상이었다는 것은 이색적인 왕실 태교법이다. 감수성을 풍부하게 하고 산모의 정서를 다스리는 음악이 태교에 좋지만, 피리는 감정을 격하게 자극할 우려가 있어서라는 게 그 이유다.

임산부는 임신 5개월째부터는 낮에는 당직 내시, 밤에는 상궁, 나인 등을 시켜 '천자문', '동몽선습', '명심보감' 등을 낭독하게 했다. 그리고 눈뜨는 순간부터 옛 성현의 가르침을 새긴 옥판(玉板)을 외워야 했다.

세조의 큰 며느리이자 성종의 생모인 인수대비 한씨가 쓴 〈내훈〉에는 "밤에는 소경으로 하여금 시를 외우게 하고 교훈적인 내용들을 말하게 해 들었다"는 기록이 남아 있다.

사대부의 태교 지침서였던 '태교신기'에도 "오로지 사람을 시켜 시를 외우고 옛 책을 설명하거나 아니면 금슬을 타게 해야 하느니라. 이것을 임산부가 듣느니라"라고 기록하고 있다.

바느질이라는 '문예'적 방법을 적극적으로 활용한 것도 조선왕실 태교의 특징이다. 왕실에서는 산모가 직접 아이가 태어나면 입힐 무명 배냇저고리, 두렁치마, 턱받이, 쑥뜸 들인 배꼽받이 등을 무명 옷감으로 만들었다. 태어날 왕손이 입을 옷을 직접 준비하고, 산모의 마음과 정신을 정갈히 하는 효과를 노린 것이다.

왕실에는 옷과 이불을 만드는 기관이 따로 있었다. 그럼에도 왕비는 누비옷을 만들었다. 누비옷을 만드는 데는 정교한 손재주와 섬세함, 정성, 집중력 등이 필요했다. 때문에 누비질을 하면서 마음을 안정시키고 반듯한 왕자가 태어나기를 기원했다.

또한 해, 나무, 거북이, 사슴 등 장수를 의미하는 십장생도를 방 안에 두고 태아의 무병장수를 기원했다.

음양오행(陰陽五行)에 맞춘 '음식' 역시 왕실 태교의 방법이다. 음양오행에 기반한 유가의 '우주관'은 왕실 임산부의 식탁에도 그대로 드러난다.

그런가 하면 조선왕실에서는 태교를 할 때 음식물을 각각 나무(木), 불(火), 흙

(土), 쇠(金), 물(水)의 기운으로 나눠 음양오행의 상생 상극에 기초해 음식을 먹이는 것이 기본이었다.

유산을 초래할 수 있어 태아에 상극인 음식은 당연히 피하게 했다. 소화를 촉진시키거나 혈기가 흩어지게 하는 음식이 그것이다. 산모에게 가능한 소화를 돕고 혈기를 모이게 하는 음식을 먹였다.

나무(木) 기운의 음식 역시 권했다. 태아에게 필요한 혈기를 만드는 곳이 간인데, 혈기를 모으는 음식물은 대개 신맛을 낸다. 임산부들이 초기에 신맛의 음식물을 찾는 이유다. 신맛 음식의 기운은 오행상 나무(木)에 속한다. 이에 해당하는 음식은 보리, 닭 등이 있다.

단맛을 특히 경계했다. 당이 분해될 때 칼슘을 빼앗는다는 것을 경험으로 알았기 때문이다. 머리가 좋아진다는 순두부, 콩, 채소, 김, 미역, 새우, 생선 등을 먹었다. 옆으로 걷는 게와 뼈 없는 문어 등은 금기 음식이었다. 출산이 임박하면, 산모의 머리를 길한 방향, 즉 달이 떠오르는 방향으로 두었다.

19세기 중엽에 왕실의 출산을 담당하는 관청이었던 산실청에서 쓴 '임산예지법'에는 '출산 당월에는 굳은 수라와 차진 병식(떡과 음식), 마른 포육과 마른 어물과 기름진 음식, 기름에 지진 지짐 등 소화하기 어려운 것은 먹지 말라'는 내용이 나온다.

2. 태봉의 선정

산기가 가까워오면 왕실에서는 태봉을 선정하는 절차에 들어갔다.

조선 왕조는 전국의 태실지를 1등지에서 3등지로 분류해서 왕손이 태어나면 원손은 1등지, 대군은 2등지, 옹주는 3등지로 구분하여 태를 묻었다.

그 장소를 물색할 때에는 지관이 풍수설에 따라 3곳의 후보지를 선정하되 왕으로부터 최종 낙점을 받았다.

관상감에서는 평소에 지방 관청의 도움을 얻어 미리미리 능의 자리와 함께 태봉의 명당 자리를 골라 놓았다가 충당했다.

능은 서울에서 편도 100리 이내에 한하는 규제가 있지만, 태봉은 그런 규제 사항이 없었다. 또 능이나 궁궐 자리와 마찬가지로 지리적 조건이 있지만, 태봉의 명당 조건은 여느 명당의 조건과는 사뭇 다르다.

〈조선 왕릉의 제도를 살펴보면, 고려 왕릉의 경우와 같이 배산임수로, 북쪽의 주산을 뒤로 업고, 그 중허리에 봉분을 이룩하며, 좌우에 청룡과 백호의 산세를 이룬다. 왕릉 앞쪽으로 물이 흐르며, 남쪽으로 멀리 안산을 바라보는 것이 표준형이다.〉

이렇게 능처럼 전후좌우의 모든 산세와 강줄기의 흐름 상태까지 보는 것에 비하면 태봉의 경우는 극히 간단하다. 조선 왕실의 모든 태봉은 평지에 돌출해 젖무덤처럼 생긴 봉우리 형태다. 즉 거북의 등이나 가마솥을 엎어놓은 형태인 봉긋한 봉우리여야 했다. 전국의 태실봉이나 태봉산이란 지명이 붙은 산은 모두가 이런 형태를 갖추고 있다.

태가 묻히는 태실은 봉우리 정상의 젖꼭지 부위에 자리한다. 공식적 기록물인 〈태봉등록〉에는 다음과 같은 태실지의 입지 관련 내용이 있다. '무릇 태봉은 산꼭대기에 쓰는 것이 전례이며, 원래 내맥(來脈)이나 좌청룡 우백호나 안대(案對)는 없습니다.'

☞ 내맥(來脈) - 종산(宗山)에서 내려온 산줄기
☞ 안대(案對) - 두 물체가 마주 대함

   산의 정상에 태실을 조성하는 것은 산 전체가 태실과 한몸으로 태실과 산이 구분되지 않은 채, 외관상 거대하게 보여 일반 백성들에게 경외감을 주기 위해서였다.

   또한 태실지의 조건에 관해서는 '좋은 땅이란 것은 땅이 반듯하고 우뚝 솟아 위로 하늘을 받치는 듯해야 길지가 된다'고 했다.

   태를 묻은 뒤 태실의 주인공이 임금의 자리에 오르면 '가봉'이란 절차를 거쳐 이전과는 전혀 다른 석물과 외양을 갖춰 다시 손질하게 된다. 한마디로 왕의 태실답게 태실을 더욱 화려하게 꾸미는 것이다.

땅이 반듯하고 우뚝 솟아 위로 하늘을 받치는 듯한 명종 태봉. 태봉으로서는 최적의 조건을 갖춘 곳이다.
풍수지리를 잘 모르는 사람들이 봐도 한눈에 명당 자리라는 느낌을 준다. 충남 서산시 소재

태봉리, 태봉리 또는 태실리라는 마을의 명칭이 내려오는 곳은 예전부터 태실이 안치되어 있는 곳이라고 해도 과언이 아니다. 그 동명의 뿌리를 찾아 내려가면 공통 사항으로 태실의 존재를 확인할 수 있다.

그곳을 찾아보면 십중팔구 태실이 있다. 이곳들을 살펴보면, 대개 계란 모양의 산형으로, 지표 높이가 약 50m에서 100m 정도의 야산으로 그 정상에 안태되어 있고, 그 아래쪽으로 재실이 위치한다.

태봉과 태봉은 그 음이 같아서 혼용되기 쉽다. 태봉(胎峯)은 태실이 있는 산 봉우리를 의미하고, 태봉(胎封)은 '꼭 막아서 둔다'는 뜻으로 장태나 안태와도 통한다. 일반적으로 태실을 의미하기도 한다. 즉 태봉은 봉한다는 행위, 의례 등 이에 부수되는 제반 절차, 행사까지 다 포함되는 것이 '태봉'의 진정한 의미이다.

3. 산실의 준비와 아기씨의 탄생

(1) 산실청(産室廳)의 설치

비빈이 임신하여 산기가 임박해 오면, 그 출산 이전의 업무를 관장하는 기구가 설치된다. 이것이 바로 산실청이다.

산실청은 임시 기구이나, 의술이 발달하지 못한 시대라 귀한 왕자나 공주, 왕손 등이 탄생하는 경사를 겸하여 생명의 위험성도 수반되는 막중한 일이었다. 그러므로 산실청의 설치와 역할은 매우 중요하였다.

산실청의 설치 시기는 항상 일정하지는 않지만, 대개 출산 전 3~5개월 사이다. 산실청 설치와 아울러 관계자로 권초관을 함께 임명한다.

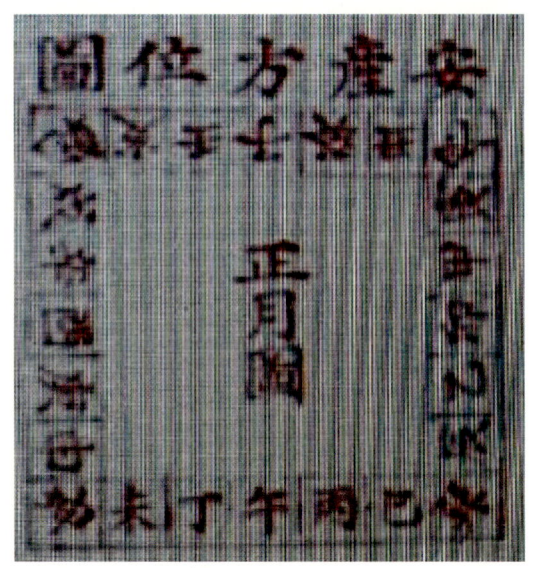

산실청의 부적. 조선시대에 일반 가정에 붙이던 부적과 크게 다르지 않다.

☞ 권초관(捲草官) - 출산 때 깔았던 고석을 말아서, 산실문에 매다는 직무를 맡은 관리. 물론 임시직이다.
☞ 도제조(都提調) - 왕권이나 국방, 외교와 연관되어 중요하다고 생각되는 국방부 직할부대 및 기관에 두었던 정 1품 자문직.
인사나 행정상 중요한 문제 등에 관하여 자문에 응하도록 했다.

산실청의 구성 인원은 주로 삼제조를 비롯하여 궁내부 인사들이었다.

이에 반해, 권초관은 중신들 중에서 가장 신분이 귀하고 '부귀 다남(富貴多男)'한 인물이 선출됐다. 이는 민가에서 부정한 사람의 출입을 금하고, 복이 많은 할머니가 산파 역할을 맡아서 탄생하는 아기의 복된 생을 기원하는 것과 같은 의미다.

이 산실청의 총 책임자는 도제조이다. 그리고 아기 탄생 후 7일이 되면 산실청은 해산된다.

산실청 배설의 형식은, 조정의 여러가지 정사와 다름없이 신하의 계청으로 시작된다.

☞ 계청(啓請) - 임금에게 아뢰어 청하던 일.
☞ 일관(日官) - 천문관측과 점성을 담당한 관원.
☞ 입진(入診) - 의원이 궁중에 들어가 임금을 진찰함.
☞ 입직(入直) - 관아에 들어가 차례로 숙직함. 또는 차례로 당직함.

삼제조가 입시하여 산실청의 배치를 왕에게 아뢰고, 왕비가 입진할 것을 아뢰면 왕의 윤허가 내린다. 이에 일관이 길일을 선택해서 올리면, 여기에서 정식으로 산실청 배설의 어명이 내리는 것이다. 그리고 나서 부적을 붙인다.

한편 비빈들의 산달에 임박해서는 그들의 친정에서는 부형이 들어와 입직을 하고, 친정 모친은 미리 들어와 산바라지를 도와주는 것이 관례였다.

영조의 왕손녀 청연공주가 탄생할 때도 그 산모의 친정 부친이 50여일을 궁중에 들어와 묶었다는 기록이 있다. 이밖에도 궁중에 의녀라는 여성들이 있다. 해산한 뒤에는 의녀들이 주도가 되어 일이 진행된다.

분만할 때까지 이렇게 공적인 임시 기구를 마련하고, 친정 부모가 들어와 입직을 한다. 출산을 앞두고 만반의 준비를 하며, 산모와 태아의 보호에 주력하는 것이다.

순조 27년 왕세손인 헌종이 탄생할 때의 실례를 실록에서 찾아보면 다음과 같다.

「세자 빈궁의 산실청은 윤5월 11일 묘시의 길일에 설치하기로 하고, 홍희준을 권초관으로 삼았다.」

윤 5월 11일이란 날짜는 이로부터 약 한달 후이다.

(2) 산실의 준비

산모에게 산기가 있으면, 산실청은 갑자기 긴장하기 시작한다. 곧 산실을 꾸며야 하는데 그 절차는 다음과 같았다.

삼제조는 대령의관 및 별장무관, 범찬관 등을 인솔하고, 임산부가 머물고 있는 처소에 참례한다. 먼저 제집사가 방중에 나아가 '이십사방위도'를 각 방향에 붙이고, 또 '당일도'와 '석지부'도 붙인다. 이들은 주사로 쓴 일종의 부적이다. 이로써 산모의 순산을 기원하는 주술적 방법을 마련한 것이다.

다음으로 방에 먼저 곱게 짠 짚자리를 펴고, 그 위에 백문석을 깔고, 다시 그 위에 양모천, 기름종이를 깐다. 그 다음에는 고운 짚자리를 순서대로 깐다. 마지막으로 삼실을 깔고 족제비 가죽을 깐다.

이렇게 하여 자리가 마련되면, 태의를 놓아둘 방향에 부적을 붙인다. 다음에 의관이 차지법을 읽는다. 차지법이란 순산할 자리를 신에게 빌겠다는 주문이다.

"동서남북으로 열 보, 상하로 열 보를 빌려, 방 가운데로부터 40여보를 안산할 자리로 함에, 더러운 바가 있을까 두려우니, 동서남북의 해신, 해의 장군, 백호부인을 십장 정도 떨어진 곳으로 부릅니다. 이 모두를 합친 공간에 산부 모씨가 방해와 두려움, 그리고 거리낌 없이 순산할 장소를 마련하니, 모든 신들의 옹호를 받아 모든 사악함을 멀리 물리치고자, 서둘러 법령으로 따르고자 합니다."

전의가 위와 같은 조문을 3번 반복해서 읽고, 천장에 말고삐를 걸어두면 출산 준비는 마치게 된다. 이것은 임산부가 아기를 낳을 때, 힘을 쓰기 위해 붙잡는 줄이다.

대청 추녀에는 동령을 걸어둔다. 동령이란 유사시에 잡아 당기는 줄로 의관을 부르기 위한 일종의 초인종으로 사용한다. 그리고 산실 문 밖에 현초할 곳에 세치 길이의 못을 두개 박아 놓고 물러 나온다.

> ☞ 현초(懸草) – 비빈이 해산할 때 깔았던 거적자리를 산후 이레 동안 길(吉)한 방향의 궁중 대문에 붉은 끈으로 매달아 두던 일.
> ☞ 전의(典儀) – 나라의 큰 의식에서 모든 절차를 도맡아 진행하는 일을 맡아보던 관직.

산실은 반드시 그 산모가 평소 거처하는 방을 쓰는 것을 원칙으로 한다. 그 이유는 급할 때 다른 전각으로 옮기는 불필요한 절차와 시간을 생략하기 위함이다. 숙종 이후부터 관례로 전해져왔다.

(3) 아기씨의 탄생

왕실에서는 아기에 〈씨〉를 덧붙여 〈아기씨〉라 부른다.

비빈과 후궁들이 분만할 때 산파의 역할은 의녀나 미리 정해 놓은 아기 유모가 하는 것이 보통이다. 〈태아받기〉, 〈탯줄의 절단〉 그 밖의 모든 일은 이들에 의해서 이뤄진다. 그러나 조선말 덕수궁 시절에는 고종 후궁들이 왕자녀를 출산할 때, 이미 신식 여의사와 산파들이 거행했다.

아기가 탄생하면 미리 문 위쪽에 달아 놓았던 종을 임금이 흔든다. 그 종에 대해서는 허무맹랑한 이야기가 전해져 내려온다. 산실청을 마련할 때에 금, 은 2가지 방울을 달아 두었다가, 남아가 태어나면 금령을, 여아가 태어나면 은령을 흔들었다는 것이다.

그러나 이는 근거 없이 전해지는 얘기다. 실제로 사용되었던 방울은 동령이었다. 이 방울은 분만 전에는 수시로 의녀들이 의관들을 부르는데 쓰고, 아기 탄생 후는 왕 자신이 흔들어 순산을 알렸다.

이외에도 산실에는 '최산부'와 그날 일진에 따라 점복한 '방위도'가 있었다. 최산부란 주사로 써서 방안 북쪽 벽 위에 붙여두는 부적을 말하며, 권초할 때에 바늘 끝에 꿰어 불에 태운 후 이 재를 산모가 온수에 타서 마셨다.

(4) 탄생의 반포

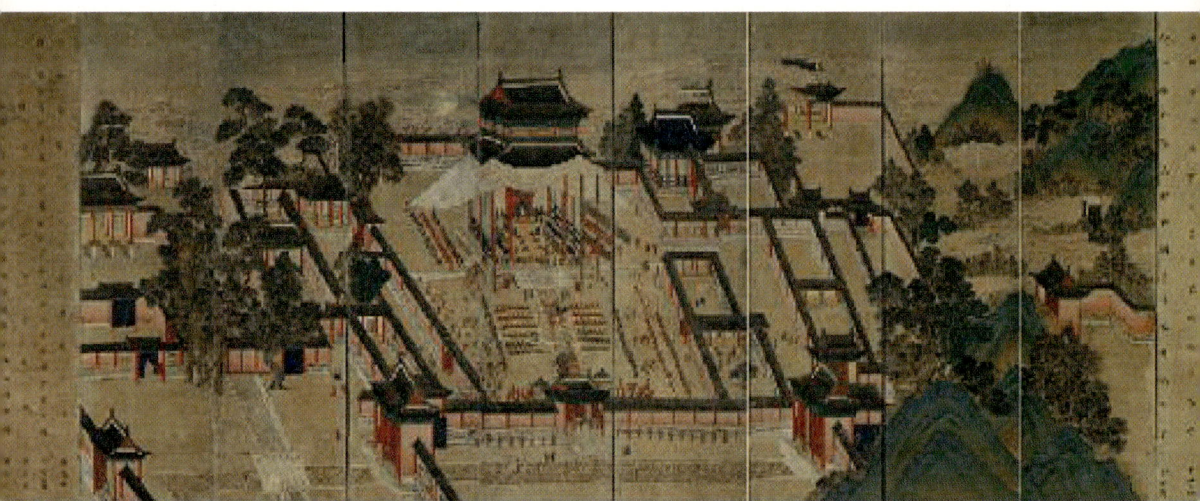

왕세자의 탄생을 그린 '왕세자탄강진하도십첩병(王世子誕降陳賀圖十疊屏)'. 보물 제 1443호. (국립고궁박물관 소장).
조선시대 어용화가들이 그린 이 그림은 사진을 찍어놓은 듯이 세부 묘사가 세밀하다.

아기가 탄생하면 온 천하에 반포를 한다. 물론 원자와 일반 왕자녀가 같을 수는 없다. 원자 혹은 원손이 태어날 때는,

"오늘 신시에 세자빈이 원손을 낳았으니, 모두 행사는 관례대로 거행하거라"리하여 대신들의 주언이 있은 뒤 원손이 태어남을 종묘에 고하고, 모든 벼슬아치들에게 전한다.

순종의 탄생으로 개최된 잔치를 그림 병풍으로 남긴 〈왕세자탄강진하도십첩병〉

을 통해 왕세자 탄생연의 모습을 생생하게 들여다 볼 수 있다.

 고종은 원자가 탄생한 날, 바로 가벼운 죄를 지은 죄인들은 전부 풀어주고, 관직이 박탈된 이를 재임용하는 등 은혜를 베푼다. 그리고 생후 7일이 되는 날 순종의 탄생을 축하하는 행사를 창덕궁 인정전에서 거행하니, 이것이 〈왕세자탄강진하도십첩병 병풍〉에 그려진 잔치이다.

 이것은 순종의 산실청에 배치된 관원들이 주도가 되어 만든 병풍이다. 병풍의 첫 폭과 마지막 폭에는 산실청에서 일했던 관원들의 관직, 품계 등이 기록되어 있다. 중간 여덟 폭에는 당시 인정전의 탄생 축하연 장면을 장대하게 그려낸다. 관원들은 병풍에 자신의 이름과 관직이 기록되는 것에 뿌듯함을 느꼈다.

 또한 〈조선왕조실록〉 선조 31년의 기록을 보면 원손(왕세자의 아들)이 탄생했으니 과거 시험을 보고, 죄인을 석방하는 등 은혜를 베풀었다는 내용이 나와 있다.

 즉위한지 무려 23년 만에 손자 단종을 얻은 세종은 부분 사면령을 내리는 게 어떠냐고 조심스럽게 신하들에게 물었다.

 뛸 듯이 기뻤던 세종이었지만, 신중하게 여긴 뜻이 있었다. "사면이라는 것이 군자에게는 불행이요, 소인에게는 다행이기 때문에 오랫동안 시행하지 않았다"면서 "원자도 아니고 원손이 태어난 것이어서 좀 조심스럽다"고 한 것이다.〈세종실록 1443년 7월 23일〉

 그러면서 세종은 사면의 폭을 최소한 줄여 "유배형 이하의 죄인이거나 형을 결정하지 않은 미결수만 석방할까 하는데 어떠하냐?"고 운을 뗐다. 아무리 기쁜 일이 있어도 형벌의 저울추가 기우는 것을 우려한 세종 임금의 신중한 태도였다.

 하지만 대신들은 "이만한 경사가 어디 있느냐"면서 "대사면령을 내려야 한다"고

전폭적으로 지지해주었다. 세종은 결국 반역죄를 지은 죄인을 제외한 나머지 죄인 모두에게 대사면령을 내렸다.

정조 14년(1790년) 원자(순조)를 낳은 정조 임금은 죄인 명부에 등록된 1,154명 전원을 사면해주었다.

> "세금과 부역을 차등으로 면제해준다. 70세 이상의 조정 관리와 80살 이상의 선비 및 평민에게 각각 한 자급(일종의 호봉)을 더하고, 100세 이상의 노인에게 쌀과 고기를 줄 것이다."〈정조실록〉

(5) 현초(懸草)

현초란 산모가 출산한 뒤에 산석을 걷는 것을 일컫는다. 즉 원만한 순산을 알리는 뜻으로 산실 내에 깔았던 짚자리를 말아서 문 위의 중방에 매다는 것이다.

이는 민간에서 말하는 인줄 혹은 금줄에 해당한다. 보통 민간에서 아기를 낳으면 왼쪽으로 꼰 새끼에 숯과 고추를 끼워 대문 위를 가로질러 옆으로 걸었다. 부정 타는 사람의 출입을 막는다는 의미였다.

왕실에서는 외부인의 출입이 어려워 따로 통제할 필요는 없었다. 오직 순산의 표시로 짚자리만 매다는 것이다. 범찬관이 방위를 정해서 문 위에 못을 박은 뒤 빨간 끈을 드리워 놓은 곳이 이 짚자리를 매다는 장소이다.

순산을 하고 나면, 즉시 의관이 "짚자리를 내어 주십사" 하고 청하게 된다. 그러면 산실에서 짚자리를 내어주고, 권초관이 이를 받아서 말아 문 위 중방에 빨간 끈으로 매달았다. 이 짚자리는 산후 초 7일까지 매어두었다.

(6) 권초제(捲草祭)

권초제란 왕실 자녀의 무병장수를 기원하는 제사를 말한다. 산후 7일째 되는 날 산실의 대청에서 지낸다.

먼저 일관이 점복하여 시간을 정하면, 정각 전에 우선 산실 앞뜰에 받침대를 좌우에 놓는다. 그 위에 큰 널판을 얹고 제상을 준비한다. 제사상 위에는 쌀, 실, 명주, 돈 같은 물품을 진열한다. 쌀, 실, 명주, 돈 등에는 모두 '명'자를 붙이는데, 그 이유는 수명장수를 기원하는 뜻이다.

그 배치는 다음과 같다. 명백미는 앞줄에 진열하고, 명사는 그 오른쪽에, 명주는 그 왼쪽에, 명은은 가운데에, 촉대는 그 다음 좌우에, 향상은 그 앞에 놓고, 향합은 향상 위에, 배석은 층계 밑에 깔아 놓는다.

제상 앞줄에 권초관이 자리를 잡고, 재배하고 나서 대청 위에 올라가 산실문 위의 중방에 걸어놓은 현초 앞으로 나아간다. 이때 차비관 한 사람이 함을 들고 따른다.

> ☞ 차비관(差備官) - 특별한 사무를 맡기려고 임시로 임명하던 벼슬.
> ☞ 채여(彩輿) - 왕실에 의식이 있을 때 귀중한 물건을 실어 나르던 가마.
> ☞ 향안(香案) - 제사 때에 향로를 놓기 위한 탁자.
> ☞ 분향례(焚香禮) - 제상 앞에 앉아 꿇어 향을 3번 피워 올려 신께서 강림하시기를 알리는 의례.

권초관이 친히 문 위에 걸었던 짚자리를 떼어 함 속에 넣으면, '차비관'이 그 함을 들어서 상위에 올려놓는다. 다시 권초관이 '향안' 앞에 나아가 '분향례'를 올리고, 계단 아래 자리에 와서 재배한다.

이어 도제조와 같이 권초를 모시 포대에 넣고, 붉은 보로 싼 다음 도제조가 서명한다. 이것을 차비관이 받들어 '채여'에 싣고, 권초각까지 가서 그곳에 봉안하는 것이다.

(7) 행상(行賞)

궁중에서는 작은 행사에도 반드시 그 뒤에 보상이 뒤따른다. 이것을 '갱반의 대령'이라 하여 미역국과 흰밥으로 한상 차려주는 대접이다. 이 실례를 〈한중록〉에서 보면 다음과 같다.

> 〈내 들어올 적 유모로 아기와 시비 하나를 데리고 들어오니….이후 아기가 내 여러 순산때 시중을 들어 '경술대경'에 갱반을 대령하여…〉

그동안 수고해준 유모를 상궁으로 올려 주었다는 것이다.

'경술대경'이란 정조가 첫 왕자 문효세자를 잃은 후 오래도록 왕자를 얻었다가 박씨를 맞이하여 세자의 탄생을 본 일이다. 갱반이란 국밥이란 뜻이지만, 궁중에서 공을 세운 내인에게 왕자녀 탄생 후에 하사하는 미역국을 갖춘 큰 반상이다. 이것은 매우 영광스런 포상의 하나였다.

이같은 행상은 아기 탄생 3일후 때때로 있으며, 이 밖에 본격적인 상격은 대략 다음과 같다. 세태 의식에서부터 여러 가지로 수고한 도제조에게는 안장까지 갖춰서 말 1필, 그 밖에 특전으로 도제조의 가족 중에서 한 사람 정도를 관리로 특채해 준다. 물론 본인들의 직계도 올라간다.

> ☞ 내자시(內資寺) – 궁중으로 공급되는 쌀 국수 술 간장 기름 채소 과일 등을 관장하던 관리.
> ☞ 춘추관(春秋館) – 궁궐 안팎의 업무를 기록하는 일을 맡아보던 관리.

도제조는 승진하고, 부제조는 춘추관을 겸하게 한다. 또 내자시에게는 망아지 1필을 하사한다. 그 외는 명백미를 바친 제조에게는 잘 길든 말 1필, 제조 두 사람과 부조사는 반숙마 1필, 낭청, 첨정 주부는 각 상현궁 1개씩을 내린다.

이밖에 궁녀들에게는 상품으로 옷감을 내렸다.

(8) 세태(洗胎)

세태는 글자 그대로 태를 깨끗이 씻음을 의미한다. 왕자나 공주 탄생 후 세태의 의식은 제 3일, 혹은 제 7일에 거행한다.

〈춘추일기〉에 의하면 이는 현종 때는 원자 탄생 시에 시작되었다고 한다. 제 3일에 거행하였다는 것이다. 이후부터는 일관이 길일, 길시를 택일하는데, 제 2일 이후 제 7일 안에 거행하는 것이 관례였다.

이 세태 역시 격식이 매우 까다롭다. 아기가 태어나면 태를 즉시 백자 항아리에 넣어 산실 안에 미리 점복한 곳에 안치해 둔다. 세태 하는 날, 정각이 되면 도제조 이하가 흑단령을 갖추고, 산실 뒤뜰에 대기한다.

이때 의녀가 산실로부터 공손히 태항아리를 갖고 나와 질자배기에 옮겨 담는다. 그리고 미리 걸어 놓았던 월덕방에 이 물을 부어 100번 씻는다. 태를 씻은 물은 버리지 않고, 준비해 둔 다른 독에 받아두었다가 월덕방에 버린다. 다음에 향온주로 다시 씻는다. 이렇게 정성을 기울여 깨끗이 씻은 태는 다시 백자항아리에 담는다.

궁중에서 세태를 할 때는 태를 물로 100번을 세척하고, 마지막으로 '향온주'라는 술로 정성껏 닦았다. 사진은 성주군이 경복궁에서 주최한 '세종대왕자태실 태봉안 재현행사'에서 태를 씻는 모습.

- 향온주(香醞酒) – 여느 술과는 다른, 매우 독특한 향과 맛을 자랑한다. 일반 술에서 흔히 쓰는 누룩이 아닌, '향온곡'이라고 하여 특수한 누룩을 발효제로 술을 빚기 때문이다.
- 흑단령(黑團領) – 관원의 정복으로 관에서 지급한 제복.

(9) 태항아리에 안치

'향온주'로 정갈하게 씻은 태는 작은 태항아리(내호)에 담는다.

먼저 헌 동전 한개를 자면이 위로 가게끔 놓은 뒤 100번 씻은 태를 그 위에 올려놓는다. 다음으로 유지를 항아리 입구에 덮고, 그 위에 다시 남색 비단으로 항아리 입을 덮고 난 후 빨간 끈으로 단단히 묶는다.

다음에는 봉표하여 내보내면, 삼제조와 의관이 한자리에 앉아서 이것을 받아, 다시 더 큰항아리(외호) 바닥에 솜을 깔고, 내 태항아리를 넣는다.

그 다음에는 주위의 공간을 솜으로 태항아리 입과 같은 높이까지 가득 채운 뒤

종이로 다시 그 위를 덮는다.

　이렇게 절대로 안쪽 태항아리가 움직여 파손되지 않도록 고정시킨 뒤, 다시 겉 항아리 입에서 손가락 하나 길이쯤 떨어지는 정도까지 솜을 채워 밀폐한다. 다시 그 위에 뚜껑으로 막으면 완전히 밀봉이 된다.

　그리고 나서 빨간 끈으로 항아리의 사면을 단단히 묶는다.

(10) 초도(初度)

　초도란 원뜻이 '첫째 번'이라는 말로 궁중어로는 아기가 출생하여 맞이하는 첫 산일 즉, 첫돌을 의미하기도 한다.

　첫돌이 되면 궁중에서도 돌상 앞에 아기씨를 앉히고, 무엇을 먼저 집는가를 보며 그 장래를 축수하는 행사 '돌잡이'를 한다. 그 상을 백완반이라 부른다. 백완이란 음식보다는 장난감의 다양함을 뜻하는 단어이지만, 이 경우 장난감이 아니라 서적, 필묵, 궁시 등 문무의 상징과 실, 쌀, 돈 등의 수복을 상징하는 물건들이다.

　그런데 궁중의 경우, 특이한 점은 미나리 한 다발을 홍실로 묶어 놓는 풍습이다. 이런 물품과 각종 떡(백설기, 수수경단, 송편, 콩시루떡)을 놓는 상은 크지 않고, 상이라기보다 다리 달린 둥근 쟁반이다.

　그러나 근래 민간에서는 이 쟁반이 어느새 교자상으로 변하여 갖가지 떡에 오색 실과와 과자까지 등장하여 마치 제사상을 방불케한다. 그만큼 본래의 의미와는 달리 사치스러워졌다고 할 수 있다.

　시주라고도 하는바 실록에도 이런 대목이 가끔 나온다.

　〈정조 15년 6월 18일에 완자 초도시에 백완반을 집복헌에 차려놓고, 아기가 사유화양건을 쓰고, 자라겹삼을 입고, 의젓이 앉아서 시주를 했다〉는 기록이 있다.

원자는 먼저 색실을 집고, 다음에 활과 관현을 집었다 한다. 이날 정조는 각신과 승지들로 하여금 이 광경을 보게 하고, 대신들에게 떡을 하사했다.

정조는 군대의 하졸들과 거리의 서민에게까지 떡을 나누어주고, 또 승지를 파견해서 태학의 유생들에게도 떡을 하사했다. 그리고 글 제목을 내려 시를 짓도록 했다.

정조가 이렇게까지 원자 초도에 축하의 범위를 넓힌 것은 문효세자가 요절한 후 40여세에 모처럼 얻은 왕자라 더욱 경사로웠기 때문이었다.

4. 안태(安胎)

(1) 발행 의식

지관으로 하여금 풍수설에 의거하여 태봉지가 낙점이 되면, 조정에서는 안태사의 지휘 하에 서둘러 길일을 정해 봉출 의식을 준비한다.

안태사는 조선시대에 왕실 자녀의 태를 묻는 일을 맡은 임시 관원을 말한다. 안태사는 궁궐에서 태를 모시고, 지방으로 내려가 태실에 안치하는 일을 책임졌다. 태의 주인이 누구인가에 따라 안태사의 품관이 다르게 정해졌으나, 왕위계승자인 원자나 원손의 경우 대체로 중신 가운데 1명을 선정하였다.

안태사는 종사관을 비롯해 배태관, 관중감, 상토관 등 중앙에서 파견되는 여러 관원들을 이끌고, 태실 예정지까지 가서 태를 안치하였다.

이 관리들의 임무는 다음과 같았다.

> ☞ 관중감(觀衆監) - 예조 소속으로 태를 봉안할 장소를 물색하고 길일을 선정한다.
> ☞ 선공감(繕工監) - 태를 봉송할 도로를 개보수해 지장이 없게 한다.
> 　　　　　　　　　원래는 조선시대에 토목 업무를 맡아하던 관리를 말한다.
> ☞ 안태사(安胎使) - 당상관으로 안태사를 정해 봉송 책임을 맡는다.
> ☞ 배태관(陪胎官) - 태를 봉송하는 도중에 일어날지도 모르는 상황에 대비한다.
> ☞ 상토관(相土官) - 태실이 길지(吉地)인가를 재확인하게 한다.
> ☞ 관상감(觀象監) - 조선시대에 천문, 지리학 등 사무를 맡아보던 관청.

안태 시기는 남아(왕자, 대군)는 생후 5개월, 5년, 7년이고 여아(공주, 옹주)는 생후 3개월, 3년, 15년이 가장 길하다고 한다. 이때 장태를 하게 되면, 남자는 총명하고 학문에 뜻을 두며, 여자는 얼굴이 예쁘고 단정해진다는 것이다.

> '관상감에서 올린 계사로 인해 원손의 태봉을 강원도 영월부 하동면 정양리 계족산 서쪽 기슭 계좌정향으로 정하고, 계유년 정월을 기다렸다가 날을 잡아 거행하도록 하였다. 대개 남자의 태는 5개월이 되어서 묻는 것이 관례이기 때문이다'
> '관상감에서 아뢰기를, 장태하는 법에 석달로 한정되어 있는데, 새로 태어난 옹주의 태는 오는 7월에 석달이 차니, 날을 가려서 거행하소. 하니, 임금이 윤허하였다'

위의 실록들의 내용을 보면 대부분 태를 몇 년에 걸쳐 오랫동안 방치해 두지는 않았다. 실제로 태실을 조사할 때 태실 비문을 확인한 결과, 대부분 태어난 때로부터 남아의 경우는 5개월째, 여아의 경우는 3개월째에 장태했다.

관상감에서는 태를 봉안할 장소와 시기를 알아보고 봉송 및 개토, 봉토 날을 정하고, 선공감에서는 봉송할 도로를 정비해서 문제가 없도록 준비한다. 배태관이 봉송의 책임을 지고 봉송에서 일어날 수 있는 불의의 사고를 대비하게 했다.

선정된 태실지는 상토관이 길지인지를 재확인했다. 감역관은 도로의 수치와 태실의 역사를 감독했다.

이같은 일련의 절차로 태봉지와 안태 시기를 결정한 후 봉송할 준비를 모두 마치면, 궁궐에서는 우선 태봉출의 의식을 거행한다. 내전 남쪽 뜰에 막을 치고, 안태사 이하 모두가 흑단령을 입고 앞에 정렬한다.

정각에 승지가 오면, 중사는 태항아리를 받들어 승지에게 전한다. 승지가 이것을 받아 다시 안태사에게 전하면, 그는 이를 받아 봉안한다. 이어 이것을 홍단에 가죽으로 싸서 함 속에 넣어 안치한다.

다음에 흑단령을 입은 안태사와 관헌들이 정렬하고, 고취가 앞에서 인도하고 횃불을 선두로 태봉이 있는 곳을 향해 출발한다.

태봉 행렬이 떠나기에 앞서 길 떠나는 제의가 있는데, 먼저 막을 치고 자리를 깐다. '헌관', 대축', '찬자', '알자', '축사', '재랑'의 자리를 마련한다. 정각이 되면 '헌관' 이하 모든 이가 제복을 입고 바깥자리에 자리잡는다. '찬자'의 호령에 의하여 '알자'는 여러 집사를 인솔하여 자리에 착석한 뒤 4배 한다.

☞ 승지(承旨) – 왕명의 출납을 맡아보던 관리.
☞ 중사(中使) – 왕의 명령을 전하던 내시
☞ 찬자(贊者) – 제향이나 의식 때 그 진행 절차를 전하여 알려주는 일을 맡은 사람.
☞ 알자(謁者) – 내시부(內侍府)에 두었던 관직. 빈객을 주인에게 안내하는 사람.

다음에 '알자'는 손을 씻고 와서 각각 제자리에 앉는다. 다음으로 '찬자'의 호령에 의하여 '알자'는 '헌관'과 더불어 4배 한다.

그 다음에는 '대축'이 신위전에 나가서 축문을 읽고, '헌관'과 함께 자리에 돌아온다. 축문은 다음과 같은 형식이다.

> '삼가 태실의 신에게 분명히 고하나이다.
> 삼가 아뢰건대,
> 좋은 날을 잡아
> 이미 태실을 지었나이다.
> 이에 안위제를 지내니
> 신명이 감응하여 이르소서.
> 삼가 희생과 폐백과 예주와
> 사직과 여러 가지 제수들을 진설하여 진헌하오니,
> 바라건대 흠향하시옵소서.

이렇게 진행되는 태봉 출정 의식이 모두 끝나고, 드디어 태봉지를 향한 행군이 시작되는 것이다.

마지막으로 태실이 조성되기 전, 후에 토지신에게 보호를 기원하는 제례인 '고후토제'와 '태신안위제', '사후토제'를 지낸다. 격식은 권초제와 비슷하다.

> ☞ 고후토제(告后土祭) – 토지신에게 보호를 기원하는 제사. 삽으로 파기 전에 먼저
>   토지신에게 "땅을 파겠으니 놀라지 마십시오.
>   그리고 신은 보호하시고 도와주셔서 후환이 없게 하소서"
>   하고 의식을 갖추어 고한다.
> ☞ 태신안위제(胎神安慰祭) – 태항아리를 안치한 뒤 지내는 제사.
>   "태에 위안과 편안을 주소세!"하고
>   참가한 사람 모두가 고한다.
> ☞ 사후토제(謝后土祭) – 태실을 완성한 뒤 토신에게 그동안의 무사 안전에
>   감사 드리는 마지막 의식이다.

안태 의식의 제물은 종묘에서 제사를 올릴 때 준비하는 것과 비슷하다. 제물은 녹포, 황율, 작, 준, 건조, 형염, 폐, 도양, 향합, 서직, 작, 녹염, 근조, 시성, 향로, 청조, 시포, 작, 촉 등이다.

'사후토제'의 축문은 다음과 같다.

> '삼가 아뢰건대,
> 이미 태실을 완공하여
> 감히 사례의 의식을 베푸나이다.
> 영령께서 돌보아주시고
> 보우해 주시기를 바라나이다.
> 삼가 희생과 폐백과 예주와
> 서직과 여러 가지 제수들을 진설하여 진헌하오니
> 바라건대 음향하시옵소서.'

이렇게 다양한 의식을 거행한 뒤, 태봉으로 선정된 곳으로 의식을 갖춰 행렬한다. 안태사 일행은 태를 모시고 정해진 경로를 따라 태실 예정지에 도착할 때까지 여러 지역을 이동하게 된다. 안태사 일행이 태를 봉안하고, 지방을 지날 때마다 해당 도의 감사와 수령이 교외까지 나와 예를 갖추어 맞이한다.

> 〈안태사가 각 고을의 정청(正廳)에 태를 안치하고 서쪽에 서 있으면, 다른 관원들은 뜰에서 태를 향해 절을 올렸다. (세종실록) 20년 12월 6일〉

장태 의식은 중앙관은 물론 지방 관리들에게 있어서 여간 큰 대사가 아닐 수 없었다. 그러니 장태가 끝날 때까지 해당 관리들은 전전긍긍했다.

태를 묻을 때는 정해진 시각에 다른 관원들과 함께 흑단령을 입고 태를 보관한 누자를 태봉 위에 모셔 둔다. 태항아리가 흔들리거나 깨지지 않도록 두껍게 싸 두었던 모장피와 홍모전을 제거한 뒤, 붉은 글씨로 'ㅇㅇㅇ태, 안태사 신 ㅇㅇㅇ'이라고 쓴다.

☞ 모장피(毛獐皮) – 노루 가죽
☞ 홍모전(紅毛氈) – 의자 위에 덮은 모피.

석옹(石甕) 속에 태항아리를 안치하고 개석(蓋石)을 얹고, 좋은 황토를 덮어 단단히 다진 뒤 '태신안위제'를 지내면 안태사의 임무는 마무리된다.

태를 태실에 무사히 안치하고, 한양으로 돌아온 안태사 일행은 왕에게 보고했다.

헌종의 태를 안치할 때는 안태사 이지연은 1827년(순조 27년) 11월 6일에 한양을 출발했다. 그달 10일에 충청도 덕산현에 도착했고, 이튿날 가야산 아래 명월봉 태실을 만들 장소에 나아가 충청도 관찰사 서준보와 함께 태를 묻었다. 그리고 11월 15일에 한양에 돌아와 왕에게 경과를 보고했다.

왕실에서는 안태에 따르는 민폐를 최대한 줄이려고 했다. 〈세종실록〉에는 '안태사가 경과하는 각 고을로 하여금 군용의 위의를 갖추어 맞이하지는 말도록 하라'하는 기록이 남아 있다. 이러한 지시가 있기 전에는 안태사가 경과하는 각 고을에서 여러 가지 놀이를 베풀고, 군용을 갖추어 안태사 일행을 맞이했다. 이 때문에 경기, 충청, 경상 등 3도의 백성들에게 농사에 지장을 초래할 정도로 민폐를 끼쳤다.

(2) 태실의 구조와 형태

조선왕조의 태실은 대략 4가지의 석물로 구분된다.

> 첫째, 태항아리가 들어가는 방이 되는 석실.
> 둘째, 석실 위에 부도처럼 올려지는 석물.
> 셋째, 태가 묻힌 주인공을 알려주는 태비.
> 넷째, 태실의 보호를 위해 태봉산 외곽에 세우는 금표비, 화소비 등으로 불리는 표석.

가장 중요한 것은 물론 태항아리다. 아래 그림과 같이 기단석 아래 지하에 석함(석실)을 만들고 그 안에 백자로 만든 태항아리를 안치했다.

예를 들어 대전시 유성구에서 발견된 선조의 11번째 왕자 경평군(1600~1673)의 태실을 살펴보면, 발굴 당시 이 태실은 작은 산봉우리 꼭대기에 있는 240㎝ 깊이의 구덩이 속에 묻혀 있었다. 돌로 만든 동그란 함 속에 태를 담은 두 개의 항아리와 태어난 연월일을 적은 태지석이 들어있었다. 함은 높이 142㎝로 원통 모양의 몸체와 뚜껑으로 이루어져 있었다. 몸체에는 깊이 50㎝의 홈을 판 후 밑바닥에 배수를 위한 구멍을 뚫어 놓았다. 이 구멍은 태의 주인공과 땅의 기원을 연결하려는 풍수적인 목적에서 만든 것이었다.

원통 모양의 몸체와 뚜껑으로 이루어져 있는 경평군 석함. 몸체에는 깊이 50㎝의 홈을 판 후 밑바닥에 배수를 위한 구멍을 뚫어 놓았다.

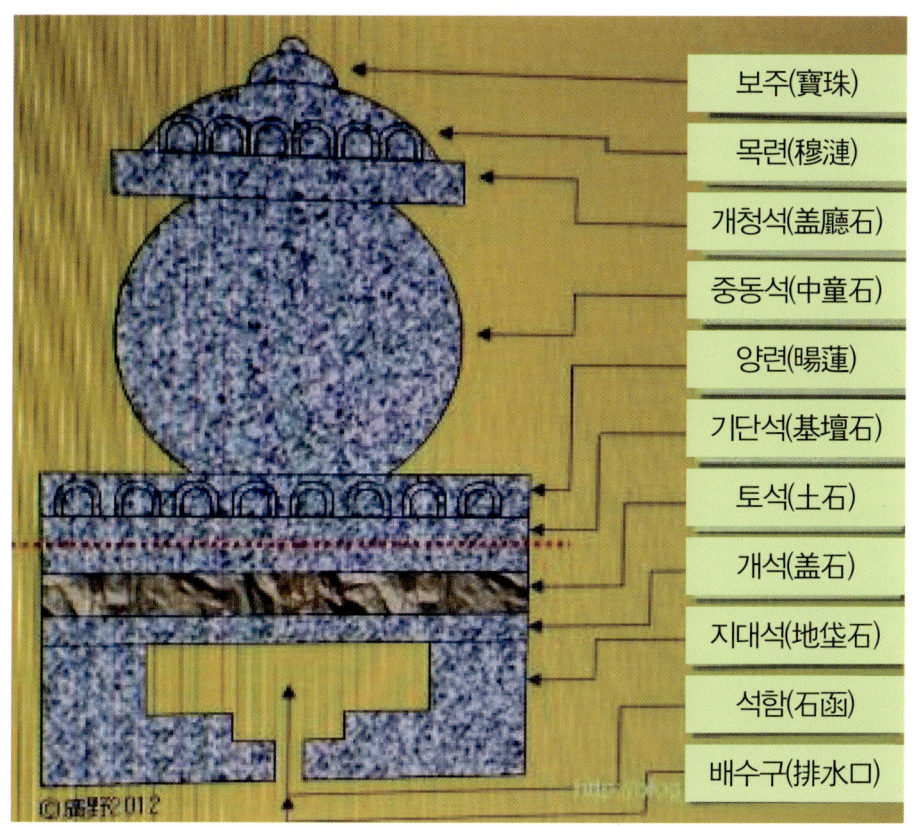

태실 구조도. 조선시대의 태실은 과학적으로 설계되었고, 부도와 흡사한 형태를 띠고 있다.

현재 태실은 대부분 도굴, 파괴되어 안전하게 보존되어 있는 것이 없다.

다행히 태실에 대한 발굴조사를 통해 보고된 한림대학교박물관 〈왕녀복란태실〉 발굴조사보고서, 청주대학교 김영진, 박상일의 〈청원산덕리태실발굴 조사보고〉, 경상북도문화재연구원의 〈인종태실〉 발굴조사보고서 등을 통해 태실의 내부 구조를 확인할 수 있다.

태실 석물의 구조는 왕자, 왕녀의 태실인 〈아기 태실〉과 왕으로 등극되어 새롭게 조성된 〈가봉 태실〉로 나뉘어진다.

①아기태실

왕자, 왕녀의 태실 석물은 바닥이 납작한 원통형의 함신과 반원형의 개석으로 이루어져 있다. 함신의 바닥 중앙에는 원형의 구멍이 뚫려 있다.

이 원형의 구멍은 산 정상에 태실을 조성할 때 정상에 집중된 땅의 지기를 흡수하기 위한 것이다. 아울러 이 구멍은 배수구 역할을 했다.

석질은 화강암이 대부분이다. 태봉의 정상에 '토광'을 판 후 함신을 넣고, 그 안에 태항아리와 지석을 놓은 뒤 개석을 덮고 흙을 복토했다.

> ☞ 토광 – 널빤지를 깔지 않고 흙바닥 그대로 둔 광.
> ☞ 개석(蓋石) – 뚜껑으로 덮는 돌

우선 아기비를 살펴보면, 비대, 비신, 비두로 나누어 볼 수 있는데, 대체로 석회암으로 만들어졌다. 그 크기는 대략 비대가 가로 95cm, 세로 60cm, 높이 40cm이다. 명문이 각서 되어 있는 비신은 높이 110cm, 폭 50~55cm, 두께 20cm로 비두까지 총 높이는 160~170cm 내외이다.

글이 음각된 비신은 전면과 후면으로 나누어 볼 수 있다. 대체로 비신의 전면에는 태어난 연월일과 태의 주인을 밝히고 있으며, 후면에는 태실을 조성하여 태실비를 세운 연월일을 기록하고 있다.

> ☞ 비대(碑臺) – 비석의 받침돌
> ☞ 비신(碑身) – 비문을 새긴 비석의 몸체

태실비 또한 일반 비석과 같은 구조로 이루어진다. 태의 주인이 누구인가를 명백히 알리는 표식의 기능을 하기 때문에 소중한 사료가 아닐 수 없다. 그러므로 태봉의 조성에 있어서 빠질 수 없는 구성물 가운데 하나이다. 더불어 귀한 왕가의 소유임을 밝혀 민간인들이 함부로 훼손하는 행동을 방지할 수 있었다.

　일반적으로 대군, 왕자, 옹주, 왕손이 탄생하면 태를 수습하여 낙점된 태봉지로 수송하여 매장한다. 이때 태실의 정면으로부터 약 1보 정도 떨어진 위치에 아기씨 태실비를 설치한다.

　비석의 시초는 옛날 중국에서 제례 때 희생으로 바칠 동물을 매어 두던 돌말뚝에서 비롯되었다고 한다. 그 돌을 다듬고, 비면에 공덕을 기입해서 묘소에 세우게 된 것은 훨씬 후세의 일이다. 당시는 비석이라 하지 않고 각석이라 했다. 이것을 비석으로 부르게 된 것은 전한 말기나 후한 초의 일이다.

　우리나라의 비석이 언제부터 세워졌는지 확실치 않으나, 고구려 때 광개토왕비가 세워진 것으로 보아 그 이전부터 있었던 것으로 추정된다. 진흥왕순수비, 창녕의 척경비, 백두산 정계비 등은 역사상 자랑할 만한 비석이다. 통일신라시대를 거쳐 고려시대에는 많은 비석이 세워졌다. 조선시대에는 여러 종류의 비석이 성행해서 그 유품의 일부는 오늘날까지도 전해지고 있다.

② 가봉(加封) 태실

　왕으로 등극된 왕의 태실은 왕자, 왕녀와는 달리 태실의 외형이 상당히 화려해진다. 고대의 왕은 입법, 사법, 행정 등 모든 국가권력을 장악하고, 군사상 통수권을 가지고 있었다. 종교적으로도 신격화 되었다. 때문에 왕가의 많은 태실 가운데 임금의 태실은 더욱 화려하게 복돋우면서 다시금 세우는 비가 가봉비이다.

이를 테면, 태실을 가봉한다는 것은 여느 태실과의 차별화를 꾀한 것이다. 같은 아기씨태실로 취급하자면, 그 당시 왕의 신성함과 존엄성에 크나큰 불경이 아닐 수 없었다.

특히 태실 주변에 석난간, 개첨석, 중동석, 상석, 전석, 표석 등과 같은 석물을 새로 조성한다. 석난간을 두르고, 보다 웅장하고 멋스럽게 태실을 재조성하는 것이다. 이것을 가봉이라 한다. 이때 태실의 주인공과 중건 내용을 명기하여 세운 비석이 바로 가봉비이다. 태실에 있어서도 그렇지만, 비석에서도 외양적으로 간소하고 정갈한 느낌의 아기씨 태실과는 확연한 차이를 보인다.

대부분 이전하기보다는 그 자리에서 가봉할 경우가 많았다. 왕자의 태실 자리에 부도의 양식과 비슷한 석물을 만들고, 외곽에 난간석을 돌리고, 태실에서 1보 가량 떨어진 곳에 귀부와 이수, 비신을 갖춘 가봉비를 세운다. 하지만 세종대왕 태실의 경우 가봉 당시 다른 곳으로 특별히 이전해온 것이다.

태실의 가봉은 역대 왕이 등극되는 시기에 대부분 조성된다. 짧은 재위 기간을 갖고 있는 왕들과 사후에 왕으로 추존되는 분들의 태실은 후왕에 의해서 설치되는 경우도 있었다.

가봉된 태실 가운데 현재 외형을 거의 갖추고 있는 것은 충북 충주시 엄정면 경종대왕 태실, 충청남도 서산시 운산면 명종대왕 태실 등을 들 수 있다.

가봉 태실을 살펴보면, 일반적으로 사찰에 조성되어 있는 부도와 외형이 매우 유사하다. 또한 왕릉에 조성된 석물에서도 태실의 석물과 유사점이 있다.

가봉비의 구성은 귀부, 비신, 이수으로 이루어져 있다. 귀부(龜趺)는 비석의 받침돌을 말한다. 귀부는 이름 그대로 대부분이 거북이의 모습이다. 귀(龜)는 거북이를 뜻한다. 신라 초기부터 쓰기 시작한 것으로 경주에 있는 무열왕릉의 귀부는 매우 아름답다고 평가되고 있다.

이수(螭首)는 비석의 머릿돌이다. 이(螭)는 뿔이 없는 용을 뜻한다. 이수는 보통 2마리의 용이 서로 얽혀있는 것이 많다. 시대가 흐르면서 해태도 가끔 나타난다.

귀부 위에 비석을 세우고, 비석 위에 2마리의 용으로 장식된 이수를 씌웠다. 역시 무열왕릉의 이수는 아주 아름답기로 정평이 나 있다.

〈이수〉

이수는 비석의 머릿돌로 대부분
2마리의 용이 서로 얽혀있는 문양이다.

〈귀부〉

귀부는 비석의 받침돌로 이름 그대로
대부분이 거북이의 모습이다.

다시 말하면 거북이가 도사리고 앉아 있는 모양의 받침돌 위에 비석을 세우고, 그 위에 대리석으로 만든 용무늬의 머릿돌을 얹는다.

지금까지 전해지고 있는 가봉비의 비신을 살펴보면 대부분 아기 태실비와 마찬가지로 전면은 태실의 주인을 가르킨다. 후면은 가봉을 한 연월일 혹은 중수한 연월일이 비문으로 음각되어 있다.

왕이 즉위하면 신하들의 요청에 따라 기존의 태실을 왕의 체모에 걸맞게 가봉하는 것이 일반적이었다. 명종은 이 원칙대로 1546년 즉위하던 그해 5월에 태실을 가봉했다. 하지만 대부분의 경우에는 즉위한 뒤 수년이 지나서야 태실을 가봉했다.

태실 가봉에는 많은 인원과 물품이 필요했다. 무엇보다 석재를 구해 태실이 위치한 태봉까지 옮기는 데 많은 인력이 동원되었다. 때문에 태실 가봉은 흉년을 피해서 주로 농한기인 가을 추수 이후에 이루어졌다. 태실 가봉은 300명 이상의 많은 인원이 동원되어야 하는 왕실의 큰 역사였다.

순조 1년(1801년) 10월에 강원도 영월에 위치한 정조의 태실을 가봉할 때는 강원도에서 1,700명, 충청도에서 2,508명의 부역 인부들이 동원되었다. 그런 까닭에 백성에게 폐를 끼치는 것을 줄이기 위해 농번기나 흉년을 피하다 보니 자연스럽게 재위 7~8년이 지난 뒤에 태실을 가봉하게 된 것이다.

태실 가봉은 관상감과 선공감에서 주로 담당했다. 하지만 대부분의 인력과 필요한 물건들은 태봉이 위치한 인근 지방의 협조를 통해 조달했다.

태실을 가봉할 때 가장 중요하고도 힘든 일은 석물을 조성하기에 적합한 돌을 구해 태봉 근처까지 옮기는 일이었다. 석수는 대개 한양에서 활동하는 석수인 경석수(京石手)를 파견하고, 석재는 태봉 근처에서 구하도록 했다. 그러나 여의치 않을 경우 충주와 같이 좋은 석재가 많이 나는 지방에서 옮겨 오기도 했다.

☞ 석수(石手) – 돌을 다루어 물건을 만드는 사람

왕의 태실을 가봉한 뒤에는 태실을 보호하기 위한 금표(禁標)도 200보에서 300보로 거리를 늘려 세웠다. 수호하는 군사의 정원도 8명으로 증원했다. 태실을 보호하기 위해 인근의 밭과 집을 금표 밖으로 옮기는 과정에서 백성들은 삶의 터전을 잃기도 했다.

지방관들은 태실을 가봉하는 공사를 시작하기 전에는 태실의 신과 토지의 신에게 사유를 고하는 제사를 각각 올렸다. 또 태실 가봉이 끝나면 토지의 신에게 감사하는 제사를 지냈다.

태실 가봉이 끝나면 〈태실가봉 의궤〉를 제작하였고, 태실 가봉 후의 모습을 그림으로 그린 태봉도를 왕에게 바쳤다.

(3) 태실의 부장품 – 태항아리. 지석. 동전. 금종이

① 태항아리

태항아리는 내항아리와 내항아리를 집어넣는 큰 외항아리로 구성된다.

태항아리는 소중하게 다룬 태와 가장 은밀하게 닿는 태실의 구성물로 일반 항아리와는 그 가치가 남다르다. 내항아리와 외항아리는 대개 분청사기 혹은 백자로 만들어졌다. 초기에 분청사기가 많이 사용됐으나, 점차 순백자 항아리로 바뀌었다. 따라서 백자로 만든 태항아리 역시 형태면에서 분청사기 태항아리와 매우 유사하다.

초기의 태항아리에는 일반적으로 뚜껑잡이에 구멍이 나 있다. 뚜껑잡이는 2가지 형태가 있다. 하나는 태토를 끈처럼 말아서 붙인 것이다. 이 경우 흙끈을 x자로 교체시키고 약간 들어 올려 아래쪽을 실이나 끈이 드나들 공간을 만들어 두었다. 또다른 경우는 뚜껑잡이 아래 쪽에 뾰족한 것으로 아예 구멍을 뚫어놓았다.

1996년 서삼릉 태실에서 발굴 조사된 54점의 태항아리를 통해 그 성립과 변천 과정 등을 한눈에 파악할 수 있다. 서삼릉 태실의 발굴조사에서는 그 내용물로 태지석과 함께 사이호가 출토되었다. 이로써 대부분 사이호가 태항아리로 사용되었음을 알 수 있다.

> ☞ 사이호(四耳壺) – 4개의 귀가 달린 단지를 말한다.
> 　　　　　　　　 귀는 대부분 단지의 어깨 부분에 좌우 대칭으로 부착되어 있다.

이러한 태항아리의 제작은 관요 설치 이전에는 전국의 지방 가마터에서, 관요가 설치된 이후에는 경기도 광주지역에서 이루어졌다.

이미 고려시대의 청자와 상감청자들 중에 4귀가 달리고 뚜껑에 꼭지가 있는 항아리들이 12세기 전반부터 14세기 전반까지 제작되었고, 실제로 남아 있다.

조선시대 백자 태항아리로서 가장 오래된 것은 1397년에 탄생하여 장태했던 세종대왕의 태항아리다. 이 태항아리는 담회청색의 백자로 굽이 높은 대접을 엎어놓은 형상에 동체가 벌어지고, 주둥이가 넓은 항아리로 두껑과 몸체에 3곳씩 고리가 부착되어 있다.

조선시대 태항아리는 시대에 따라 형태가 변화해 갔다. 그 변화 과정은 다음과 같다.

1) 1기 (조선 건국부터 15세기 중반)

태항아리의 형태가 정립되어가던 시기로, 이후에 태항아리가 거의 백자로 제작되는 것과 달리 이 시기의 태항아리들은 도기(陶器)나 분청사기, 백자로 제작된다.

1기에 속하는 세종의 태항아리부터 인성대군의 태항아리까지를 보면 외항아리는 분청사기로, 내항아리는 백자로 제작되었다. 점차 전형적인 태항아리의 형태를 갖추어 가고 있음을 볼 수 있다.

조선의 안태 제도는 대부분 세종 때 완성되었는데, 1기의 태항아리를 보면 세종이 즉위(1418년)한 이후의 태항아리들부터 뚜껑 손잡이 목 부분에 구멍이 뚫리고, 항아리 어깨에 4개의 고리가 달리는 형태를 갖추게 된 것을 볼 수 있다. 따라서 태항아리의 이러한 형태는 세종 때 성립되었을 것으로 생각된다. 또한 예종의 태항아리부터는 외항아리는 분청사기, 내항아리는 백자로 된 구성을 보인다.

2) 2기 (15세기 후반부터 16세기 말엽)

2기의 태항아리들은 어깨 부분에 네 개의 고리가 있고, 뚜껑에는 손잡이가 달려 있다. 손잡이의 목에는 十자형으로 구멍이 뚫린 전형적인 태항아리의 형태를 지니게 된다.

태항아리의 뚜껑을 보면 대체로 윗부분이 평평한 형태를 하고 있다. 2기의 태항아리들은 폭이 넓지 않고, 어깨 부분이 약간 팽창했다가 아래로 내려가면서 폭이 좁아지는 형태를 하고 있다. 이 시기부터는 외항아리와 내항아리가 모두 백자로 제작되었다.

항아리의 유색은 담청색을 띠는 것이 대부분이다. 외항아리의 높이는 35~57cm로 다소 편차가 크며, 내항아리는 23~36cm다. 외항아리와 내항아리 모두 점차 크기가 작아지는 현상을 보인다.

3) 3기 (17세기부터 17세기 말엽)

3기의 태항아리들은 2기의 태항아리들에 비해 높이는 낮아지고, 어깨 부분이 많이 팽창된 모습이다. 외항아리와 내항아리는 거의 비슷한 형태다.

뚜껑의 모양은 윗부분이 평평하고, 거의 수직으로 꺾여 내려오는 형태와 윗부분이 볼록하게 솟은 갓형의 2가지 형태로 나타난다. 항아리는 어깨가 많이 부풀고, 아래로 내려갈수록 폭이 좁아진다. 후기로 가면서 항아리의 외면이 S자형에 가깝게 곡선을 띠며, 좁아지는 모습이다. 고리는 모두 항아리 어깨 부분에 달려 있다.

태토는 대부분 백토를 사용하였고, 유색은 대부분 담청색을 띠고 있다. 뚜껑을 포함한 태항아리의 전체 높이는 외항아리가 26~32cm로 2기에 비해 높이가 낮아졌음을 알 수 있다. 내항아리의 높이는 15~19cm로 역시 크기가 작아졌음을 알 수 있다.

4) 4기 (18세기부터 19세기 말엽)

4기의 태항아리는 3기의 태항아리보다 폭이 더 넓어진 형태를 보인다. 외항아리 뚜껑의 손잡이는 보주형이다. 뚜껑의 모양은 위가 볼록하게 솟고, 아래로 갈수록 바깥으로 넓게 벌어지는 갓형을 하고 있다.

항아리의 형태는 어깨부분이 바깥쪽으로 벌어져 있고, 아래로 갈수록 폭이 좁아진다. 후기로 갈수록 항아리의 외면이 S자형에 가까워진다. 고리는 초반에 어깨보다 약간 아래쪽에 달려 있다가 후반으로 가면서 위치가 아래로 내려가는 모습이다. 항아리 몸체는 외항아리와 마찬가지의 형태 변화를 보인다. 고리 역시 초기에 어깨 조금 아랫부분에 붙어 있던 것이 점차 아래 쪽으로 내려가는 모습이다.

태토는 모두 백토를 사용하였고, 유색은 담청색을 띠고 있다. 뚜껑을 포함한 전체 높이는 외항아리가 26~32cm로 역시 3기와 거의 비슷하다. 내항아리는 16~20cm로 3기와 거의 차이가 없다.

5) 5기 (20세기 전반)

5기의 태항아리들은 이전의 전형적인 태항아리에서 많이 벗어난 형태다.

외항아리 뚜껑을 보면 위가 납작하고 둥근 손잡이가 달려 있다. 손잡이 목 부분에는 十자형의 구멍이 뚫려 있다. 뚜껑은 반원형이다. 항아리 몸체에는 4개의 작은 고리가 달리고, 몸체의 모양은 굽이 달린 밥그릇의 형상이다.

몸체에는 고리가 달려 있지 않고, 뚜껑의 중앙 부분에 고리와 같은 모양의 손잡이가 달려 있다. 내항아리는 초벌구이 한 접시에 가까운 형태다. 뚜껑에 손잡이는 달려 있지 않다. 확연하게 차이를 보이는 왕세자의 태항아리를 제외한 5기 태항아리의 전체 높이는 외항아리가 31~33cm, 내항아리가 17cm~23cm 정도다.

② 지석(誌石)

지석은 태실에 장태되는 주인공의 신분과 생년월일, 그리고 장태일을 기록한 것이다. 그러므로 묘에 묻히는 주인공의 행적을 기록한 묘지와 비슷한 성격이다.

지석의 재질은 대체로 잘 다듬은 오석, 대리석, 점판암, 화강암 등이다. 형태는 장방형 또는 방형이다. 지석 크기와 글자 크기는 시기에 따라 그다지 제한을 두지 않았다.

서삼릉에 있는 지석 가운데 크기가 가장 작은 것은 연산군 어머니 폐비 윤씨의 것으로 가로 16.5cm, 세로 17.3cm, 두께 5.2cm이다. 가장 큰 것은 문효세자의 지석으로 가로 31.3cm, 세로 31.5cm, 두께 9.6cm이다.

명문은 지석의 한 면만을 사용하여 각자한 것이 있는가 하면, 지석의 양면에 글자를 각자한 것도 있다. 이것은 시기에 따라 변화된 것이라 보여진다. 그리고 지석 명문 내에는 백칠과 주칠을 한 흔적이 보인다.

지석에서 나타나는 형태의 변화와 각자된 명문을 가지고 세부적으로 파악해 보면 다음과 같다.

서삼릉에 있는 많은 지석들은 획일적으로 이장 시기인 1929년에 제작된 것들이다. 그 대상은 태조고황제, 정종대왕, 태종대왕, 순조숙황제, 헌종성황제, 순종효황제, 이왕전하, 왕녀영수, 연산군녀복억, 영조왕녀화유옹주, 철종왕세자, 덕혜옹주, 고종제팔남 등

태지석은 묘에 묻히는 주인공의 행적을 기록한 묘지와 비슷한 성격이다.

총 16기이다. 이 지석들의 재질은 모두 오석으로 크기는 가로 23cm, 세로 29cm, 두께 2.3cm 내외다. 내용은 출생년 월일과 매장일, 그리고 이장지의 행정 구역과 이장 일이 기록되어 있다. 명문 내에는 모두 백칠을 하였다.

가봉태실 지석은 왕으로 등극한 주인공의 지석이다. 서삼릉 태실에서 출토된 가봉 태실은 세종대왕 지석과 선조대왕 지석 2개 뿐이다. 나머지는 모두 아기태실 지석이다.

지석의 유형을 시기별로 구분해보면 다음과 같다.

지석은 15세기에 조성된 태실에서부터 모습을 나타낸다. 15세기의 지석은 형태가 대부분 장방형이다. 명문은 지석의 한 면을 사용하여 새겼다. 주인공의 탄생일과 장태일의 차이가 4개월에서 23년까지 다양하다.

16세기의 지석은 형태가 대부분 방형에 가깝다. 재질은 대리석을 주로 사용하였지만, 화강암도 사용되었다. 명문의 간격은 매우 일정해서 먹줄칸살을 한 후 지석의 한 면에 각자하였던 것으로 보인다.

주인공의 탄생일과 장태일의 차이는 왕의 경우 3년에서 5년의 차이를 보이고 있다. 왕자, 공주 등의 경우 의혜공주(2년)를 제외하고는 3개월에서 5개월의 차이를 보여주고 있다.

17세기의 지석은 초반에는 지석의 명문이 한 면을 이용하여 각자한 것과 앞 뒷면을 사용한 양상이 혼용된다. 그러다가 17세기 중, 후반으로 가면서 앞, 뒷면을 사용하는 것으로 통일된다.

석질은 주로 오석을 사용했지만 점판암도 사용된다. 주인공의 탄생일과 장태일의 차이는 주로 3개월에서 4개월이다. 하지만 효종의 공주인 숙명공주, 숙정공주, 숙경공주는 12년에서 20년의 차이를 보여주고 있다.

18세기의 지석은 17세기처럼 양면에 글자를 새긴 형태로 나타나며, 석질은 모두 오석이다. 주인공의 탄생일과 장태일의 차이는 왕의 경우는 3개월에서 4개월의 차이를 보이지만, 왕자, 공주 등의 지석은 왕대에 따라서 차이를 주고 있다.

19세기 지석의 재질은 오석이고, 명문 내에 백칠을 했다. 주인공의 탄생일과 장태일의 차이는 적게는 6일에서 많게는 3개월의 차이를 보이고 있다.

③ 동전

태항아리에는 동전을 넣었다. 왜 동전을 넣었는지는 그 이유는 아직 분명히 밝혀지지 않고 있다.

1996년 서삼릉 태실 발굴 조사에서 출토된 동전은 조선통보(朝鮮通寶), 개원통보(開元通寶), 만력통보(萬曆通寶), 숭정통보(崇禎通寶) 등 크게 4가지로 구분된다.

총 54기의 태실 중에서 〈조선통보〉는 예종, 성종, 인종, 명종, 인성대군, 안양군, 완원군, 견성군, 덕흥대원군, 영산군, 의혜공주, 덕혜옹주 등 14개,

〈개원통보〉는 숙종, 영조, 장조, 정조, 헌종, 순종, 이왕전하, 인성군, 인흥군, 명선공주, 연령군, 영조왕녀(화녕옹주), 영조왕녀(화길옹주), 외소세손, 문효세자, 고종제팔남, 고종제구남, 경평군 등 18개,

〈만력통보〉는 숙정공주, 「숭정통보」는 숙경공주 등 34개로 확인되었다.

〈조선통보〉는 태종 15년(1415년) 6월 16일에 전폐법을 호조에 올리고, 당의 〈개원통보〉에 준한 주조를 결정한 후 발행한 엽전이다.

〈개원통보〉는 서삼릉 태실에서 가장 많이 확인된 동전으로 인성군(1589년)에서 고종(1915년)까지 폭넓은 시기에 사용되었다. 개원통보는 당나라 건국초인 무덕

태항아리에 넣는 동전으로 조선통보, 개원통보, 만력통보, 숭정통보 등 크게 4가지가 사용됐다.

4년(621년)에 주조되기 시작되어 사용되었다. 삼국과 통일신라시대에는 당과의 왕래가 빈번함에 따라 중국전의 도입이 증가되었다.

고려시대에는 대송무역이 활발해지면서 송나라 동전이 유입되었는데, 개원통보와 더불어 송나라 동전이 고려시대 고분에서 상당수 출토됐다.

〈만력통보〉는 효종 때 화폐통용 정책으로 중국에서 수입되어 통용되고 있었다. 이전에는 조선에서 주조한 〈조선통보〉가 태실에 부장하는 동전으로 사용되었지만, 이 시기부터 동전은 중국전을 사용하게 되었다.

④ 금종이

서삼릉 태실에서 발견된 금종이는 동전과 함께 부장된 것이다. 대부분 내항아리 안에서 확인되는데 그 수는 적다.

금종이가 출토된 태실을 보면, 장조 1점, 숙명공주 1점, 숙정공주 2점, 영조왕녀 화길옹주 4점, 경평군 3점 등 5기의 태실에서 출토됐다. 그밖에 비슷한 유형으로 중종대왕 태실에서 금편 1점, 장조의 태실에서 은편 1점이 출토됐다.

금종이의 사용은 언제부터인지는 알 수 없다.

⑤ 금표지역

　태실지는 들 가운데 있는 야트막한 야산이라는 조건을 갖고 있다. 태실지가 백성들의 주요 활동지와 인접한 곳이라는 점을 감안할 때, 민간인들의 왕래가 빈번할 가능성이 많았다.

　때문에 태봉의 산림이 훼손되거나 화재로 인한 소실이 우려됐다. 그래서 태실지역은 물론이고, 태실지에서 더 확대된 일정 구역을 정해 주민들의 접근을 엄하게 차단하는 것이 가장 효과적인 방법이 됐다.

　태실을 보호하기 위해 민간인 통제구역을 설정해서 그 경계의 요소요소에 금표비를 세웠다. 금표비는 태실을 중심으로 사방에 세워졌다. 태봉 면적의 기준은 신분에 따라 삼등급으로 구분한 태봉 제도에 의해 전해졌다. 왕은 300보, 대군, 공주는 200보, 왕자, 옹주는 100보로 규정했다.

　금표 지역은 말하자면 태실 수호를 위한 울타리인 셈이다. 100보, 200보, 300보 등 보수 제한은 세종 8년부터 시작됐다.

　금표 구역의 넓이는 그 기점이 태실이므로 2배씩 해서 각각 왕의 경우는 600보(평), 대군과 공주는 400보(평), 왕자군과 옹주는 200보(평)가 되는 셈이다. 이 구역 내에서 경작이 금지되는 것은 물론 땔나무를 가져가지도 못하고, 약초 캐기도 산나물 캐기도 할 수 없었다. 이는 〈조선왕조실록〉 가운데 현종 11년 3월 19일 기록에서 확인할 수 있다.

⑥ 금표 지역과 화소

　태실의 보호는 금표 구역만으로 끝나지 않는다. 그 외곽을 띠같이 둘러싼 잡풀

지대가 있는데, 이것이 바로 화소(火巢) 지역이다.

또 금표지역과 화소 사이에는 '해자'라는 특수한 경계 지역이 있다. 숙종 때는 화소 밖은 경작할 수 있는 지대라고 허용했다.

화소 역시 금표구역의 연장이었다. '화소'는 묘 등에도 존재한다. 즉 해자는 산불의 연소를 막기 위해 그 지역 일대의 나무를 모두 태워 만든 잡초 지대인 것이다. 능(陵), 원(園), 묘(墓)에 산불을 나는 것을 방지하기 위해 해자(垓子) 밖의 수풀과 나무를 불사른 곳이 바로 화소다.

그런데 〈조선왕조실록〉에 나오는 다음과 같은 내용을 보면 태봉을 조성하는데 많은 인원이 필요했음을 알 수 있다.

〈호조참판 조위가 아뢰기를, "장태할 때에 군사를 뽑되 반드시 천수를 채워서 관상감의 관원으로 역사를 감독하게 하니….
승정원에 전교하기를, "태를 안치할 때 군사 몇 명을 쓰면 일을 마칠 수 있는가?" 하자, 승지 등이 아뢰기를, "태를 안치할 때 만약 돌을 뜨는 곳이 태봉과 멀리 떨어져 있으면 실어오기 어렵기 때문에 반드시 3백명을 부린 뒤에야 쉽사리 마칠 수 있을 것입니다."〉

태실 조성에 있어서 가장 많은 인력이 필요하고, 시간을 오래 지체시킨 공사가 돌 운반이었다. 그 많은 양의 돌을 어디에 사용했을까?

태실 보호를 위한 금표 구역과 화소 사이에 땅을 파고, 거기에 돌을 쌓아서 일종의 성벽 같이 축대를 만드는 데 사용했다. 그래서 금표지대와 화소의 경계는 한 눈에 표시가 난다.

(4) 태실의 관리 감독

왕실에서 태를 안치한 이후에도 지속적인 관리를 했다. 태조 이성계의 태실 역시 옥계부사를 두어 수호하게 하고, 3년마다 안위제(安慰祭)를 지내는 것이 관례였다.

태실과 태봉을 두고 폐단도 없지 않았다. 가장 대표적인 일은 중종 24년 영천에 사는 산지기 김성문과 박만수가 세자의 태실을 제대로 관리하지 못하고 방화하는 사건을 저질렀다. 이들의 죄과를 조사하는 과정에서 '수령을 해치려고 계략을 꾸몄고, 전에도 여러 번 불을 질렀다'는 사실이 드러나 충격을 주었다.

또 태봉을 허물거나 태실의 돌난간을 깨뜨린 경우도 있었고, 백성들이 금표 지역 안으로 들어가 나무를 베거나 경작하기도 했다. 태실의 건립을 관리 감독하는 관헌들이 군인으로부터 면포를 징수해서 착복하는 사건도 발생했다.

경종 태실은 1831년(순조 31년)에 주민 김군첨이 태실 지기에게 화를 입히려고 태실의 석물 일부를 훼손하는 변작사건이 일어나 다음해에 보수한 일이 있었다.

또한 〈선조실록〉에도 태봉 관리를 소홀히 한 지방관을 잡아들였다는 기록이 있다. 조선 후기에 접어들면서 각지에 흩어져 있는 그 많은 태실의 관리도 어렵겠거니와 태봉이 선정되면 백성들에게 피해가 많았다. 또 그 의식절차에 있어서도 멀리 삼남지방까지 안태사 이하 여러 관계관을 행렬을 갖추어 보냈으니, 국고의 낭비도 적지 않았다.

그리하여 성종 때는 왕의 안태는 하삼도에 하였던 것을 경기 지방에 하도록 했으나 그대로 시행되지는 않았다.

조선조 후기 순조 때는, '안태사 이지연이 이달 11일에 태를 모시고, 덕산현 가야산 밑 명월봉 태봉소에 가서 그날 신시에 태를 봉안하였다고 치달하였다'라고 하였으니 왕세자의 태를 멀리 가야산으로 봉안하러 갔던 것을 알 수 있다.

그러나 왕자녀라고 다 태봉에 안태한 것은 아니었다. 영조 때는 "원손 이외에 대군, 왕자도 차등을 두어야 한다. 세자의 여러 중자, 군주, 현주의 장태에는 안태사를 차출하지 말고, 다만 관상감의 관원과 함께 묻어 두되 석함은 쓰지 말 것이며, 석물군에 5명을 쓰고, 담여군에 2명을 써서 가자에 담아 두었다가 봉태하기를 기다려 거행하라. 무릇 장태하는 곳은 가까운 도에 정하여 민폐를 덜도록 하라" 하는 왕명을 내렸다.

세손 외에는 왕손과 왕손녀의 장태에 안태사를 보내지 말 것과, 석함과 석물을 사용하지 말 것을 명했던 것이다.

영조는 탕평책을 펼치고, 몸소 검약하는 등 여러가지 개혁을 단행한 왕이었다. 영조는 태실의 조성에 있어서도 모범을 보였다. 그런데 이후에는 그대로 시행이 되지는 않았다. 고종 때 덕혜옹주의 경우 세손이 아니었지만, 모처럼 얻은 귀한 자손이라 그랬던지 태봉이 강원도에 있었다.

역사의 아이러니 : 한약재로 쓰이는 태반

자하거. 중국의 진시황제가 불로장수의 약으로 사용했다는 기록이 남아 있는 등 수천년 전부터 한약재로 사용돼 왔다.

 조선 왕실과 민간에서 신주 단지처럼 모시던 태반이 약재로 쓰이고 있다. '자하거'(紫荷?)란 건강한 산모의 태반을 불에 쬐어 말린 약재를 말한다.
 예로부터 태반에 무한한 자양분과 치유의 효력이 있다고 믿는 사람들이 많았다. 그래서 만성질환을 앓는 환자에게 태반을 구해다 먹이는 일도 벌어졌다.
 태반은 임산부의 자궁 안에서 태아와 모체 사이의 영양 공급, 호흡, 배설을 주도하는 조직이다. 고대에는 인간이 최초로 걸치는 가장 좋은 옷이라고 해 '신선의(神仙衣)' 또는 부처가 입는 옷이라 여겨 '불가사(佛袈裟)'라고도 했다.
 자하거의 약용에 대해선 BC 3세기 '진시황제가 불로장수의 약'으로 사용했다는 기록이 보인다. 또 클레오파트라가 미용 목적으로 사용하기도 했을 정도로 오랜 역사를 가지고 있다.

자하거가 의학서에 본격 등장한 것은 10세기 이후다. 16세기 말 명나라 의서인 '본초강목'에 나온 자하거의 기록은 태반이 효능 좋은 약재로서 널리 쓰이는 현실과 신체발부의 가치에서 유래한 유교 이념 사이에서 치열한 괴리가 있었음을 보여준다.

'본초강목'에는 다음과 같이 탄식을 늘어놓는 기록도 보인다.

"유구국(오키나와)에서는 부인이 출산하면 반드시 태반을 먹는다" "중국 광서성의 만족은 남자를 생산하면 친족이 모여서 태반을 먹는다"라고 적고, "사람으로서 사람을 먹는다면 유구족이나 요인 같은 오랑캐와 얼마나 차이가 있겠는가?"

태반과 관련된 풍속은 여러 나라에서 전해져 온다. 발리에서는 태반과 함께 양수와 혈액을 집 마당에 묻는 풍습이 있었다. 그것이 평생 자신을 수호천사로서 지켜준다고 믿었다. 하와이에서는 태반을 나무 아래 묻었다.

잉카인들은 아기의 탯줄을 잘 보관했다가 나중에 젖니가 날 때 잇몸 살을 덜 느끼도록 하는 데 사용했다. 지금의 치아발육기 대용으로 아기에게 그것을 준 것이다.

'본초강목'의 저자인 명나라 이시진은 '자하거'의 사용을 망설였으나 명나라의 뒤를 이은 청나라 의원들은 자하거를 '천하의 명약'으로 중시한다. 청나라 시대 비방집에 나타나는 '보천하거대조환'이라는 처방이 바로 그것이다.

우리나라의 대표적인 의서인 〈동의보감〉에서는 자하거를 광물성 약이나 초목과 비교할 수 없을 정도로 좋은 약이라고 평가했다.

〈중종실록〉에는 자하거가 영험한 약이라고 기록돼 있다. 실제로 중종반정을 일으킨 뒤 왕비가 죽고 조광조를 처단하는 등 정치적 격변기를 겪으면서 극도로 피로해진 중종이 몸져 누웠다가 자하거를 먹고 쾌차했다.

중종 28년 2월 11일, 약방제조 김안로와 장순손은 중종의 쾌차를 하례하는 자리에서 자하거를 특효약이라고 극찬했다. 이들은 팔다리에 힘이 빠지고 몸이 극도로 허약해질 때 원기를 보충하는 최고의 처방으로 자하거를 꼽았다. 청나라와 조선의 어의들이 최고 권력자에게 처방한 약재인 만큼 인삼과 녹용을 능가하는 대단한 약재로 인정받았다.

〈동의보감〉에는 자하거의 다양한 가공 방법에 대해 다음과 같이 나와 있다.

'태반을 참대 그릇에 담아서 흐르는 물에 15분 정도 담가 두었다가 깨끗하게 씻어서 힘줄과 꺼풀을 떼어 버린다. 그 다음 참대로 만든 둥지에 넣고 겉에 종이를 발라 약 기운이 새지 않게 하여 약한 불에 말린다. 쓸 때에는 하룻밤 식초에 담가 두었다가 약한 불에 말려서 쓴다. 씻어서 나무로 만든 시루에 넣고, 10여시간 푹 익도록 쪄서 풀같이 만든다. 그런 다음 돌절구에 다른 약과 같이 넣고, 짓찧어 반죽한 다음 알약을 만들어 쓴다. 씻어 쓴 다음 사향 4g과 함께 사기 냄비에 넣고 쪄서 고약으로 만들어 쓴다'

자하거는 기혈이 부족하여 몹시 여윈 것과 여러 가지 소모성 질환으로 얼굴에 기미가 돋고 피부가 검어지는 것, 여러 병으로 점차 여위는 것을 치료한다.

이 약은 어떤 약을 배합하느냐에 따라 효능에 차이가 난다고 한다. 혈액 순환을 좋게 하는 약을 더 넣으면 몸속의 음기가 늘어나고 허열을 내려 준다고 한다. 기운을 돋우는 약을 더 넣으면 양기가 세져서 불임증을 낫게 해 준다는 것이다.

가래를 삭이는 약을 더 넣으면 담증을 낫게 하고, 찬 기운을 없애는 약을 더 넣으면 간질이나 정신과 질환에 효과를 볼 수 있다고 〈동의보감〉에 전한다.

또한 생명이 위급한 상황에서 이 약을 먹으면 최소한 1~2일간 생명 연장도 가능하다고 소개된다.

사하서에 대한 〈동의보감〉의 기록에서 가장 주목해야 할 대목은 '자하거가 진기를 보충한다'는 것이다. 진기는 현대 약리학에서의 면역을 의미한다. 이를 보충한다는 것은 면역력을 향상시킨다는 것이다. 아버지의 유전자 절반을 이어받은 태아는 어머니로 봐서는 이물질이다. 하지만 태반에는 모든 이

물질을 공격하는 면역 기능을 배척하지 않는 메커니즘이 자리한다.

최근 들어 태반이 약용으로 다양한 효과가 있다고 알려지면서 전량 폐기해야했던 태반의 일부가 약의 원료로 수집되고 있다.

이와 관련해 식약청에서는 '인태반(人胎盤) 유래 의약품 안전관리 방안'을 제정해 태반을 수집할 때 반드시 산모의 동의를 받도록 하고, 감염되지 않은 태반만을 사용하도록 규정하고 있다.

태반은 태아에게 영양분을 공급하는 일종의 줄기세포로서 핵산, 미네랄, 단백질, 아미노산, 비타민 등이 풍부하게 들어 있어 여러 가지 효과를 나타낸다.

태반의 대표적인 효과로는 피부개선 효과와 간기능 회복을 들 수 있다. 갱년기 증상 완화와 피부 미백에 좋기 때문에 주기적으로 자하거 약침을 시술받는 여성들도 많다. 남성들은 피로회복, 간기능 개선을 목적으로 자하거 약침을 시술받는다.

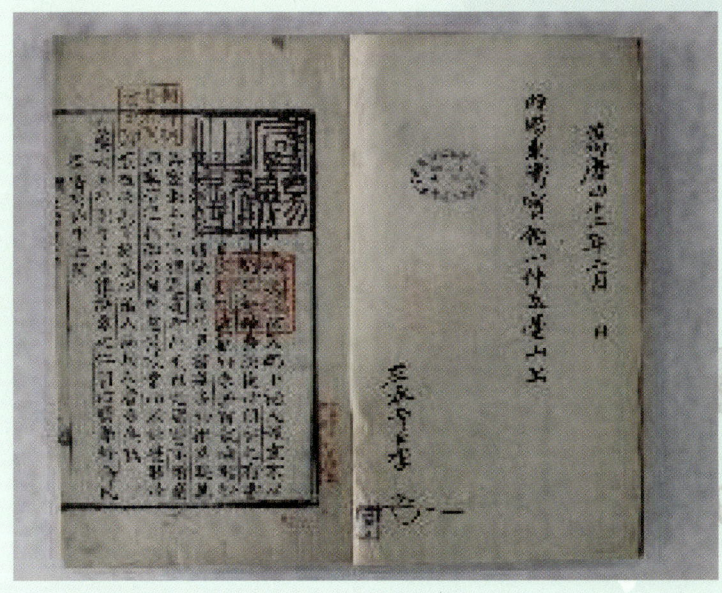

우리나라의 대표적인 의서인 '동의보감'에서는 자하거를 명약이라고 평가했다.

제대혈(臍帶血)을 아십니까?

제대혈(臍帶血)은 태반과 탯줄에 있는 혈액, 즉 출산 때 탯줄에서 나오는 탯줄 혈액을 말한다.

제대혈은 백혈구와 적혈구, 혈소판을 만드는 조혈모세포를 다량 함유하고, 연골과 뼈, 근육, 신경 등을 만드는 간엽줄기세포도 갖고 있어 의료 가치가 매우 높다.

1988년 프랑스에서 판코니 빈혈을 앓고 있는 5세 남자 아이에게 처음으로 혈액에서 뽑은 이 조혈모세포를 이식해서 성공했다.

특히 골수를 구할 수 없는 백혈병 환자에 대한 새로운 혈액암 치료법으로 자리를 잡았고, 백혈병과 암혈액질환 등 질병을 치료하는 데 적극적으로 활용된다. 골수를 이식하는 것보다 부작용이 적고, 수술 성공률도 높다.

심근경색증과 퇴행성관절염, 알츠하이머 치료에도 이용될 것으로 기대되기 때문에 제대혈을 초저온 상태로 보관해 두는 '제대혈은행'이 운영 중이다.

암이나 유전 질환 등 가족력이 있다면 태어나는 아기의 제대혈을 보관해두는 것도 건강 관리의 하나의 방법이 될 수 있다. 태어날 아기는 물론 가족 구성원의 치명적인 질병 치료에도 이용할 수 있다.

제대혈에 든 조혈모세포는 골수에 들어 있는 조혈모세포보다 미성숙한 원시 세포로 이식거부 반응이 상대적으로 적다. 그래서 혈액형이 맞지 않아도 수술에 이용할 수 있다는 장점이 있다. 또한 제대혈은 원하는 기간 동안 냉동 보관해두고 필요할 때 사용할 수 있어 아주 유용하다.

보관된 제대혈은 일반적으로 1회 사용할 수 있다. 이란성 쌍둥이의 경우, 조직적합성 항원이 다를 수 있으므로 각각 별도의 보관이 필요하다. 제대혈은 가족

차병원에서 운영중인 제대혈 은행. 제대혈은 심근경색증과 퇴행성관절염, 알츠하이머 치료에도 이용될 것으로 기대되기 때문에 제대혈을 초저온 상태로 보관해 두는 제대혈은행이 운영 중이다.

은행에 일정 비용을 지불하고 보관하거나 공여은행에 기증하는 방법이 있다.

제대혈은 만일의 치명적인 질환에 대비할 수 있는 유용한 대비책이기는 하다. 하지만 아직 모든 질환을 치료하거나 완치할 수 있는 수준은 아니다. 최근 제대혈을 이용해 당뇨병, 질환 등을 치료할 수 있는 연구들이 활발히 진행되고 있으므로 앞으로 제대혈의 더 큰 치료 가능성이 기대된다.

제대혈은 아기를 분만할 때 약 70~100ml 정도 산모나 아기에게 전혀 부담을 주지 않는 상태로 채취될 수 있다.

56년 생식 의학의 국내 선구자인 차병원 그룹 내의 차병원 제대혈은행 아이코드에서 최근 자가제대혈 이식 출고가 꾸준히 이루어지고, 제대혈 이식 및 가치가 새롭게 조명되고 있다.

국내 연구에 따르면 아동 1백명 중 2~3명이 '자폐 스펙트럼 장애'로 영유아 장애의 60% 이상을 차지한다고 한다. '자폐 스펙트럼 장애'는 전반적인 발달 장애, 아스퍼거 장애, 경계성 자폐까지 모두 포함한 것을 일컫는다.

10여년 전만해도 뇌신경과 관련된 뇌성마비, 발달지연 및 장애의 질환은 치료제 하나 없이 재활 치료에만 의존할 수 밖에 없었다. 하지만 요즘은 10년 전 출산할 때 보관했던 제대혈로 이식 치료를 받을 수 있어 새로운 희망이 되고 있다.

대표적인 사례로 2004년 9월 차병원 제대혈은행 아이코드에 제대혈을 보관한 만 11세 발달장애 아동이 발달 장애의 대표적인 증상인 언어, 인지, 행동발달 등 모든 부문의 능력이 떨어지고 자폐 성향까지 심하게 눈에 띄어 2015년 12월 30일 분당 차병원에서 자가제대혈 이식을 시행했다.

2004년 4월 차병원 제대혈은행 아이코드에 제대혈을 보관한 만 12세 발달지연 쌍둥이 아동 중 첫째 아이가 지적 장애 2급으로 운동, 언어발달 지연이 있어 최근 분당차병원에서 자가제대혈을 이식했다.

차병원 그룹에서 운영하는 차병원 제대혈은행 아이코드 및 차병원 기증제대혈은행의 이식 현황에 따르면 가족제대혈(자가, 형제자매 간) 이식과 임상 연구를 통한 기증제대혈 이식으로 발달지연 및 장애 58건, 뇌성마비 504건, 재생불량성 빈혈 10건 등 꾸준한 이식 치료가 이루어지고 있다.

과거에는 조혈모세포 이식에 국한해서 제대혈 보관을 결정했다. 현재는 뇌손상, 알츠하이머성 치매, 아토피, 탈모와 같이 더 많은 난치성 질환에 대한 제대혈 줄기세포의 이식과 연구 및 임상이 진행되고 있다. 이에 따라 이식치료 범위가 넓어지고, 효용성 또한 높아져 제대혈 보관의 필요성이 확대되고 있다.

엄마와 아이의 뱃속 추억, 탯줄 도장에 담으세요!

조선시대에는 왕실이나 상류층이 태를 태항아리에 넣어 매장하는 장태 문화가 주류를 이루었다면, 요즘은 탯줄을 도장 속에 넣어 보관한다.

태아와 태반을 연결하던 탯줄을 도장으로 만들어 평생 동안 보관하는 탯줄 도장이 인기 상품이다. 임신 당시 엄마와 아기가 교감한 추억의 상징물을 평생 간직하고 싶다는 이유에서다.

아이를 낳고 나면 탯줄이 일주일에서 한 이주일 정도 되면 떨어진다. 그것을 보관하고 싶으니까 도장 안에다가 탯줄을 넣어서 거의 반영구적으로 바라볼 수 있다. 그리고 그 도장을 아이에게 선물로 전달한다.

탯줄 도장은 외부 충격이나 기온 습도에 영향을 받지 않도록 수지를 이용해 탯줄을 고체화하는 '통고형 몰드' 방식으로 탯줄 도장이 제작되고 있다. 최근에는 부모가 직접 만드는 DIY탯줄도장도 출시됐다.

탯줄 도장은 도장의 원래 기능대로 아이가 커서 인감도장으로 사용할 수 있으므로 도장에 이름을 새기는 인각이 중요하며, 한문 수조각이 좋다. 또한 소중한 아기의 탯줄을 변형없이 안전하게 보관하는 기능이 매우 중요하므로 새거나 변형이 될 수 있는 젤이나 오일형보다는 고체형 탯줄도장으로 전문가가 제작하는지 알아보는 것이 좋다.

탯줄 도장은 벼락 맞은 대추나무라 불리는 '벽조목 십장생', '옻칠모태 자개', '비취 흑수우', '플래티늄 14k 골드' 등 40여개 종류에 이를 정도로 제품이 다양하다.

'벽조목 십장생'은 무병장수의 상징인 십장생으로 탯줄의 몸체를 보호하고, 조각 사이사이에 절제된 문양으로 둘러싸여 보관 중인 탯줄을 볼 수 있다.

뚜껑에도 조각이 되어 있다. '옷칠모태 자개'는 옷칠에서 고고함과 아름다움을 느낄 수 있는 천연 옷칠 상품이다. 도장 전체에 자개가 붙어 있어 고급스럽다. 벽조목재질 위에 옷칠과 자개를 입혔다.

또 '비취 흑수우'는 유리처럼 투명하고 깨끗한 통고형 몰딩 속에 탯줄을 넣었다. 인각면은 불굴의 의지와 기상을 상장한다. 예로부터 귀한 분에게 소중하게 선물되었던 흑수우(검은 물소 뿔)를 사용한다. '플래티늄 14k 골드'는 도장의 몸체와 뚜껑을 14k 금으로 만든다. 인각 부위는 상아로 제작한 최고급 제품이다. 몸체 주변은 30개의 다이아몬드로 장식한다. 제품 구입시 다이아몬드 인증서도 준다.

가격은 '벽조목 십장생'은 9만6천원, '비취 흑수우'는 9만8천원, '옷칠모태 자개'는 22만원, '플래티늄 14k 골드'는 1천5백만원 등으로 가격대가 실로 다양하다.

탯줄 도장은 드라마에서도 곧잘 소재로 등장한다. tvN 월화드라마 '호구의 사랑'에서 탤런트 최우식은 유이에게 유이의 아기 금동의 탯줄을 넣어 만든 '탯줄 도장'을 선물로 줬다. SBS 월화드라마 '풍문으로 들었소'에서 탤런트 장현성 부부는 사돈댁을 처음으로 방문했고, 손자를 위한 탯줄 도장을 직접 만들어서 사돈에게 선물했다.

유명인들도 탯줄 도장을 추억의 상징물로 평생 간직한다. 프로야구선수 봉중근과 탤런트 이창훈, 탤런트 조은숙도 아기의 탯줄 도장을 제작해 화제다.

이 업계에서 선두 주자는 ㈜세움이다. 세움의 탯줄도장은 '통고형 몰딩' 보관 방법을 처음으로 도입해 안전성과 견고성을 장점으로 내세운 제품이다. 세움에 따르면 업계 최초로 특허를 획득해 제품에 대한 신뢰성도 높였다.

통고형 몰드가 수지를 굳히는 과정은 계절에 따라 다르다. 겨울철에는 3주일 정도의 시일이 걸리고, 여름철의 경우 2주일 정도의 시간이 필요하다.

　세움의 통고형 몰딩형의 장점을 살펴보면 우선 한번 제작되면 변질, 변색, 변형없이 반영구적으로 보관이 가능하다. 또한 선반 작업을 통해 원하는 사이즈로 제작되며 향후에 여러 가지 이유로 재인각, 재제작을 원할 때는 탯줄을 손상 없이 복원 할 수 있다.

　세움 관계자는 "도장 재료부터 몰딩, 인각까지 모두 사람이 하나하나 작업이 진행된다"며 "소중한 탯줄을 이용해 만드는 제품이다보니 그만큼 가치와 품격을 높이기 위해 정성스럽게 제작된다"고 설명했다.

　기타 자세한 문의는 세움 홈페이지(www.seuum.com)나 상담전화(02-712-2006)를 이용하면 된다.

태아와 태반을 연결하던 탯줄을 도장으로 만드는 탯줄 도장이 인기다. 탯줄 도장들은 세련된 감각으로 현대식으로 디자인돼 있다.

인기리에 제작되고 있는 탯줄 도색들. 한번 제작되면 변질, 변색, 변형없이 반영구적으로 보관이 가능하다.

한독의약박물관 앞마당에 가면 태실이....

　누구의 태가 안치되었는지 밝혀지지 않은 태실이 많고 많다. 충청북도 음성군 대소면 대풍산단로에 위치한 한독의약박물관 야외전시실에 있는 태실도 그 중의 하나다.

　이곳은 우리나라 최초로 기업이 설립한 전문박물관으로 사라져가는 전통의약학 관련 자료를 바탕으로 1964년에 처음 개관했다. 이 박물관에는 보물 제 646호인 '청자상감상약국명합'을 비롯하여 허준이 편찬한 '언해태산집요'(보물 제 1088호), '찬도방론맥결집성'(보물 제 1111호), '의방유취'(보물 제 1234호), '향약제생집성방'(보물 제 1235호), '구급간이방'(보물 제 1236호) 등 6점의 보물을 소장하고 있다.

　또한 의약학 연구자들과 국내외 관련 단체에서 기증한 다양한 수집품과 표본 등을 보유하며, 이 중 600여점은 상설 전시하고 나머지 유물들도 수시로 교체 전시하고 있다.

　원래 서울 중랑구 상봉동에 있던 이 박물관은 1995년에 충청북도 음성군에 1,400평 규모의 전시실을 신축하여 이전, 개관했다.

　해마다 1만5천여명이 찾는 이 박물관 마당에 옮겨져 있는 태실은 왕실의 태를 묻었을 것으로 추정된다.

　이 '석제 태실 신석'은 둥근 대석(臺石) 위에 세워져 있으며, 그 구성은 신석(身石)과 개석(蓋石)으로 이루어져 있다. 정확한 출처와 유래, 그리고 한독약품이 입수한 경위는 전해지지 않는다. 높이 110cm, 둘레 240cm, 최대 지름 76cm, 재질은 사암(沙岩)이다.

　이 태실 신석은 1980년 10월 23일 서울시 유형문화재 제 45호로 지정됐다.

그러나 박물관이 음성으로 이전하면서 서울시 문화재에서 해제됐다.

태실 신석 옆에는 역시 서울시 유형문화재로 지정됐다가 이곳으로 옮겨오면서 문화재에서 해제된 부도탑, 석등, 5층 석탑 등도 설치돼 있다.

이경록 한독의약박물관 관장은 "박물관 이전 당시 이 문화재들을 서울 상봉동에 놔둘 수 없어서 서울시에 문의했더니 문화재 해제 신청을 하라고 했다"면서 "문화재에서 해제되는 절차를 밟느라 어려움이 많았다"고 들었다.

이 관장은 이어 "'석제 태실 신석' 등 4점의 문화재들을 수시로 세척하고 보전 처리하는 등 관리에 최선을 다하고 있다"고 말했다.

한편 이 박물관은 18세기의 백자 태항아리, 내호와 외호도 소장하고 있다. 외호의 크기는 높이 45.5cm, 입지름 22.5cm. 이 태항아리들은 '석제 태실 신석'과 마찬가지로 정확한 출처와 유래, 그리고 한독약품이 입수한 경위는 전해지지 않아 안타까움을 자아낸다.

'석제 태실 신석'은 신석과 개석의 재질이나 규모로 보아 조선 왕실의 태실임이 분명하다. 높이 110cm, 둘레 240cm로 조성된 이곳의 신석은 임금의 태실에서 발견되는 신석에 버금가는 규모다.

'석제 태실 신석'에 대한 심도 깊은 고증과 연구, 자료 발굴을 통해 태실의 주인공을 찾아주고, 문화재로 다시 지정되는 방안이 모색되야 할 것이다.

비단 이곳 뿐만 아니라 지금도 이름 모를 골짜기에서 비바람을 맞으며 나뒹굴고 있을 태실들이 많다. 조선의 세계문화유산, 태실이 유네스코 지정 세계문화유산으로 등재되기 위해서는 '문패' 없는 태실들에게 '번지수'를 찾아주는 작업도 선행되야 하지 않나 하는 생각이다.

서울 상봉동에서 충북 음성군 한독의약박물관 앞마당으로 옮겨간 '석제 태실 신석'. 사암(沙岩)으로 제작된 이 태실은 그 규모로 보아 조선시대 왕이나 왕실의 태실로 추정되고 있다.

한독의약박물관이 소장중인 태항아리 내, 외호

- 제 4 장 -
조선왕조 역대 임금들의 태실

제 4장 – 조선왕조 역대 임금들의 태실

◆◆ 태조 이성계부터 27대 임금 순종까지 역대 임금들의 태실 ◆◆

대왕의 태실은 그 왕의 즉위년에 주로 만들어졌다. 대왕이 재위 기간 동안 나라를 잘 다스리느냐, 잘못 다스리느냐는 이 태실에서 비롯된다는 의미를 두었다.

그래서 태실지는 길지(吉地)를 찾았고, 태실도감을 만들 정도였다. 태실도감에서 길지를 찾을 때는 한 군데만 찾는 것이 아니고 여러 군데를 선택하였고, 왕이 최종 선택지를 낙점하였다. 그리고 선택된 태실지는 청결해야 하기 때문에 이 부근에 다른 민묘가 있으면 그 민묘를 이장하게 만들었다. 당연히 풍수지리학으로 태실지는 명당 중에 명당이었던 것이다.

태조 이성계부터 순종까지 역대 임금들의 태실을 알아본다.

1. 태조 태실

충남 금산군 추부면 마전리 산 1-86, 1-66에 있다. 조선을 건국한 태조 이성계의 태를 안치했던 곳으로 본래 함경도 용연에 있었으나, 태조 2년(1393년) 당시 전라도 완주군 진동현이었던 현재의 금산군 추부면 마전리로 옮겨왔다.

태조의 태실에 관한 초기의 기록은 '태실실록'과 '세종실록지리지'에서 확인할 수 있는데 이후 편찬되는 각종 지리지와 읍지에는 만인산 성봉(지금의 '정기봉')에 대한 기록이 추가로 등장한다. '세종실록지리지'(1454년)의 전문을 인용하면, '태조

2년 계유년에 태조의 태실을 안치하고 진산군을 '지진주사(知珍州事)'로 승격했다. 그리고 태종 13년(1415)에 다시 군으로 개칭했다'

태를 봉안한 후 만인산을 태봉산으로 부르게 되었고, 현재는 충청남도 지정 문화재자료 제 131호로 지정, 관리되고 있다.

이곳 태실은 처음 조성된 이후 몇 차례 걸쳐 중수 및 개수되었다. 일제강점기에는 조선총독부가 태실을 훼손하여 태항아리를 경기도 고양시 서삼릉으로 옮겨갔다. 그후 토지 소유자가 남아 있던 석비와 석조물도 헐어내고 자기 선조의 묘를 세웠다.

현재의 태실은 1993년 지역 주민들이 이리저리 흩어져 있었던 원래의 석비와 석물을 수습해서 원래 위치에서 약 100m쯤 떨어진 곳에 복원한 것이다.

비석 전면에는 '태조대왕 태실'이라는 명문이 새겨져 있고, 후면에는 중건한 시기(1689년)가 새겨져 있다.

8각을 이룬 태실은 바깥으로 8개의 기둥을 둔 돌난간을 둘렀다. 태실의 석물은 화강암 석재의 팔각첨석, 중동석, 개첨석 및 난간석으로 이루어져 있다. 태실비는 귀부와 이수, 비신을 갖추고 있다. 태실 석물의 대부분은 중수되었기 때문에 예전의 형태를 갖고 있는 석물은 개첨석과 난간석 일부, 그리고 태실의 귀부 뿐이다.

바로 앞에 서 있는 태실비는 거북받침돌 위에 비신을 세우고 머릿돌을 얹은 형태다.

현재 남아 있는 태실비의 명문을 보면,

〈前面 : 太朝大王胎室, 後面 : 康熙二十八年三月二十九日重建〉
(전면 : 태조대왕태실, 후면 : 강희이십팔년삼월이십구일중건)

으로 이 태실의 중수가 숙종 15년(1689년)에 있었음을 알 수 있다.

태조 태실은 지역 주민들이 이리저리 흩어져 있었던 원래의 석비와 석물을 수습해서 원래 위치에서 약 100m쯤 떨어진 곳에 복원했다.

일제강점기에 조선총독부가 태실을 훼손해서 경기도 고양시 서삼릉으로 옮겨간 태조 태항아리.

2. 정종 태실

2대 임금 정종의 태실은 경상북도 김천시 대항면 운수리 216번지 직지사 대웅전 북쪽 뒷산 해발 100m 남짓한 야산에 위치한다.

이곳은 해발 100m 남짓한 야산으로 황악산에서 뻗어 내려오던 주맥이 태봉 아래에서 잠시 끊어졌다가 다시 솟아 있다. 외형상으로도 삼각 형태로 전형적인 태봉이 갖추어야할 조건을 모두 갖고 있는 1등지 태봉이다.

정종은 동생인 태종과 함께 함경도 함흥 귀주동에서 태어났다. 정종의 태는 함흥에 안태돼 있다가 왕위에 등극한 후 경상도 김천으로 옮겨졌다. 정종은 즉위한 원년에 태실을 사두혈의 명당으로 이름난 이곳 직지사 대웅전 뒤 북봉에 안치하고, 태실을 수호하는 수호 사찰로 직지사를 지정한 것이다.

이후 왕실과 직지사의 보호를 받아오던 정종 태실은 일제강점기인 1929년 태실을 체계적으로 관리한다는 미명 아래 경기도 고양시 서삼릉으로 이전됐다. 그후 태실지는 방치되고 중동석과 지주석은 직지사 경내에 흩어져 있다.

정종대왕 태실 터는 '태봉'이라고도 하며, 태실 터의 흔적만이 남아 있다. 개첨석과 중동석은 직지사 경내에 옮겨져 있다. 그리고 직지성보박물관 내에는 난간석 2기가 전시돼 있다.

원래의 태실은 난간석을 이루는 기둥은 상부를 원추형으로 다듬고, 3단으로 된 테두리는 돋을새김하고 마지막 단은 연주문으로 처리한 형태였다. 기둥 양옆은 난간을 가로지르는 횡죽석을 얹을 수 있도록 돌기되어 있다.

태실은 정종 즉위년(1399년)에 조성됐고, 태실의 중수에 관한 기록은 남아 있지 않다. 김천의 직지사 뒷산에 정종의 어태를 안치하였음은 〈신증동국여지승람〉에 '정종 즉위년(1399년)에 금산 황악산 직지사의 북쪽 봉우리에 어태를 안치했고, 이를 기하여 금산현을 군으로 승격하였다'고 구체적으로 기록돼 있다.

정종 태실은 일제강점기에 조선총독부가 태항아리를 꺼내면서 태실의 석물이 파괴되어 그 원형을 잃었다. 사진은 직지사 경내로 옮겨져 있는 정종 태실의 중동석

일제강점기에 경기도 고양시 서삼릉으로 이전된 정종 태항아리

일제강점기에 고양시 서삼릉으로 어태를 옮겨질 당시에 모습을 드러낸 태종의 태항아리. 내호와 외호.

3. 태종 태실

3대 임금 태종의 태실은 경북 성주군 성암면 태봉 2리 조곡산에 위치하고 있다.

태봉 2리에는 중동석으로 사용된 팔각석재가 이전돼 있는데, 태실비도 민묘 조성과 함께 매몰되거나 사라진 것으로 보인다.

태종의 태실은 정종과 마찬가지로 함흥 귀주동에서 태어났고, 경상도 성주로 안치되기 전에는 고향인 함경도 함주에 있었다. 태종이 3대 임금으로 즉위하자, 어태를 성주 조곡산으로 옮겼다. 태실은 태종 즉위년(1401년)에 조성됐으며, 그후 중수에 관한 기록은 찾아볼 수 없다.

태실을 옮겨오고 나서, 태종은 이를 기념하여 당시 경산부에 속해 있던 성주를 성주목으로 승격시켰다. 그런 과정은 〈신증동국여지승람〉에 기록돼 있다. 대체로 정종의 태실과 유사하게 구성되어 있다.

태종의 태실이 일제강점기에 고양시 서삼릉으로 어태를 옮겨질 당시에 작성된 기록들을 보면, 개첨석, 3단 팔각중동석 등 태실의 석물들을 실측한 도면이 있어 태실에 대한 형태를 이해할 수 있다.

현재 태봉의 정상에는 민묘가 들어서 있다. 주변에는 태실 관련 석물들이 흩어져 민묘의 수호석으로도 사용되고 있다.

성주군 조곡산에 위치한 태종 태실지. 정상의 태석은 대부분 파괴되고 민묘의 수호석으로 사용되고 있다.

4. 세종대왕 태실

4대 임금 세종대왕의 태실은 경남 사천시 곤명면 은사리 소곡산에 있다. 일명 태봉이라고도 한다. 이 태실지는 세종 임금이 왕위에 오르던 해인 1418년 곤양군의 전신인 옛 곤명현 소곡산이 전국에서 가장 좋은 길지라 해서 태를 이곳에 안치했다.

그리고 이듬해인 세종 1년(1419년)에 곤명현은 남해현과 합해서 곤남군으로 승격시켰다. 이 곤남군은 이후 곤양군으로 개칭되어 조선왕조 말기까지 지속된다.

즉위년에 조성된 가봉 태실에는 돌난간이 설치되지 않고, 나무 난간이 만들어졌다. 이 태실지에 처음에는 나무난간을 사용했다고 한다. 세종대왕은 땅의 지맥을 손상시킨다는 이유로 나무 난간을 만들라고 어명을 내렸다. 왕의 태실은 대부분이 석난간으로 되어 있었다. 이후 수차례 중수가 되면서 석난간으로 바뀌어졌다.

　태실의 구조는 '태실 의궤'에 있는 '태실석물 배설도'에 나와 있다. 그러나 임진왜란 때에는 왜적에게 짓밟히는 불운을 겪었다.

　그리하여 선조 34년(1601년) 3월에 대대적으로 수리되었다. 영조 10년(1734년)에는 태실비를 세우고 〈태실수개의궤 : 수리한 기록문서〉를 남겼다. 태실비의 규모는 높이 180cm, 너비 33cm, 두께 27cm 이다.

　일본강점기인 1929년에 국유지이던 태실의 임야는 모두 민간인에게 팔렸다. 당시 세종대왕의 태실은 고양시 서삼릉으로 옮겨갔다.

　현재 원래 태실지에는 민간인의 묘지가 들어서 있다. 이곳 태실지는 원래 태실지에서 약간 떨어진 곳에 당시의 조형물인 태실비와 태항아리를 안장하는 중동석, 상개연엽석, 돌난간, 지대석, 주춧돌, 팔각대 등 석물 22점을 산자락에 한데 모아 두고 있다. 1972년 2월 12일 지방기념물로 지정해서 보호하고 있다.

　태실비의 명문을 보면,

〈前面 : 世宗大王胎室, 後面 : 崇禎紀元後一百七年甲寅九月初五日建〉
(전면 : 세종대왕태실, 후면 : 숭정기원후일백칠년갑인구월초오일건)

으로, 영조 10년(1734년)에 세웠음을 알 수 있다.

세종대왕의 원래 태실지에는 민간인의 묘지가 들어서 있다. 이곳은 원래 태실지에서 약간 떨어진 곳에 당시의 조형물인 중동석, 상개연엽석 등 석물들을 한데 모아 두고 있다.

일본강점기에 사천시 곤명면 소곡산에서 고양시 서삼릉으로 옮겨간 세종대왕 태항아리.

5. 문종 태실

　5대 임금 문종의 태실은 경북 예천군 상리면 태봉 정상에 있었다. 그러나 일제강점기에 태항아리를 경기도 고양시 서삼릉으로 옮겨간 뒤 태실은 완전히 파괴되고 흩어졌다.

　1735년(영조 11년) 문종대왕의 태를 안치하고 비를 세웠다. 이 비는 원래 명봉사의 산위에 있던 것을 일제강점기에 발굴하여 대웅전 우측 뜰로 옮겼다. 경상북도 유형문화재 제 187호. 명봉사는 태실의 안위와 수호를 맡은 수호 사찰이었다.

　비의 규모는 전체 높이가 246㎝, 비신 높이 113㎝, 귀부 61㎝, 대좌 높이 12㎝이다. 이 비는 귀부 위에 비신을 세우고, 이수를 올려놓은 일반형으로 지대석과 귀부가 한 돌로 되어 있다. 귀두는 용머리 같이 조각되어 입에 여의주를 물고 있다.

　이수는 방형으로 전면에 두 마리의 용이 서로 엉켜 있는 것을 양각했다. 몸체에 비해 처리 기법이 둔중해 보이나, 전체적인 구성과 조각 솜씨는 매우 섬세하다.

　태실비의 비명을 살펴보면,

〈전면 : 文宗大王胎室, 後面 : 崇禎紀元後百八十乙卯九月二十五日建〉
(전면 : 문종대왕태실, 후면 : 숭정기원후백팔십을묘구월이십오일건)

으로 이 비의 건립 연대가 영조 11년(1735년)임을 알 수 있다.

예천군 태봉 정상의 태실에 있다가 일제강점기에 태항아리를 고양시 서삼릉으로 옮겨 간 문종의 태항아리.

명봉사에 있는 문종 태실의 태비. 이 비는 태실이 완전히 파괴된 뒤 명봉사의 산위에 있던 것을 일제강점기에 발굴하여 대웅전 우측 뜰로 옮긴 것이다.

이광수의 '단종 애사'라는 소설이 말해주듯 조선왕조 역사상 가장 슬픈 운명의 임금이었던 단종 태항아리.

성주군 월항면의 단종 태실지. 이곳 태실지는 세종대왕이 손자인 단종이 태어나자, 자신의 태실 앞산에 태실을 안치토록 어명을 내려 조성됐다.

6. 단종 태실

  6대 임금 단종의 태실은 경북 성주군 월항면 인촌리 산 8번지에 있었으나, 경남 사천시 곤명면 은사리 산 438번지로 이장됐다.

  성주군 태실지는 금성대군 태실과 함께 파괴됐으며, 사천시 태실 또한 훼손됐다.

  이곳 태실지는 세종대왕 23년(1441년)에 손자인 단종이 태어나자, 자신의 태실 앞산에 태실을 안치토록 어명을 내려 조성했다.

  임진왜란 때 왜적이 몰려와서 규모가 큰 세종대왕의 태실은 거의 파괴되었으나, 규모가 작은 단종 태실은 눈길을 끌지 못해 화를 면했다. 영조 10년(1734년) 세종대왕의 태실비를 다시 세울 때 단종의 태실비도 함께 세웠다.

  단종은 세종 23년(1441년)에 태어나서 13살의 어린 나이로 문종의 뒤를 이어 1452년에 제 6대 왕위에 올랐다. 그러나 단종을 보필하던 중신들이 단종의 숙부인 수양대군에게 참살되자, 1455년 재위 3년 만에 왕위를 빼앗기고 노산군으로 봉해져 강원도 영월 땅에 유배되었다. 그러다가 세조 3년(1457년)에 죽음을 당한, 조선왕조 역사상 가장 슬픈 운명의 임금이었다.

  현재 태실지 산비탈에 석물들이 흩어져 있다. 본래의 태실지에는 민묘가 들어섰다. 1972년 2월 12일 세종대왕 태실지와 함께 도지정 기념물로 지정되어 보호되고 있다. 수리에 관한 내용은 〈세종대왕 단종대왕 태실수개의궤〉에 기록되어 있다.

  파손된 비신에는 '대왕'(大王), '백칠년갑인'(百七年甲寅)만이 판독되고 있다.

7. 세조 태실

7대 임금 세조의 태실은 성주군 월항면 선석산 아래 태봉 정상에 있다. 여기는 세종의 17왕자와 손자 단종의 태실 등 19기가 군집을 이루고 있는 곳이다.

세조는 세종대왕의 아들인 만큼 태실은 다른 왕자들의 태실과 함께 자리하고 있다. 세조가 13살의 어린 조카 단종을 몰아내고 왕위를 찬탈하자, 이에 반대해서 단종의 복위를 도모하다가 죽은 금성대군과 한남군, 영풍군, 화의군, 안평대군의 태실도 여기에 함께 자리하고 있다.

세조는 세자나 세손이 아닌 세종의 왕자였다. 때문에 태실은 세종의 다른 왕자들 태실과 다른 것이 없는 동일한 형태이다. 개첨석과 낮은 구형의 중동석, 그리고 방형의 연엽대석으로 구성되어 있다.

세조가 즉위한 뒤 태실은 가봉되지 않고 그대로 두었다. 단지 태실비만 새롭게 만들어서 2기의 태실비가 남아 있다.

태실 바로 앞에 있는 비는 즉위 전에 조성된 것이다. 그 앞에 귀부와 이수를 갖춘 소형의 가봉비는 등극한 후 세워졌다.

세조가 등극한 뒤 세조의 충복이던 홍윤성이 글을 지어 태비 앞에 비석을 세웠다. 그러나 지금은 심하게 마모되어 판독이 거의 불가능하다.

화강암으로 깎은 19기의 태실은 조선태실 의궤 형식으로 지하에 석실을 만들고, 그 안에 백자로 된 태항아리를 넣었다. 태호 속에는 태주(胎主)의 이름 및 생년월일을 음각한 지석을 넣었다. 지상에는 기단, 간석, 옥개의 형식을 갖춘 석조물을 안치하는 한편 각 왕자의 태실을 가리키는 표석을 세웠다. 세조의 태실도

다른 태실과 마찬가지다.

아기비의 명문에는,

〈晉陽大君胎藏 皇明正統三年戊午年三月 十日立石〉
(진양대군태장 황명정통삼년무오년삼월 십일입석)

세종 20년(1438년)이라고 각자 되었으며, 가봉비의 비문은 파손되어 판독할 수 없다.

세조가 즉위한 뒤 새롭게 가봉되지 않고 그대로 두었고, 단지 태실비만 새롭게 만들어진 세조 태실.

일본강점기에 고양시 서삼릉으로 옮겨간 세조 태항아리.

8. 예종 태실

  8대 임금 예종의 태실은 전라북도 전주시 완산구 풍남동 3가 경기전 경내에 있다. 1986년 9월 8일 전라북도 지방 민속자료 제 26호로 지정된 예종대왕 태실과 비는 원래 완주군 구이면에 있던 것을 1970년에 경기전으로 옮겼다.

  이 태실은 예종대왕의 태를 묻은 곳으로, 옆에 태실비가 함께 놓여 있다. 비는 거북이 모양의 받침돌 위에 비몸을 세우고, 용무늬를 둔 머릿돌을 얹은 모습이다. 비몸 앞면에는 '예종대왕 태실'이라 새겨 그 주인공을 밝히고 있다.

  비석 뒷면을 보면 조선 선조 11년(1578년)에 처음 비를 세운 후, 156년이 지난 영조 10년(1734년)에 다시 세워두었다고 기록돼 있다. 태실은 부도와 같은 형태로, 태를 넣은 항아리를 석실에 묻었다. 전체 높이 2.35m이며 둘레 255cm, 난간 둘레 1,540cm, 난간주 높이 108cm이다. 사각의 두툼한 하대석 위에 항아리 모양의 몸돌을 놓고, 그 위에 평면 팔각의 두툼한 지붕 돌을 얹은 모습이다. 전체적으로 정교하고 세련된 모습이다.

  주위로는 여덟 개의 각기둥을 모지게 세웠다. 그 사이마다 아래 위로 연잎을 돋을 새김한 동자주를 놓았다. 그리고 그 위에 팔모의 난간석을 연결해서 장식과 보호를 겸한 난간을 돌렸다.

  작고 아담한 크기에 형태조차 조선 초기 고승들의 부도와 흡사하다. 태실 옆에 있는 태실비는 목과 다리를 한껏 웅크린 화강암 거북받침 위에 이수와 대리석 비를 올려놓은 모습이다. 이수의 용 조각이 자못 정교하고 세련되었다.

  가봉비의 명문을 보면,

〈全面：睿宗大王 胎室, 後面：萬曆六年十月初二日建 / 後一百五十六年甲寅八月二十六日改石〉
(전면 : 예종대왕 태실, 후면 : 만력육년십월초이일건 / 후일백오십육년갑인팔월이십육일개석)

으로, 선조 11년(1578년)에 처음 비를 새운 후 156년이 지난 영조 10년(1734년)에 다시 세웠음을 알 수 있다.

작고 아담한 크기에 형태조차 조선 초기 고승들의 부도와 흡사한 예종 태실. 비교적 원형 그대로 보존돼 있다.

일제강점기에 고양시 서삼릉으로 어태를 옮겨질 당시에 모습을 드러냈던 예종 태항아리.

9. 성종대왕 태실

9대 임금 성종의 태실과 태실비는 창경궁의 양화당 뒷편 춘당지로 가는 언덕 기슭에 있다.

성종은 세조 3년(1457년) 출생한 후 세조 4년(1458년)에 태봉에 장태되었음을 태지석을 통해 알 수 있다. 성종 2년(1471년)에 태실 가봉이 있었다. 태실비 후면에 새겨진 명문을 보면, 처음 건립된 후 3차례에 걸쳐 다시 세웠던 기록이 남아 있다.

원래는 경기도 광주시 태전동에 있던 것을 1930년 일제 강점기에 전국에 흩어져 있던 태실들을 서삼릉으로 옮기면서, 창경궁에 설립한 이왕가박물관의 진열품으로 사용하기 위하여 성종대왕의 태실을 이곳에 옮겨왔기 때문이다.

성종대왕의 태실은 원형을 가장 잘 간직한 곳으로 알려져 있다. 거북 모양의 받침 조각위에 비를 세우고, 비의 머리는 용의 머리 형상을 정교하게 새겨넣었다. 거북 모양의 받침돌 조각도 거북의 머리 부분은 미소를 띤 듯한 상서로운 느낌을 보인다. 익살스럽고 친근한 느낌을 주는 거북이다. 등과 다리 등도 세심하게 조각했다. 앞발은 앞으로 내밀어 힘찬 느낌을 준다.

태실을 둘러친 난간석의 동자 기둥들이 곰을 형상화한 모습처럼 매우 섬세하고 재미있게 조각되어 있다.

지주가 되는 동자 기둥의 사이에 놓은 돌기둥도 윗 부분과 아래 부분은 사각형이다. 하지만 중간에는 원형으로 다듬고 문양을 넣었다. 기둥에 올려진 보로 쓰인 돌들도 팔각기둥으로 정성을 들여 제작해서 왕실의 권위와 품위를 곁들였다.

태실은 사각형의 지대석 위에 석종형 몸체를 놓고 팔각형의 지붕돌을 얹었다. 상륜부에는 보주로 장식하였고, 그 주위는 팔각으로 난간석을 둘렀다. 난간석의 조각도 매우 정교해서 섬세하게 정성을 깃들여 만들었음을 확인할 수 있다.

태실비의 명문을 보면,

〈前面 : 成宗大王胎室, 後面 : 成化七年閏九月日立 : 萬曆六年五月日改立 / 順治九年十月日改立 / 道光三年五月日改立〉
(전면 : 성종대왕태실, 후면 : 성화칠년윤구월일립 : 만력육년오월일개립 / 순치구년십월일개립 / 도광삼년오월일개립)

으로 기록돼 있다. 왕세자 때 세웠을 것으로 보이는 아기태실비는 남아 있지 않다.

일제강점기에 창경궁에 설립한 이왕가박물관의 진열품으로 사용하기 위하여 옮겨졌던 성종의 태실

성종 태실지에 장태돼 있던
성종의 태항아리.

10. 연산군 태실

  10대 임금 연산군은 조선 10대 왕으로 '휘'(諱. 왕이나 제후 등이 생전에 쓰던 이름)는 '융'이다. 성종의 아들이며, 어머니는 우의정 윤호의 딸로 정현황후다. 1494년 12월에 성종이 돌아가시자, 왕위에 올랐다.

  하지만 재위 12년 동안 무도한 짓을 많이 하였으므로 폐위되어 교동에 안치되었다가 그때 11월에 세상을 떠났다.

  연산군은 적자로 왕위를 계승하였으므로 태실이 있을 것으로 추정이 된다. 하지만 그 위치는 아직 정확히 확인되지 못하고 있다.

11. 중종 태실

  제11대 임금인 중종(1506~1544년)의 태실은 가평군 가평읍 상색리 산 310번지에 있다. 가평군 향토유적 제 6호.

  중종 태실에는 중앙에 작은 태실비(아기비)가 있다. 이것은 중종의 왕자 시절에 세워진 비이다. 비의 지붕 돌은 연잎이 새겨진 보주를 얹었고, 비신에는 태실의 주인공과 태를 묻은 날짜를 앞뒤로 음각했다.

  그리고 임금으로 즉위한 뒤의 태실비는 작은 태실비 옆쪽에 세워져 있다. 지붕 돌에 용 두 마리를 조각하였는데, 비를 받치는 귀부는 마모가 심하고 머리는 잘려져 없어졌다.

  이곳 중종 태실은 1492년 중종의 나이 5살 때 세워졌다가 중종이 즉위한 뒤 임금의 태실로서 그 모습을 갖추었다.

1929년 중종의 어태가 고양시 서삼릉으로 옮겨진 뒤 가평에 남은 석조물은 흩어져 있었다.

1982년 12월 이곳의 산주인이 장례를 치르기 위해 작업을 하던 중 지름 100cm, 높이 120cm의 태항아리를 발견해 태봉이었음이 밝혀졌다. 부근에는 파손된 거북 비석을 비롯해 난간석 등이 흩어져 있었다. 1987년 현재와 같은 모습으로 정비 복원됐다.

현재 복원된 태실은 지하 석함으로 매몰되야 할 것이 지상으로 올려져 사라진 개첨석과 중동석을 대신하고 있다. 때문에 외형상으로는 복원 정비가 잘못된 것으로 평가되고 있다.

태실의 석물 중에 팔각첨석이 없다. 그리고 아기비의 앞면은 정으로 모두 쪼아져 있다. 가봉 태실비의 귀부에는 머리 부분이 파괴돼 있다. 비신의 중앙 부분은 절단되어 석재로 복원했다.

태실비의 명문을 보면,

'아기태실비'는 〈前面：？？？？阿只氏胎室, 後面：弘治五年九月初七日亥時立〉
　　　　　　　(전면：？？？？아기씨태실, 후면：홍치오년구월초칠일해시립),
'가봉태실비'는 〈前面：主？？？胎藏, 後面：正德十年二月日立〉
　　　　　　　(전면：주？？？태장, 후면：정덕십년이월일립)

으로 아기태실의 조성은 성종 23년(1492년)에 이루어지고, 태실의 가봉은 중종 10년(1515년)으로 당시의 가평현을 군으로 승격시켰다.

일제강점기에 중종의 어태가 고양시 서삼릉으로 옮겨진 뒤 중종 태실의 석조물은 흩어져 있었으나, 다시 현재의 모습으로 복원됐다.

중종의 어태를 담았던 태항아리.

177

12. 인종 태실

12대 임금 인종의 태실은 경북 영천시 청통면 치일리 산 24에 있다. 경상북도 유형문화재 제 350호.

인종 태실은 중종 16년(1521년)에 조성되었다. 이후 인종이 죽고난 후 명종 1년에 가봉 공사가 있었고, 숙종 37년(1711년)에는 수개가 있었다. 1928년 일본 통치자들이 전국 각지에 흩어져 있는 태실의 관리가 어렵다는 명목을 내세워, 54기의 태실을 경기도 고양시 서삼릉으로 이봉했다. 이때 옮겨진 것은 인종의 태항아리와 지석 1점 등이다. 가봉비를 비롯한 석물들은 파손된 상태로 방치되어 있었다. 1999년 경북문화재연구원은 복원 정비를 위한 정식 발굴조사를 실시해 개첨석, 중동석, 난간석 등 석물들을 수습했고, 태실복원도를 작성했다. 이를 토대로 인종의 태실은 복원됐다.

복원된 태실에는 가봉비로 귀부는 남아 있으나, 이수와 비신은 거의 파실되어 명문을 파악할 수 없다.

인종 태실은 가봉된 다른 어떤 태실보다 그 규모가 크고, 각종 석조물의 장식이 화려하며 웅장하다. 또한 조성 연대가 분명해서 태실 조성양식과 조각 기법을 연구하는 데 중요한 자료이다.

인종의 태항아리는 조선 전기 백자 태항아리의 가장 발달된 모습을 보여주고 있다. 이중의 백자 항아리로 구성되며, 풍만하고 긴 몸체에 맑은 담청색의 유약이 곱게 발라져 있다. 어깨에는 끈을 묶기 위한 4개의 고리가 달리고, 뚜껑의 꼭지에도 역시 4개의 구멍이 뚫려 있다.

지석은 장방형으로 대리석 재질이다. 규모는 가로 25.2㎝, 세로 22.5㎝, 두께 4.5㎝이고, 제작 시기는 1512년이다.

아기태실비는 남아 있지 않지만, 서삼릉에서 출토된 지석의 명문을 보면,

〈黃明正德十年二月二十五日 戌時生 世子山告胎正德十六年正月十七日 午市裝〉
(황명정덕십년이월이십오일 술시생 세자산고태정덕십육년정월십칠일 오시장)

으로, 장태일이 중종 16년(1521년)임을 알 수 있으며 가봉은 명종 즉위년(1546년)에 이루어졌다.

인종 태실은 가봉된 다른 어떤 태실보다 그 규모가 크고, 각종 석조물의 장식이 화려하며 웅장하다.

조선 전기 백자 태항아리의 가장 발달된 모습을 보여주는 인종의 태항아리. 내호와 외호, 그리고 지석.

13. 명종 태실

13대 임금 명종의 태실은 충남 서산시 운산면 태봉리 산 1번지에 있다. 충남 유형문화재 제 121호. 명종은 중종의 둘째 아들이면서 인종의 아우로 불교를 중흥하고, 비변사를 다시 설치했다. 또한 권문 세가의 토지를 몰수해서 재분배했다.

명종 태실은 현존하는 조선의 역대 왕의 태실 가운데 가장 규모가 크고, 보존 상태가 양호한 곳이라고 할 수 있다. 태실의 구조는 개첨석, 중동석, 팔각첨석, 난간석 등으로 원형을 유지하고 있다.

이곳 태실은 받침돌 위에 태를 넣은 둥근 몸돌을 올리고, 지붕돌을 얹은 모습으로 바깥에는 난간을 둘러놓았다. 비는 3기인데, 오른쪽의 비는 태실을 만들면서 함께 세운 것으로 받침돌 위에 비몸을 세운 형태이다.

왼쪽의 비는 왕자 전하의 태실비로 받침돌 위에 비몸과 용을 새긴 머릿돌을 올린 모습이다. 가운데의 가장 크고 화려한 비는 주상 전하의 태실비다. 거북받침 위에 비몸을 올리고, 용을 새긴 머릿돌을 얹은 모습이다. 태실 오른쪽의 비는 중종 33년(1538년)에 세웠고, 왼쪽의 비는 명종 1년(1546년)에 세워졌다. 가운데 비는 숙종 31년(1711년)에 세운 것으로, 3기 중 가장 늦게 만든 것이다.

명종 태실 역시 일제강점기에 태항아리가 고양시 서삼릉으로 옮겨지면서 태실과 함께 주변 석물이 훼손되는 아픔을 겪었다. 이후 1975년 지역 주민들의 발의에 의해 복원되어 현재의 모습으로 전해지고 있다.

이곳 태실지는 산 아래 전경이 훤히 내려다보이는 명당 중의 명당이다. 명종의 태실은 마치 작은 왕릉을 연상시킨다.

태실비의 명문을 보면,

'아기태실비'는 〈前面 : 大君椿齡阿只氏胎室, 後面 : 嘉靖十七年二月二十一日卯時立〉
　　　　　　(전면 : 대군춘령아기씨태실, 후면 : 가정십칠년이월이십일일묘시립),
'가봉비 1'은 〈前面 : 主上殿下胎室, 後面 : 嘉靖二十五年十月日建〉
　　　　　　(전면 : 주상전하태실, 후면 : 가정이십오년십월일건).
'가봉비 2'는 〈前面 : 主上殿下胎室, 後面 : 嘉靖二十五年十月日建 / 後一百六十五年辛卯十月日改石〉
　　　　　　(전면 : 주상전하 태실, 후면 : 가정이십오년십월일건 / 후일백육십오년신묘십월일개석)

으로, 아기 태실의 조성은 중종 33년(1538년)에 이루어지고 태실의 최초 가봉은 명종 원년(1546년)에 있었다.

명종 태실은 현존하는 조선의 역대 왕의 태실 가운데 가장 규모가 크고, 보존 상태가 양호하다.

일제강점기에 고양시 서삼릉으로 옮겨진 명종 태항아리.

14. 선조 태실

　제 14대 임금인 선조(1567~1608년)의 태를 묻는 태실은 충남 부여군 충화면 오덕리 237번지에 있다. 충청남도문화재자료 제 117호.

　형태는 거북받침돌 위에 비몸을 세우고, 머릿돌을 얹은 모습이다. 앞면에는 '선조대왕태실'이라고 새겨 모셔 놓은 태의 주인공을 밝히고 있다. 뒷면에는 비를 세운 시기를 적어 놓았다.

　태실비는 원래 강원도 춘천과 황해도 강음으로 정했었지만, 부여로 최종 결정되었다. 1570년(선조 3년) 안태사 송린수가 이곳에 선조의 태함을 안치하고, 비를 세웠다. 선조 3년(1570년)에 처음 건립되었으나, 세월이 지나면서 글자가 지워지자, 1747년(영조 23년)에 다시 세웠다. 비에는 '선조대왕태실'이라고 적혀 있다.

　선조의 태실비는 가봉비만 2기가 남아 있다. 처음 만든 가봉비는 귀부가 없이 태봉산 기슭에 세워져 있다. 2차 가봉비는 오덕사 대웅전 부근에 옮겨져 있다.

　선조는 부친이 덕흥대원군이기 때문에 아기 태실은 조성되지 않았던 것으로 보인다. 전체적인 외형은 그리 세련되지 못했고, 귀부는 다소 희화적인 모습으로 느껴진다.

　태항아리는 특이하다. 전체적인 형상에 비해 주둥이가 작고, 어깨까지 급하게 벌어지다가 아래로 가면서 좁아진다. 2층 굽이며, 어깨에 4개의 고리가 달려 있다. 제작 시기는 1570년이다.

　가봉비의 명문을 살펴보면,

'가봉비 1'은 〈前面 : 主上殿下胎室, 後面 : 隆慶四年十月二十一日立〉
(전면 : 주상전하태실, 후면 : 융경사년십월이십일일립),
'가봉비 2'는 〈前面 : 主上殿下胎室, 後面 : 崇禎紀元後一百二十年丁卯五月初三日立 /
隆慶四年庚午十月二十一日所立碑字歲久刻缺故改石〉
(전면 : 주상전하태실, 후면 : 숭정기원후일백이십년정묘오월초삼일립 /
융경사년경오십월이십일일소립비자세구각결고개석)

이다.

전체적인 외형은 그리 세련되지 못했고, 귀부는 다소 희화적인 모습으로 느껴지는 선조의 태실.

주둥이가 작고, 어깨까지 급하게 벌어지다가 아래로 가면서 좁아지는 특이한 형태를 띠는 선조의 태항아리.

15. 광해군

  인조 반정으로 폐위된 15대 임금 광해군의 태실은 혹독히 파괴된 채 대구시 북구 연경동 뒷산에 미복원 상태로 남아 있다.

 광해군 태실로 가는 입구 길목에는 '연경동 태실'이라는 안내판이 있다. 산길을 따라 약 300~400m쯤 오르면 예사롭지 않게 생긴 커다란 바위 두개를 만날 수 있다. 자세히 보면 석조물이다. 연꽃 문양이 새겨진, 아래받침이 육각형인 석조물은 비스듬히 누워 있다.

 거북 같이 생긴 석조물은 깨진 채 방치돼 있다. 남쪽으로 50m쯤 내려가면 석조물에서 떨어진 파편과 망가진 비석 2개가 나뒹굴고 있다. 한 비석에는 용아기씨태실, 다른 비석에는 왕자경이란 글자가 희미하게 새겨있다. 또 다른 석물에는 '만력(萬曆)' '一月日建' 등의 글자가 보인다.

근처에 세워진 문화재청의 안내문에는 광해군 태실에 대한 발굴조사가 2013년 12월부터 시작됐다고 적혀 있다. 하지만 이곳이 광해군 태실이 있었다는 사실을 알려주는 비석이나 석물들이 그저 비닐에 싸인 채 흩어져 있을 뿐이다.

당시 조사 결과, 광해군 태실은 대부분의 유물이 도굴되고 지상 구조가 거의 파괴된 상태였다. 하지만 부서진 태실의 조각들이 남아 있고, 지하 구조가 일부 잔존해 있을 것으로 추정된다는 의견이 나왔다.

그 후 관할 관청인 대구시 북구는 발굴 작업을 위해 문화재청 발굴조사 지원 사업에 신청했지만 탈락했다. 현재 학술발굴조사가 진행되고 있는 대구시 구암동 고분군만 지원 사업에 선정되고, 광해군 태실은 떨어진 것이다.

파편 조각 중에 발견된 '아기태실비'의 명문을 보면,

〈王子慶龍阿只氏胎室〉
(왕자경룡아기씨태실)

로, 전면의 내용을 확인할 수 있으며 후면은 확인이 되지 않아 태실의 정확한 조성 시기가 전해지지 않고 있다.

그러나 태지석의

〈皇明萬曆三年四月二十六日卯時生 王子慶龍阿只氏胎萬曆九年四月初一日癸時藏〉
(황명만력삼년사월이십육일묘시생 왕자경룡아지씨태만력구년사월초일일계시장)

이라는 기록을 통해 광해군은 선조 8년(1575년) 태어났으며 선조 14년(1581년)에 태실이 조성됐음을 알 수 있다.

광해군 태실지에 나뒹구는 석물. 광해군 태실은 혹독히 파괴된 채 대구시 북구 연경동 뒷산에 미복원 상태로 남아 있다.

단아한 모양새에 우유빛을 띠는 광해군의 태항아리

16. 인조

16대 임금 인조의 태실은 문헌에 따르면 정토사 앞 봉우리로 전해진다. 그러나 어디인지는 아직 확인되지 않았다.

반정을 일으켜 등극한 임금인 중종은 직계손이므로 태실이 있다. 하지만 인조는 방계손이므로 태실이 없을 가능성이 높다. 〈인조실록〉에도 왕명에 의해 설치하지 않은 것으로 기록되고 있다.

하지만 정토사 앞 봉우리에 태실이 있다는 기록도 함께 전해지고 있어 유무가 확실하지는 않다.

17. 효종

17대 임금 효종의 태실은 지금까지 알려진 바 없다. 효종은 인조의 둘째 아들(첫째 아들은 소현세자)이었다. 소현세자가 의문의 죽음을 당하자, 둘째 아들인 봉림대군(효종)이 왕세자로 책봉됐다.

광해군 재위 기간인 1619년에 태어났으므로 태실이 없을 가능성이 높다.

18. 현종 태실

18대 임금 현종의 태실은 충남 예산군 신양면 황계리에 위치하고 있었다.

그러나 도굴로 인해 산자락에 태석으로 보이는 석재들이 나뒹굴고 있다. 태석으로 추정되는 돌들이 민가의 마당에 방치돼 있는가 하면, 숲속에서 발견되기도 한다. 주민들의 증언에 의하면 이웃한 한전리 무봉의 뚝에도 태석이 묻혀 있다고 한다. 일부는 건국대 교정으로 옮겨지는 등 태실의 석재들은 뿔뿔이 흩어졌다.

현종은 효종의 둘째 아들이고, 모후는 인선왕후다. 효종은 1659년 청나라 수도 심양의 심양관에서 출생했다. 효종은 인조의 둘째 아들이었고, 첫째 아들은 소현세자였다. 병자호란 때 소현세자와 효종(봉림대군)은 심양에 볼모로 끌려갔다.

이곳 황계리는 원래 대흥군 원동면 지역이었다. 황계리 동쪽에 있는 산에 현종의 태를 묻었는데, 숙종 7년(1681년)에 다시 태실을 정비하고 이 산을 태봉이라 이름했다. 당시 대흥현을 군으로 승격시켰다.

현종의 태봉 주변에 나뒹구는 태석. 도굴로 인해 산자락에 태석으로 보이는 석재들이 나뒹굴고 있다.

19. 숙종 태실

　19대 임금 숙종의 태실은 충남 공주시 태봉동 산64-1에 있다. 1661년 숙종이 태어났을 때 현 위치에 태를 묻고, 훗날 왕위에 즉위하자 왕의 태실로 승격하여 새롭게 조성했다.

그 과정을 기록한 2기의 태실비가 1661년(현종 2년)과 1683년(숙종 9년)에 각각 건립됐다.

　그 후 일제강점기에 숙종의 어태는 경기도 고양시 서삼릉으로 이장되었고, 지금은 2기의 비석만이 남아 있다. 한때 태실비가 훼손되어 비신과 비좌가 훼손되었던 것을 공주시에서 조립하여 세워놓았다. 충청남도 문화재자료 제 321호.

　현종 때 세워진 아기비는 규모가 작으며, 비대만을 갖춘 간략한 형식이다. 비의 좌대는 방형으로 2분 해서 중앙에 연화를 배치했다. 비의 높이는 159㎝이고, 비신의 폭은 54㎝이며, 두께는 15㎝이다. 좌대는 높이 50㎝, 폭 93㎝, 너비 59㎝이다.

　숙종 대에 건립된 태실비는 귀부와 이수를 갖추고 있다. 귀부는 단일 석재로 만들었으며, 배면에는 6각의 귀갑문으로 완전히 채웠다. 윗면 중앙에 장방형의 비좌를 만들었다.

　귀부의 머리는 짧은 목에 머리를 왼쪽 위로 틀어 올렸다. 크기에 비해 몸 전체가 높은 편이다. 비의 크기는 총 높이 188㎝, 폭 62㎝, 높이 31㎝이고, 귀부는 길이 210㎝, 너비 120㎝, 높이 105㎝이다. 1683년에 건립한 비석에는 장수를 상징하는 거북을 조각했다.

　비석의 명문을 보면

'아기비'는 〈前面:順治十八年八月十五日卯時生元子阿只氏胎室, 後面:順治十八年十二月二十五日辰時立〉
(전면:순치십팔년팔월십오일묘시생원자아기씨태실, 후면:순치십팔년십이월이십오일진시립)

이라 되어 있다.

'가봉비'는 〈前面:主上殿下胎室, 後面:康熙二十二年十月十五日建〉
(전면:주상전하태실, 후면:강희이십이년십월십오일건)

으로, 아기태실의 조성은 현종 2년(1661년)에 있었고, 태실의 가봉은 숙종 9년(1683년)에 이루어졌다.

일제강점기에 고양시 서삼릉으로 이장된 숙종의 어태를 담은 태항아리.

숙종 태실은 한때 태실비가 훼손되어 비신과 비좌가 훼손되었던 것을 조립하여 세워 놓았다.

20. 경종 태실

20대 임금 경종의 태실은 충북 충주시 엄정면 괴동리 산 34-1에 위치해 있다. 충청북도 지방유형문화재 제 6호다.

경종의 태실은 숙종의 왕자로 탄생한 이듬해인 숙종 15년(1689년)에 이곳에 안치되었다. 경종이 일찍 죽자, 영조는 선왕의 태실을 웅장하게 꾸미고 태실비를 세워 수호 군사 16명이 지키게 했다. 3년마다 안위제도 지냈다.

비석의 명문을 살펴보면, 아기태실의 조성은 숙종 15년(1689년)에 이루어지고, 태실의 가봉은 영조 2년(1726년)에 있었음을 알 수 있다

이곳 태실은 순조 31년(1831년) 도굴 당했다. 이후 조선총독부는 태실의 관리와 유지가 어렵다는 이유로 1929년 조선왕조의 태실들을 경기도 고양시 서삼릉으로 옮겼으니, 경종 태실도 이때 태항아리를 꺼내가 석물은 흩어지고 태실비만 남았다. 1976년에 충주시에서 태실을 복원했다.

태봉 정상에는 완전한 형태의 태실과 아기태실비, 가봉태실비가 각각 1기씩 잘 정비되어 보존되고 있다. 태실은 보주형연엽개첨석, 중동석, 방형대석, 난간석, 팔각첨석 등을 갖추고 있다.

태실의 형태는 석조로 8각의 형태를 만들어 돌 난간을 두르고, 그 가운데 4각의 하대석을 놓고, 그 위에 8각의 상대석을 얹었다. 별다른 장식은 없으며 구형의 태실이 있다. 8각의 옥개석 낙수면에는 합각 머리를 뚜렷이 나타냈다.

정상에 보주만 조각한 8각 원당형의 부도식 태실이다. 태실 앞에는 강희 28년(1689년)에 세운 원자아기씨 태실비와 옹정 4년(1726년)에 세운 경종대왕 태실비가 서 있다.

비석의 명문을 살펴보면,

> '아지비'는 〈前面:康熙二十七年十月二十八日酉時生元子阿只氏胎室, 後面:康熙二十八年二月二十日立〉
> (전면:강희이십칠년십월이십팔일유시생원자아기씨태실, 후면:강희이십팔년이월이십일립),
> '가봉비'는 〈前面:景宗大王胎室, 後面:雍正四年九月初八日建〉
> (전면:경종대왕태실, 후면:옹정사년구월초팔일건)

으로 아지태실의 조성은 숙종 15년(1689년)에 이루어지고, 태실의 가봉은 영조 2

년(1726년)에 있었음을 알 수 있다.

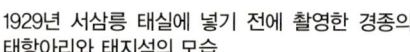

경종 태실은 일제강점기에 조선왕조의 태실들을 고양시 서삼릉으로 옮길 당시, 태항아리를 꺼내어 석물은 흩어지고 태실비만 남았었다. 그러다가 충주시에서 태실을 복원했다.

1929년 서삼릉 태실에 넣기 전에 촬영한 경종의 태항아리와 태지석의 모습.

21. 영조 태실

21대 임금 영조의 태실은 충북 청주시 상당구 낭성면 무성리 산 6-1 번지에 옛 모습으로 복원돼 있다. 이곳은 영조(1724~1776년)의 태를 봉안한 태실이 있던 곳이다.

영조 태실은 충남 공주에 있는 숙종의 태실을 모방해서 영조 5년(1729년)에 만들었다. 태실의 형태는 중앙에 2단으로 된 정사각형의 대리석 위에 계란 모양의 태실석과 팔각의 처마돌을 놓았다. 주위에 8개의 장대석을 놓고, 팔각의 모서리에는 우주석을 세웠다.

규모는 1곽 10평으로 중앙에 2단으로 된 정방형의 대리석 위에 계란 모양의 태실석과 팔각의 갓처마돌을 놓았다. 그리고 그 주위에 8개의 장대석을 놓고, 팔각의 모서리에는 우주석을 세웠다.

태실 앞에는 귀부 위에 비신을 세우고, 이수 상단에 조각한 태실비를 세웠다. 비신의 앞면에는 '주상전하태실'이라 쓰여 있다. 뒷면에는 '옹정 7년 10월 14일'이라 쓰여 있다.

이 영조 태실은 조선조 말기까지 나라에서 8명의 수호군을 두어 관리하였으나 일제강점기에 어태가 고양시 서삼릉으로 옮겨지자 크게 파손됐다. 이후 태실 자리에 민묘가 들어섰고, 태실비는 동민들이 마을로 옮겨 세웠다.

외항아리와 내항아리의 형태는 숙종의 태항아리와 비슷하지만, 뚜껑의 형태에서 다소 차이를 보인다. 제작 시기는 1695년이다.

1982년 청원군에서 갓처마돌이 없는 상태로 복원했다. 청원군에서 소장하고 있는 '태실가봉의궤'는 충청북도 유형문화재 제 170호로 별도로 지정되어 있다.

비의 명문을 보면,

> '아지비'는 〈前面 : 康熙三十三年九月十三日寅時生王子阿只氏胎室, 後面 : 康熙三十四年五月二十八日立〉
> (전면 : 강희삼십삼년구월십삼일인시생왕자아기씨태실, 후면 : 강희삼십사년오월이십팔일립),
> '가봉비'는 〈前面 : 主上殿下胎室, 後面 : 雍正七年十月十四日建〉
> (전면 : 주상전하태실, 후면 : 옹정칠년시월십사일건)

으로 아지태실의 조성은 숙종 21년(1695년)에 있었고, 태실의 가봉은 영조 5년(1729년)에 이루어졌다.

충남 공주에 있는 숙종의 태실을 모방해서 만들어진 영조의 태실. 조선 말기까지 8명의 수호군을 두어 관리했다.

영조의 태항아리. 외항아리와 내항아리의 형태는 숙종의 태항아리와 비슷하지만, 뚜껑의 형태에서 다소 차이를 보인다.

22. 정조 태실

정조는 사도세자와 혜경궁 홍씨 사이에 태어난 맏아들로, 아버지의 죽음으로 인해 험한 일들을 많이 겪어야 했다. 그러나 정조는 조부인 영조의 탕평책을 이어받아 당론의 조화를 이뤘다. 그리고 규장각을 통한 문화 사업을 활발히 펼쳐 실학을 크게 발전시켰다.

22대 임금 정조의 태실은 영월군 하동면 정양리 태봉 근처에 위치하고 있었다. 지금도 태봉 기슭에는 태석 일부가 매몰되어 있다. 일제강점기인 1929년 어태를 고양시 서삼릉으로 옮겨가면서 태실의 석물은 방치됐다. 이후 정조의 태실은 여느 태실처럼 무참하게 파괴되어 버렸다.

더구나 이곳에 1936년 영월화력발전소가 건립되면서 태봉의 일부가 깎여 사라졌다. 태실의 동편에 위치해 태봉의 안위와 수호 역할을 맡던 수호사찰 정양사는 없어졌고, 태봉 아래 정양리 주민들도 산지사방으로 대부분 흩어졌다. 1950년 한국전쟁 이후에는 석회비료 광산의 개발로 더욱 파괴되고 매몰됐다.

1967년 영월군 종합개발위원회가 석물과 태실비를 수습하고 태석들을 거두어 들였다. 영월읍 금강공원으로 옮겨져 지금과 같이 복원되었다. 1995년 강원도 유형문화재 제 114호로 지정됐다.

외항아리에는 C자형 고리가 4개 달려 있는데, 고리와 접합 부분을 눌러서 처리했다. 외항아리 뚜껑 상면에 2줄의 음각선이 들어가 있다. 내항아리와 외항아리는 유사한 형태를 띠고 있다.

태실비의 명문을 살펴보면,

> '아지비'는 〈後面 : 乾隆十八年正月二十一日立〉
> (후면 : 건륭십팔년정월이십일일립),
> '가봉비'는 〈前面 : 正宗王胎室, 後面 : 嘉慶六年十月二十七日建〉
> (전면 : 정종왕태실, 후면 : 가경육년십월이십칠일건)

으로, 아지태실의 조성은 영조 29년(1753년)에 있었고, 태실의 가봉은 순조 원년(1881년)에 이루어졌다. 대한제국이 성립되자 고종 34년(1899년)에 정종이라는 묘호를 정조의황제(正祖宜皇帝)로 고쳤다.

정조 태실은 무참히 파되됐으나, 석물과 태실비를 수습하고 태석들을 거두어들인 뒤 영월읍 금강공원으로 옮겨진 후 지금과 같이 복원되었다.

정조의 태항아리. 외항아리에는 C자형 고리가 4개 달려 있다.

23. 순조 태실

23대 임금 순조의 태실은 충북 보은군 내속리면 사내리 산 1-1에 있다. 도지정 유형문화재 제 11호이다.

순조의 태는 정조의 둘째 왕자로 태어났을 때 이곳에 안치됐다. 그러다가 순조가 왕위에 오른 후 1806년(순조 6년)에 왕의 태실로서 석물을 갖추고 태실비를 세웠다. 1929년 조선총독부에서 태항아리를 고양시 서삼릉으로 옮겨 가고, 지금은 석비와 석조물만 남아 있다.

태실의 형태는 8각을 기본으로 한 부도(승려의 사리탑) 모양을 하고 있다. 주변에는 8각의 돌난간을 둘러놓았다. 앞에는 거북 모양의 받침돌과 용을 새긴 머릿돌을 갖춘 태실비가 있다.

태실의 형태는 정조의 태실과 유사하고, 거의 완전한 형태로 남아 있다. 태실비는 가봉비로 아기비는 없다. 그리고 법주사 경내에는 하마비와 화소비가 있다. 태봉의 서편에는 금표비가 세워져 있다.

외항아리는 직립한 형태로 목이 길다. 동체부 중앙에는 삼각형에 가까운 고리가 4개 달려 있다. 뚜껑은 손잡이가 달리고, 손잡이 목에는 원형의 구멍이 뚫려 있다.

태실을 봉안한 후 이 산을 태봉산이라 이름했고, 보은현은 군으로 승격시켰다.

☞ 하마비(下馬碑) – 신성한 곳이니 말에서 내려서 걸으라고 표시된 비석.

태실비의 명문을 살펴보면,

〈前面 : 主上殿下胎室, 後面 : 嘉慶十一年十月十二日建〉
(전면 : 주상전하태실, 후면 가경십일년십월십이일건)

으로, 순조의 아지태실은 정조 14년(1790년)에 조성되고 가봉은 순조 6년(1806년)에 이루어졌다. 순조는 고종 34년(1899년)에 순조숙황제로 추존되었다. 이는 '조선왕조실록' 중 순조 6년 10월20일 기록에서 알 수 있다. '보은현에서 태실을 가봉하는 역사를 마쳤다고 하니, 현을 군으로 승격시켰다'는 기록이 남아 있다.

순조 태실은 정조의 태실과 유사하고, 거의 완전한 형태로 남아 있다. 8각을 기본으로 한 부도 모양이다.

일제강점기에 고양시 서삼릉으로 옮겨간 순조의 태항아리.

24. 헌종 태실

24대 임금 헌종의 태실은 충남 예산군 덕산면 옥계리 명월봉에 위치한다. 옥계 저수지의 풍광이 훤히 내려다보이는 태봉산의 헌종 태실은 역대 임금들의 태실 가운데 비교적 온전한 형태를 갖추고 있다.

1827년 태어나 8세의 어린 나이로 등극한 헌종은 재임중인 1847년에 자신의 태봉지를 단장했다. 당시 태봉지 조성에 대한 안태사 이지연의 보고용 그림과 실록의 기록은 서울 규장각에 있는 '원손아기씨안태등록'에 자세히 나와 있다.

그러나 태실지에는 헌종의 장태일과 가봉일을 알 수 있는 아지비와 가봉 비신이 없다. 이 태실은 일제강점기에 고양시 서삼릉으로 태항아리를 이장하고 난 뒤, 태실 석물이 훼손돼 인근의 민가 앞마당과 태봉 곳곳에 흩어지고, 일부 석물은 분실됐다.

다행히 여러 차례 도난의 위기를 맞을 정도로 중요한 태지석은 현재 덕산면사무소에 보관되는 등 복원에 필요한 중요 석물이 남아 있었다.

석물은 정조와 순조의 태실 구조와 비슷한 형태로 기하학적인 문양들이 양각되는 등 뛰어난 예술성이 있는 것으로 평가됐다. 태실 기단과 중동석, 옥개석, 귀부 등이 남아 있고, 태실비의 이수와 비신, 난간석은 이미 사라졌다. 귀부(거북이 모형)는 근엄하고 화려하기보다는 해학적인 모습을 하고 있다.

헌종의 외항아리는 주둥이가 넓고, 목이 긴 형태다. 어깨는 넓게 벌어지고, S자형으로 굴곡이 지면서 좁아진다. 내항아리는 외항아리를 축소한 형태다.

헌종 태실은 정조와 순조의 태실 구조와 비슷한 형태로 기하학적인 문양들이 양각되는 등 뛰어난 예술성이 있는 것으로 평가되고 있다.

일제강점기에 고양시 서삼릉으로 이장된 헌종의 태항아리.

25. 철종 태실

25대 임금 철종은 전계대원군의 셋째 아들로 1849년 대왕대비 순원왕후의 명으로 궁중에 들어와 덕완군에 책봉되었다. 1850년 19세로 헌종의 뒤를 이어 즉위했다.

'강화도령 이원범'으로 유명한 철종의 태실지는 강원도 영월군 영월읍 신일리의 망산이라고 전해지고 있다. 1985년 문화재관리국(지금의 문화재청)의 고증에 의해 철종의 태실로 판명되었다. 그러나 철종의 태를 언제, 어떻게 여기에 안치하게 되었는지 알 수 없다.

현재 태봉에는 태실을 덮었던 개석 1개와 1895년(철종 10년)에 세운 금표비가 남아 있을 뿐이다.

이곳을 둘러보면, 첩첩산중 안에 사방이 훤하게 탁 트인 명당 자리다. 사방을 바라볼 수 있으므로 '망산'이라고 했다. 풍수지리학적으로 보면 이웃한 빙허루에

철종 태실지에 방치돼 있는 개석. 철종 태실지에는 개석 1개와 금표비 만이 남아 있다.

서 크게 굽이쳐 내려온 기맥은 태봉에 이르러 다시 한번 승천한다고 한다. 또 굽이치는 용의 형상은 수려하다는 것이다.

철종 태실지는 아직 문화재로 지정돼 있지 않다.

26. 고종 태실

26대왕 고종은 흥선대원군 이하응의 둘째 아들로 1852년 태어났다. 익종의 대통을 계승하고, 철종의 뒤를 이어 즉위했다.

임금의 적자가 아니므로 태실이 없을 가능성이 높고 조사된 바도 없다. 만약 있다면 선조의 태실처럼 형식적인 태실일 가능성이 매우 높다.

27. 순종 태실

27대 임금 순종의 태실은 충남 홍성군 구항면 태봉리에 있었다. 하지만 일제강점기에 어태를 서삼릉으로 옮겨간 뒤 석물들이 흩어져 사라졌다.

서삼릉 태실에서 출토된 순종의 지석 내용과 규장각에 소장된 '원자아기씨안태등록'을 통해 아기태실의 조성이 1874년 6월 8일에 있었음을 파악할 수 있다. 순종이 1907년에 즉위하였으므로 태실은 가봉되지 않았을 가능성이 높다. 순종이 즉위한지 3년 후에 일제강점기가 시작되었던 것이다.

현재 석함의 개석만이 주변에 있는 구항초등학교로 옮겨져 있다. 서삼릉 태실에서 출토된 순종 지석의 내용과 규장각에 소장된 〈원자아기씨안태등록〉을 통해 아기태실의 조성이 1874년 6월6일에 있었음을 파악할 수 있다.

외항아리의 어깨 부분은 배가 부르며, 형태가 약간 특이하다. 고리는 C자형으로 동체부 하단에 달려 있다. 뚜껑은 넓은 접시를 엎어놓은 형태로 구멍이 4개 뚫린 손잡이가 달려 있다. 이장 시기는 1929년이다.

순종과 순종효황후

구항초등학교로 옮겨져 국기게양대의 지주로 쓰이던 순종 태실지의 태석. 일제강점기에 어태를 서삼릉으로 옮겨간 뒤 석물들이 사라졌다.

어깨 부분은 배가 부르며, 형태가 약간 특이한 순종의 태항아리.

성종 태실은 왜 창경궁 안에 있을까?

 창경궁에 가보면, 장서각 자리에서 춘당지 방면으로 내려가는 길목에 성종 태실비가 있다. 궁궐이라는 공간에서 만나는 '태실'이란 것도 어색하거니와 그것도 왜 하필이면 성종의 태실이 여기에 와 있는 것일까?
상태가 가장 좋은 성종 태실 하나만을 골라 석물 일체를 창경원 쪽으로 옮겨온 것이다.
 국왕의 태실로는 드물게 경기도 지방에 있던 성종태실비가 이왕직(李王職)의 손을 거쳐 이곳 창경원으로 옮겨졌다. 그때가 바로 1929년이었다. 안내문에는 흔히 1930년 5월에 옮겨온 듯이 소개하고 있으나, 이는 잘못이다.

창경궁 안에 남아 있는 성종 태실. 조선왕의 역대 태실 가운데 보존 상태가 가장 좋은 성종 태실 하나만을 골라 석물 일체를 창경원 쪽으로 옮겨온 것이다.

원래 경기도 광주시 경안면 태전리에 있던 성종 태실을 창경원으로 옮긴 것은 1929년의 일이었다. 〈매일신보〉 1928년 9월 10일자에는 구태여 그 무거운 석물들을 옮겨온 까닭을 설명해주는 기사 하나가 남아 있다. "태봉에 암장시(暗葬屍)가 뒤를 이어 발견됨을 따라 이왕직에서는 황송함을 견디지 못하여 앞으로는 그 같은 일이 없게 하고자 신중히 협의한 결과, 역대의 태봉 중에 가장 완전하며, 가장 고귀하게 건설되었다는 광주에 뫼신 성종의 태봉의 모든 설비를 그대로 옮겨다가, 석물이고 건물이고 한결 같이 창덕궁 뒤 비원에다가 꾸며놓고, 전문 기사를 시켜 연구케 하는 중이라는데, 새로 이 건설되는 태봉은 성종 태봉을 표본으로 경중히 뫼실 것이라 한다."

 전국 각처에 흩어진 태항아리의 수습 사실을 적고 있는 〈매일신보〉 1928년 9월 10일자 기사다. 기사의 왼쪽에는 성종 태실이 표본으로 선정되어 비원으로 옮겨졌다는 소식도 담고 있다. 그 무렵에 이왕직에서는 전국 각처에 흩어진 왕실 태항아리를 수습하여 서울로 옮겨오던 중이었다.

'매일신보' 1928년 9월 10일자 기사. 성종 태실이 표본으로 선정되어 비원으로 옮겨졌다는 소식을 담고 있다. 이왕직에서 전국 각처에 흩어진 왕실 태항아리를 수습하여 서울로 옮겨오던 무렵이다.

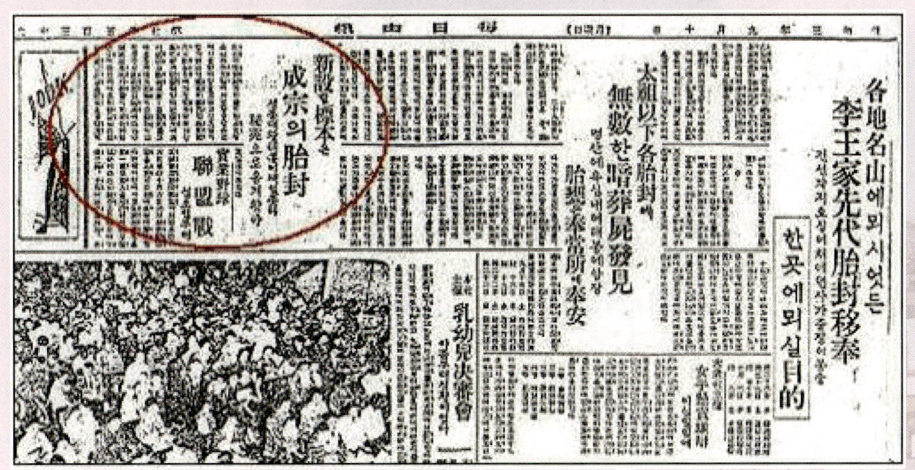

그런데 당시 태실의 석물들은 현지에 내버려둔 채 태항아리만을 수습해 왔다. 그 온전한 모습을 보전하기 힘드니까 그 중에 상태가 가장 좋은 성종 태실 하나만을 골라 석물 일체를 창경원 쪽으로 옮겨온 것이다. 그 시절에 수습되어 온 왕실의 태항아리는 우선 시내 당주동 128번지의 이왕직봉상소(李王職奉常所)에 임시 봉안되었다가 이듬해 봄에 모두 서삼릉으로 옮겨지는 과정을 거쳤다.

세월이 흘러 창경원은 다시 창경궁이 되었고, 이왕가 박물관은 사라진지 오래였다. 이제 성종 태실은 딱히 오갈 데 없는 신세가 되고 말았다. 그나저나 이 성종 태실이 더 이상 궁궐 안에 머물러야 할 이유는 없는 것 같다.

성종 태실이 창경원으로 옮겨진 1929년 무렵의 창경원. 벚꽃이 흐드러지게 만발해 있다.

연산군 태실지가 발견되다!?

「파주 축현리 태실과 연산군 태봉의 연관성에 관한 고찰」이라는 논문이 실린 '파주연구' 제 9호.

연산군 태실은 어디로 갔을까?

(고양시 문화관광해설사 박소연)

  조선의 임금 중에 태실이 밝혀지지 않은 사람은 누가 있을까? 재위한 27대의 임금 중에 연산군, 인조, 효종, 고종의 태실이 아직 확인되지 않았다.
  성종의 큰 아들로 왕위에 등극한 연산군의 태봉은 분명 조성되었을 것인데 확인이 안되었다. 그런데 최근 연산군 태실에 관한 반가운 논문이 한 편 나왔다. 경기도 파주시 탄현면 축현리에 있는 태실이 연산군 태실로 추정된다는 차문성「파주 축현리 태실과 연산군 태봉의 연관성에 관한 고찰」이라는 논문이〈파주연구〉제 9호(2015년)에 발표된 것이다. 차문성 파주문화원 연구원은 축현리 태실의 위치와 누구의 태가 묻혔는지에 대해 관심을 갖고 지표조사를 하던 중 놀라운 발견을 한 것이다.

축현리 태실은 도굴된 상태로 1982년에 매장문화재로 신고가 되어 발견되었다. 당시 국립문화재연구소측에서 석함의 주인을 모른 채 태함만 수습해갔고, 현재 태실 석함의 옹석(甕石)은 국립중앙박물관 야외전시관에 전시되어 있다.

먼저 9대 임금 성종, 10대 연산군, 11대 중종 대의 장태 상황을 살펴보자. 조선왕실에서 태실을 조성할 때는 대부분 풍수가 좋은 하삼도(충청도 전라도 경상도)에서 길지(吉地)를 찾았으나, 성종의 태실은 경기도 광주시 태전동에 조성됐다.

그후 〈조선왕조실록〉의 성종 7년(1476년) 11월 28일 기록을 보면,

'대길한 응험이 없으니, 풍수의 설은 허탄하다고 할 수 있다 하였으니, 그 안태할 만한 땅을 경기에서 고르도록 하라'고 어명이 내려졌다.

성종의 둘째 아들 중종의 태실이 경기도 가평군 가평읍 상색리에 있는 것도 '태실을 경기에서 고르도록 하라'는 성종의 어명과 연관성이 높다.

당시의 이런 상황으로 미루어 보아 1476년 11월 7일 태어난 성종의 큰 아들 연산군의 태실은 경기도 파주에 조성했을 가능성이 높은 것이다.

이를 증명하듯 1750년대의 〈해동지도〉를 보면 현재의 파주시 탄현면에 태봉의 위치가 나와 있는데, 월롱산으로 이어진 줄기에 '胎峰'(태봉)이란 글씨가 뚜렷이 보인다.

이와 함께 1851년의 〈대동여지도〉에는 월롱산에서 이어진 줄기에 '축현리'라는 글자가 쓰여 있어 지도상의 '태봉'이 바로 축현리 태봉인 것을 알 수 있다.

「파주 축현리 태실과 연산군 태봉의 연관성에 관한 고찰」이라는 논문을 읽고 엉덩이가 들썩여서 참을 수가 없었다. 그러다가 2016년 3월 5일 파주문화원 향토연구소 연구위원 5명과 함께 현장 답사를 가보았다. 과연 확실한 근거가 있는 것일까 반신반의하며 현장을 찾았다.

축현리 태실은 덕흥대원군 집안 소유로 축현리 산 96-1번지 태봉골에 있다.

이곳에는 무덤이라고는 아무리 봐도 진성군(珍城君 1595 ~ 1655년)의 묘소 밖에 안보이고 주변은 야산이다. 이 일대는 관리 부실로 황폐화되어 있다.
 그런데 차 연구원이 가리키는 곳을 보니 문석인(文石人)이 엎드려 있다. 이곳이 태실지였다는 것을 모르는 사람이면 그냥 지나칠 만큼 땅속에 묻혀 있다. 연산군이 폐위되면서 태실도 파괴된 것이라 추정된다.

☞ 문석인(文石人) – 능 앞에 세우는 문관의 형상으로 만든 돌.
☞ 진성군 – 선조의 조카.

 이곳 축현리 태실이 연산군 태봉이었을 것이라는 근거는 왕의 태실을 가봉(可封)했다는 증거가 되는 연엽동자석, 사방석, 상석(裳石)의 일부가 보인다는 점이다. 연엽동자석은 왕의 태봉에만 쓰이므로 이곳 태실은 연산군, 인조, 효종, 고종의 태실 가운데 하나라는 추정이 가능하다.
 이와 함께 축현리 태실이 연산군 태실이라는 또다른 근거는 이곳의 문석인이 조선 전기에 사용되던 '복두공복' 형식이라는 점이다.

☞ 복두공복(僕頭公服) – 문석인의 형상을 가리키는 말. 문석인이 홀(笏)을 맞잡은 손을 소매 안에 넣고 있는 형상이다.

 문석인은 조선 전기에는 복두공복 형상으로 세워지다가 조선 후기로 가면서 '금관조복' 형상으로 바뀌었다. 이 문석인으로 보아 축현리 태실은 임진왜란보다 앞서 조성된 것으로 판단할 수 있다.
 임진왜란(선조 25년. 1592년)이 발발하기 이전에 즉위한 조선의 역대 임금 가운데 태실지가 발견되지 않는 임금은 연산군이 유일하지 않는가?
 그리고 축현리 태실지에 진성군의 묘가 쓰일 수 있었던 이유는 다음과 같이 유추된다.

  단종이 폐위된 후 단종의 태실은 파괴되고 훼손되었다. 그리고 명당 자리인 단종 태실지에는 다른 사람의 묘가 들어섰다. 마찬가지로 연산군도 폐위된 후 연산군 태실은 파괴되었을 것이다. 그러나 왕의 태실이 있던 이곳은 명당 자리인 만큼, 선조 대에 이르러 진성군이 묘를 썼다고 추론해볼 수 있다.

  축현리 태실과 연산군 태봉의 연관성을 다시 한번 정리해본다.

  첫째, 태봉의 석물이다. 문석인이 복두공복이고, 연엽동자석 등이 보인다. 둘째, 위치다. 성종이 경기도에 태실을 조성하라는 전교를 내렸고, 〈해동지도〉 등 옛 지도에서 현재의 파주시 탄현면 태봉의 위치가 확인된다. 셋째, 시대이다. 진성군묘 이전에 조성된 태실이라는 점이다.

  현재 연산군의 태실 추정지는 덤불에 가려 있고, 석물의 일부만 드러난 채 방치된 상태이다. 우선 더이상 손상되지 않도록 현장 보존이 시급하고, 향후 발굴조사가 이루어져 태함의 주인공이 누구인지 밝혀지기를 바란다.

  파주시 측에서 축현리 태실 등 비지정 문화재에 대해 더욱 관심을 가져주고, 보존 발굴에 나서주었으면 좋겠다. 서울 방학동에는 '연산군묘'(사적 제362호)가 있고, 고양시에는 1994년 발견된 '연산군금표비'(경기도 지방문화재 제 88호)가 있다. 연산군금표비가 발견된지 20여년이 흘렀는데, 파주 축현리 태실이 연산군 태실지라는 것이 확인된다면 무관심 속에서 역사 속으로 사라져간 연산군 관련 유물이 또 늘어나는 것이다.

  폭군이라는 호칭 속에 숨겨져 있는 연산군의 당대를 입체적으로 이해할 수 있는 열쇠가 나왔다고 생각한다.

(※ 차문성 「파주 축현리 태실과 연산군 태봉의 연관성에 관한 고찰」 『파주연구』 2015 인용 작성)

아버지 중종의 애틋한 사연이 담긴 인종 태실

경북 영천시 청통면 치일리 팔공사에 위치한 인종 태실은 조선왕실 태실 중에 그 규모가 가장 크고, 각종 석조물의 장식이 화려하며 웅장하다. 인종이 어떤 왕이었기에 조선 왕실은 이토록 화려한 태실을 조성했는가?

인종은 조선의 12대 왕으로 역대 왕 중에 재위 기간이 불과 9개월 밖에 안 된다. 그러나 후대 사람들은 인종을 성군으로 추앙하여 왕릉은 물론 태실까지도 화려하고 장엄하게 조성했다.

인종은 중종의 장남으로 1520년(중종 15년) 세자로 책봉되어 무려 25년간이나 세자의 자리에 있었다. 그러다가 중종이 죽자, 1544년 조선의 12대 왕으로 즉위했다.

은해사(銀海寺) 전경. 중종은 인종의 태를 팔공산 해안사 뒤편의 명당에 묻게 하고 수호 사찰을 해안사로 정했다. 그리고 절 이름을 은빛 바다라는 뜻의 은해사로 고쳤다.

인종은 성품이 조용하고 욕심이 적었으며, 어버이에 대한 효심이 깊고 형제 간의 우애가 돈독했다.

불행하게도 인종은 태어난 지 6일 만에 어머니 장경왕후 윤씨가 산후병으로 죽는 바람에 세자 시절 수많은 고초를 겪어야만 했다.

세상의 모든 엄마 잃은 아이는 불쌍하다. 그런데 이것이 왕인 경우에는 단지 가여운 정도가 아니다. 생사가 달린 문제가 된다. 조선왕조에서 재위 기간이 짧은 왕들은 대부분 엄마를 잃은 자식들이었다. 태어난지 이틀 만에 엄마를 잃은 단종, 엿새 만에 엄마를 잃은 인종이 그랬다. 반정이 일어나 폐위된 연산군과 광해군도 어릴 때 엄마를 잃었고, 사약을 받고 죽은 장희빈의 아들 경종 또한 재위 1년 만에 세상을 떠났다.

이처럼 왕위에서 쫓겨나거나 갑작스런 의문의 죽음을 맞이한 왕들은 대부분 엄마 없는 자식이었다.

왕에게 있어서 외척은 왕권을 호위하는 가장 큰 방패막이였다. 어머니와 친할머니가 생존해 있는 이상, 임금이 암살될 가능성은 매우 낮아질 수 밖에 없었다. 따라서 엄마 없는 왕들의 갑작스러운 죽음은 많은 의문을 남겼다.

그 중에서도 인종은 당대부터 오늘에 이르기까지 독살의 의혹이 꼬리표처럼 따라다녔다. 인종의 모후인 장경왕후는 인종을 낳은지 엿새 만에 숨을 거두었다. 이후 새 엄마로 들어온 문정왕후는 경원대군을 낳은 이후 인종을 미워하기 시작했다.

중종은 어미의 사랑도 모른 채 자라는 아들이 안타까워 극진한 사랑을 쏟았다. 인종 또한 아버지에 대한 효성이 지극했는데, 중종이 병이 들자 직접 병수발을 했다. 중종이 죽자 인종은 다섯 달 동안 울음소리를 그치지 않은 채 죽만 먹었고, 소금조차 먹지 않았다고 한다.

그런데 인종은 임금으로 즉위한지 7개월 만에 갑작스러운 죽음을 맞이했다. 인종의 죽음 이후 갖가지 의혹이 제기됐다. 왕이 국상 중에 식음을 전폐하고 있으면 왕실의 어른인 대비나 대왕대비가 찾아가 음식을 권하고 잠자리를 돌보아주는 것이 관례였다. 하지만 문정왕후는 이 절차를 생략했다. 원래 몸이 약했던 인종은 국상을 치르면서 극도로 쇠약해져 갔다.

또한 인종에게 자식이 없다는 점을 들어 문정왕후와 소윤 일파는 경원대군을 왕세자로 책봉해야 한다는 여론을 조성해 인종을 압박했다. 아버지를 잃은 슬픔으로 정신이 없는 와중에 인종은 새어머니와 숙부의 등쌀에 극도로 스트레스를 받아야 했다.

이 무렵 저자거리에서는 문정왕후와 윤원형이 절에서 불공을 올려 임금의 수명을 길지 않게 해달라고 비는 것을 보았다거나, 궁중에 나무로 만든 인형을 묻어 요망한 방술을 했다는 유언비어가 나돌았다. 심지어 문정왕후가 인종을 죽이기 위해 독이 든 떡을 주었다는 소문이 돌 정도였다.

그 어느 것이 인종의 죽음과 직접적으로 연결되어 있는지는 확인할 길이 없다. 다만 한 가지 분명한 사실은 인종의 죽음이 어떻게든 문정왕후와 직간접적으로 연결돼 있었다는 점이다.

인종이 오래오래 건강하게 살아가길 바랐던 중종은 인종의 태를 팔공산 해안사 뒤편의 명당에 묻게 했다. 수호 사찰은 주변의 해안사로 정했다. 그리고 절 이름을 은해사로 고쳤다. 은빛 바다라는 뜻의 은해사라는 이름은 극락정토에 비유하여 지어진 것이다.

인종의 태봉은 태실 봉안지의 전형으로 꼽히는 곳이다. 팔공산에 위치한 인종의 태실은 산중 돌혈의 전형적인 형태로, 조선의 왕들 중에서도 가장 큰 규모로 조성되었다.

- 제 5 장 -

태실 : 풍수지리의 대가들이 찾아낸
명당 중의 명당

제 5장 – 태실 : 풍수지리의 대가들이 찾아낸 명당 중의 명당

1. 막중한 임무를 띠었던 태실증고사

조선 전기에는 평상시에 태실증고사(胎室證考使)를 파견하여 좋은 땅을 미리 선정하도록 했다.

태실증고사는 왕실 자녀의 태(胎)를 묻기에 적당한 좋은 땅을 찾기 위해 지방으로 파견한 임시 관원을 가리킨다. 태실증고사는 풍수지리에 전문적인 식견을 지닌 대신 가운데 1명을 임명했다.

풍수는 장풍득수(藏風得水), 즉 감출 장(藏)에 얻을 득(得)자를 써서 바람은 감추고, 물은 얻는다는 뜻이다. 산으로 병풍을 친 경주 양동마을이 장풍(藏風)이라면, 물이 돌아나가는 안동 하회마을은 득수(得水)로 명당의 요건을 갖춘 곳이다.

우리 조상들은 산에 지기가 있고, 지기가 결집하는 곳이 있다고 믿었다. 그래서 중요한 위치를 잡고자 할 때는 풍수지리설에 걸맞는 여러 지역을 고찰한 후에 가장 이상적 환경으로서의 길지를 선호했다.

한양이 그 좋은 예다. 한양은 고려 중엽 때부터 당시의 수도였던 개성과 평양에 버금가는 도시로 각광을 받았다. 고려의 31대왕 공민왕은 "남경으로 도읍을 옮기면 열 여섯 나라에서 머리를 조아리며 조공을 받치게 된다"는 설에 남경으로 도읍을 옮기려고 시도하기도 했다.

한양의 산세를 보면, 북악산을 주산으로 하여 낙산, 응봉, 인왕산, 남산이 둘러싸고 있으며, 청계천과 한강이 그 사이를 흐르고, 그 안에 경복궁이 남쪽을 바라보며 자리잡고 있다. 그래서 한양은 풍수지리적으로 천하의 명당으로, 한 나라의 수도로서의 요건을 모두 갖추었다. 뿐만 아니라 현대적 도시 요건으로도 큰 산과 큰 강을 끼고 있어 조금도 손색이 없는 곳으로 평가되고 있다.

태실의 선정에 있어서도 무엇보다 풍수지리설에 근거를 두었다.

태실증고사로 임명된 사람은 주로 당대 최고의 지관들이다. 고려시대에는 승려가 주로 지관 역할을 담당했다. 그러다가 조선시대에는 전국적으로 모든 계층에 풍수가 성행하면서 승려, 유학자, 관료, 평민, 천민 등 다양한 계층 출신의 지관이 생겨났다. 그래서 여러 지역의 마을에는 지관을 소재로 한, 많은 풍수설화가 전승되고 있다.

지관의 역할은 집터나 묘터를 풍수이론에 근거하여 선정하고 평가하는 것이었다. 고려왕조의 지관은 천도지, 이궁지, 사찰지, 왕릉지, 기우제터 등을 선정하는 역할을 했다. 그리고 〈해동비록〉 같은 풍수도참서도 편찬했다. 조선왕조의 지관은 궁궐, 왕릉, 태실 등 왕실 건축물 뿐만 아니라 지방 관아의 입지 선정에도 관여했다.

민간에서 활동한 동네 지관은 주로 장지를 선택해 주고, 매장 과정에서 의식 절차를 주관했다.

태실증고사는 관상감에 속한 상지관(相地官)과 함께 충청도, 전라도, 경상도에 위치한 명당을 찾아다니다가 태봉으로 적합한 장소를 찾으면, 그 지형을 그린 산수 형세도 또는 '태실산도'(胎室産圖)를 왕에게 직접 바쳤다. 태실증고사들은 풍수지리학적으로 한마디로 명당, 즉 길지를 찾아내서 태실지로 추천했다.

〈조선왕조실록〉과 〈태봉등록〉에 의하면 태봉의 조건은 다음과 같았다.

첫째, 들 가운데에 위치한 높지 않은 둥근 봉우리를 택해서 그 정상에 태실을 만들어야 한다. 둘째, 태봉은 산 정상에 내맥이 없는 곳이며, 용호로 비유되는 늠름한 산 2개를 마주보는 위치라야 한다.

태봉 조건에서 용호란 무엇을 뜻하는가? 용(龍)은 상상의 동물로 왕자나 위인, 천자와 같은 위대하고 훌륭한 존재로 비유되었다. 호랑이는 백수의 왕으로 산신령, 산군으로 호칭했다. 용호상박(龍虎相搏)이라는 사자성어가 있는데, 용과 호랑이는 세력이 비등한 두 강자를 의미했다.

즉, 여기에서는 힘차고 늠름한 좋은 산 2개를 의미하는 것 같다. 집터나 묘 자리의 명당 조건에는 명당 앞뒤로 안산과 조산이 있다. 태봉은 이 앞, 뒤 산을 생략하고 좌우에 산세 좋은 두 산을 바라보는 위치라고 할 수 있다.

〈땅이 반듯하고 우뚝 솟아 위로 공중을 받치는 듯하여야만 길지가 된다. 높고 고요한 곳을 가려서 태를 묻으면 수명이 길고 지혜가 있다. 안태서에 이르되, 태실은 마땅히 높고 정결한 곳이라야 한다〉

이 인용문에서 알 수 있듯 산 정상에 안태한다는 것은 '육안태지법'에서 유래된 것이지만, '용호 두 산을 마주 본다'는 조건은 우리나라 고유의 착상으로 보인다. 어떻든 태봉은 높은 곳을 가려서 고요하고 정결한 곳에 왕가의 태를 모신 것으로 보인다.

태실로 정해진 명당들은 거의 대부분이 돌혈(乭穴)에 속한다. 돌혈이란 풍수지리학적으로 분류하는 4가지 혈(穴 유혈, 겸혈, 와혈, 돌혈) 가운데 하나이다. 평지 돌출로 형성된 돌혈은 마치 무쇠솥을 엎어 놓은 형상, 혹은 바다 위에 거북이가 둥둥 떠 있는 형상이다. 마을 명당의 경우 전국에서 일년 내내 관광객이 몰려드는 안동의 하회마을이 대표적인 돌혈에 속한다.

　유혈, 겸혈, 와혈, 돌혈 가운데 왕의 태봉은 부드러운 산세가 이어지다가 갑자기 봉우리가 튀어나오는 돌혈(突穴) 지형이 특히 선호됐다. 이는 산 정상에 집중된 땅 에너지를 보다 빨리 감응 받을 수 있기 때문이라고 풍수전문가들은 설명한다.

　태실은 죽은 자를 위한 공간이 아니라 산 자를 위한 공간이었다. 그렇기 때문에, 바위가 많은 악산(岳山)보다 산세가 부드럽고 흙이 많은 산이 길지(吉地)로 꼽혔다. 즉, 산 자의 태를 '생동하는 땅'에 묻음으로써 그 기운을 태의 주인에게 전달하는 파이프 역할을 한다고 믿은 것이다.

　경북 예천군 상리면 명봉리 명봉사 뒤편에 있는 사도세자의 태봉도 손꼽히는 명당이다. 소백산이 태백산을 만나 궁합을 이루어내는 품 넓은 산자락에는 길지가 많기로 알려져 있다. 그 산자락, 봉황의 울음소리가 들린다는 명봉산이 명산임은 두말할 나위가 없다.

　널찍한 광주리 한가운데 원뿔 모양의 돌 하나를 얹어 놓은 듯한 형상이 모체에서 울음을 터뜨리고 세상에 나온 문과 같다고 할까. 용이 솟아오르는 형국의 산세라고 말할까. 산봉우리 정상에서 명봉산으로 등을 돌리면 앞뒤 좌우의 산들이 울타리처럼 푸근하게 감싸 안아주면서 시원스럽다. 분명히 산이지만, 정상은 평평한 마당 같다.

　태봉지는 조선초기에는 고증사가 전국을 돌아다니며 조사하여 등급을 매겼으나, 임진란 이후에는 지방관으로 하여금 3곳을 추천하게 한 뒤 관상감에서 1곳을 정하게 했다. 현재까지 확인된 태봉은 대부분 조선시대 왕실과 관련된 태실이다. 특히 왕의 태실은 주로 하삼도(충청도, 전라도, 경상도)에 집중되어 있다. 이는

〈조선왕조실록〉중 성종 7년 11월 무진조의 기록으로 확인할 수 있다.

> 「전교하기를, "종전에 안태는 모두 하삼도에다 하였으니, 그 뜻이 어디에 있는가? 풍수학 관원에게 물어보는 것이 가하다" 하니, 풍수학 관원이 아뢰기를, "멀고 가까운 것을 논할 것 없이 길지를 얻기를 기할 뿐입니다." 하였다.
> 　전교하기를, "의지에 이르기를, '일반 사람은 반드시 모두들 가산에다 태를 묻는데, 근래에는 나라에서 땅을 가리는 것이 비록 정결하기는 하나, 대길한 응험이 없으니, 풍수의 설은 허탄하다고 할 수 있다' 하였으니, 그 안태할 만한 땅을 경기도에서 고르도록 하라"고 하였다.」

그래서 성종의 태실과 중종의 태실은 경기도 지방에 안태되었다.

특히 중종 대에 이르러서는 태실증고사를 지방에 파견하는 데 따른 백성들의 폐해가 심하다는 신하들의 의견에 따라, 가능하면 한양에서 가까운 경기도에 태실을 조성하도록 했다. 그리고 태실증고사를 따로 파견하지 않고, 외람된 행동을 하지 않을 상지관을 가려 뽑아 해당 도의 감사와 함께 다니며 태실에 적합한 장소를 선정하게 했다. 〈중종실록 12년 11월 23일〉

그러나 1520년(중종 15년)에는 다시 이행을 태실증고사로 임명해 지방에 파견하기도 했다. 인종 때도 성종의 지침과는 달리 다시 하삼도(충청도 전라도 경상도)에 왕실의 태를 안태했다. 그러다가 정조의 태실이 강원도에 위치하고 있는 것을 제외하면, 다른 모든 왕들의 태실은 충청 이남으로 불리는 하삼도에 위치하고 있다.

그 뒤 선조 대에 임진왜란으로 인해 관상감에 보관해 두었던 태봉 관련 기록이 불에 타 소실되었다. 그에 따라 태봉으로 합당한 곳을 미리 살펴서 등급에 따라 장부를 만들어 두는 일이 필요하게 되었다.

관상감이 아뢰기를 "평상시에 태실증고사를 뽑아 보내 태봉으로 합당한 곳을 살펴보고, 3등으로 나누어 장부를 만들어 두는데, 원자와 원손은 1등으로, 대군과 공주는 2등으로, 왕자와 옹주는 3등으로 태봉을 초계하여 낙점을 받아 태를 저장해 두는 것이 전례입니다.

그런데 난리 이후로는 만들어 둔 장부가 불에 타버렸습니다. 지금 여러 아기씨들의 저장하지 못한 태가 한둘이 아닌데, 오래지 않아 태를 저장하라는 명이 계시면 상고할 만한 자료가 없으니, 지극히 민망스럽습니다.

비록 증고사를 뽑아 보내지는 못하더라도, 각도 도사로 하여금 지리학 관원을 거느리고 태봉으로 합당한 곳을 살펴서 등급에 따라 재가를 받아 장부를 만들어 두었다가 임시하여 아뢰어 사용할 수 있도록 승전을 받드는 것이 어떻겠습니까?" 하니 임금께서 윤허했다고 한다.

이때 선조는 태실증고사를 별도로 임명하지 않고 관상감에 소속된 지리학 관원이 그 일을 담당하도록 했다. 〈선조실록 35년 6월 25일〉

그러다가 숙종 때는 왕자와 공주들의 태를 한 산에 공동으로 묻으라는 어명이 내려졌다. 정조 때에 이르러서는 비원에 왕자와 공주들의 태를 장태하라는 어명이 내려지기도 했다.

2. '태실 찾아 삼만리'에 얽힌 사연들

@ 태실을 조성하는 기본적인 틀을 제공한 태조

태조 이성계는 자신의 태를 묻을 좋은 땅을 찾기 위해 태실증고사 권중화를 지방으로 파견했다. 1393년(태조 2년) 1월 2일, 권중화는 전라도 진동현에서 태를 묻을 길지를 찾은 다음 태조에게 산수 형세도를 바쳤다. 〈태조실록 2년 1월 2일〉

태조는 1월 7일에 다시 권중화를 보내 그곳에 태실을 조성하게 했다. 그리고 당시 완산부에 속해 있던 진동현을 진주로 승격시켰다. 태조의 태실은 조선시대 왕실에서 처음으로 조성된 것으로, 왕실에서 태실을 조성하는 기본적인 틀을 제공하였다.

태실증고사는 전국을 다니며 찾은 태실 후보지를 모두 3개 등급으로 나누어 장부에 기록해 두었다. 태실 후보지를 찾아 그 길함의 정도에 따라 3개 등급으로 나누어 기록해 두었다가, 왕위 계승자인 원자와 원손은 1등급 태봉에 태를 안치했다.

왕비 소생인 대군과 공주는 2등급 태봉, 후궁 소생인 왕자와 옹주는 3등급 태봉에 태를 안치했다. 왕실에서는 태실을 조성할 좋은 땅의 조건으로 높고 정결한 곳을 선호했다.

이러한 조건을 갖춘 들판 가운데 둥근 봉우리를 택해 그 위에 태를 묻어 보관하고, 이를 태봉이라 불렀다. 〈현종개수실록 11년 3월 19일〉

@ 안태사에게 시를 지어 내린 연산군.

연산군은 승지 권주에게 명하여 안태사(왕가의 태를 봉안하던 책임자) 신수근을 제천정에서 전송하고, 직접 시 한수를 지어 내렸다.

무더위 속에서 한양을 떠나 길지를 찾아 먼 길을 가는 것을 위로하고, 몇 달 동안 소식을 듣지 못하겠다는 걱정스런 마음도 전했다. 또한 말이나 안장, 옷이나 신발 또는 약품 등 물건들을 하사하기도 했다. 폭군으로 알려진 연산군도 태실에는 큰 관심을 기울였던 것이다. 그리고 '인간 연산군'의 면목을 엿볼 수 있는 대목이다.

> '짙어가는 더운 기운이 바야흐로 깊어만 가는데, 멀고 먼 장안까지 몇 개의 바다 위 뫼부리던가. 오늘 사람을 시켜 정자 위에서 환송하노니, 몇달 동안 소식을 듣지 못함이 근심스럽구나' 〈연산군일기 1501년 6월 10일〉

성종의 장남인 연산군은 폭군으로 유명하지만, 아름다운 시들도 많이 지었다. 연산군 실록인 〈연산군 일기〉에는 총 117수의 많은 양의 시가 수록돼 있다.

연산군이 남긴 다른 시 한편을 소개한다.

> 〈눈썹은 봄 버들인 양 곱고
> 얼굴은 이슬 머금은 꽃송이처럼 아름답네
> 붉은 입술 속의 흰 이를 드러내어
> 능히 탕부들의 간장을 끊는구나
>
> 품물은 적을지라도 성질은 한결같은데
> 인정의 번복은 헤아리기가 어렵도다

> 윤필상, 이세좌는 탐간 죄로 죽었으니
> 해를 사랑해 따르는 해바라기 부끄러우리
>
> 영화는 초방 벼슬은 은혜로 시작하여
> 소임이 승지니 총애가 번성하다 하겠네
> 순수한 뜻 돌려 도우려는 생각 싫어하지 마오
> 그르치면 면하기 어려워 그땐 패망하리....〉

시인 연산군이 남긴 시구에는 한 구절, 한 구절마다 감수성이 묻어난다.

그러나 '시인 연산군'에 대해서도 평가는 극과 극을 달린다. 그의 뛰어난 문장력을 이야기 하는 경우가 있지만 그것은 비교적 우울증을 앓았으리라 짐작되는 연산군의 섬세한 감수성에 촛점을 맞춘 이야기에 불과하다는 저평가도 설득력을 얻고 있다. 전해 내려오는 그의 몇 가지 문장을 가지고 그의 문장이 뛰어나다 아니다를 평가하는 데는 부족함이 있다는 것이다. 역사의 평가는 언제나 그를 평가하는 가치 기준에 따라 변하기 마련이다. 그저 폭군으로만 받아 들였던 연산군에 대한 새로운 시각이 많이 조명 되고 있으나, 아직 인정받는 학설은 아니다.

@ 태실 조성에 심혈을 기울이다가 고려 중신의 묘를 이장시킨 세종

세종 즉위년 8월, 세종의 태실을 조성하기 위해 태실도감을 설치하도록 청하였고, 진주에 태실을 설치하고 안태했다. 예조의 계율에 따라 태실도감을 설치하고 대제학을 역임한 정이오를 태실증고사로 임명했다. 태실증고사는 태실을 설치할 길지를 택하여 그림으로 보고하였다.

세종대왕은 경북 성주군 월항면 인촌리에 조성되는 17왕자들의 태실에 관해 세심한 부분까지 지시를 내리고, 그대로 시행하도록 지시했다. 당시 태실의 대부분은 대개 돌난간을 둘러 꾸몄다. 그러나 세종은 돌난간을 설치하면, 땅을 파면서 지맥을 손상시킬 우려가 있다는 이유로 설계를 다시 하도록 지시했다. 돌난간을 설치하지 말고, 나무만 사용하여 난간을 만들었다가 썩거든 고쳐서 다시 만들라고 지시한 것이다.

〈태실에 돌난간을 설치하면서 땅을 파서 지맥을 손상시켰으니, 지금 진주의 태실에는 돌난간을 설치하지 말고, 다만 나무를 사용하여 난간을 만들었다가 썩거든 이를 고쳐 다시 만들 것이다. 이를 일정한 법칙으로 삼을 것이다. '세종실록' 즉위년 11월 3일〉

위 기록에서 세종대왕 태실은 처음 가봉하였을 때 나무 난간이었음을 알 수 있다. 이는 2가지 측면에서 바라볼 수 있다. 하나는 가봉된 태실에서 돌난간 형식이 아직 정형화되지 않았다는 것을 보여준다. 또 하나는 백성을 아끼는 세종대왕의 배려일 수도 있다.

아마 전자일 가능성이 높다고 본다. 왜냐하면 조선 국왕 태실의 모범이 되었을 국왕들의 태실에 돌난간이 없기 때문이다.

세종대왕은 태실 조성이 끝나자, 태실도감의 관원들에게 물품을 하사했다. 당시 세종은 태실증고사 정이오에게 털모자, 신발, 약 등을 하사했다. 도제조 김자지에게는 동옷, 털모자, 신발을, 안태사 권규에게는 털옷과 털모자를 주었다.

이렇듯 조선시대 성군 세종대왕은 풍수지리에 각별한 관심을 가졌다. 당연히 세종대왕은 왕자들의 태실 선정에 대해서도 지대한 관심을 기울였다. 그는 지관들을 동원하여 자식들의 태를 묻을 명당을 잡게 해서 1439년 이곳에 태실을 조성한다.

이곳 역시 대단한 명당으로서 원래 임자는 고려 13세기의 인물 이장경이었다. 그는 성주 이씨의 중시조가 될만큼 훌륭한 분이었는데 그의 아들 다섯의 이름 또한 특이하다. 큰아들이 백년, 둘째가 천년, 셋째가 만년, 넷째가 억년 그리고 다섯째가 조년인데 이들 모두 과거에 급제하여 명성을 떨치자, 임금이 그에게 특별히 벼슬을 내렸다.

특히 그의 손자 이승경이 원나라에 들어가 벼슬을 하면서 큰 공적을 세우자, 원나라 황제가 그의 조부인 이장경을 농서군공으로 추봉했다. 성주 이씨를 농서 이씨라고 부르기도 한 것도 이러한 까닭에서였다.

성주 이씨의 중시조 이장경공과 이곳 태실과의 관계에 대해서 전해지는 이야기를 제수천 전 성주문화원장이 들려준다.

> "원래 이곳 태실 자리를 어느 도사가 이장경공에게 잡아 주면서 다음과 같이 말했다. 이곳에 묘를 쓰고 나면 후손들이 잘 될 것이오. 그런데 아무리 후손이 잘 되더라도 재실을 짓거나 묘를 호화롭게 단장해서는 안되오!"

이장경은 이곳에 무덤을 쓰고 과거에 급제했다. 그 후 후손들이 이곳에 성묘할 때마다 묘역이 초라함을 보고, 이곳에 훌륭한 재실을 지었다.

얼마 후 세종대왕의 명으로 지관들이 전국의 명당을 찾아다니다가 이곳에 이르렀다. 그때 마침 갑자기 소나기가 내렸다. 지관들이 소나기를 피하려 뛰어든 곳이 바로 후손들이 지어 놓은 재실이었다.

재실에서 비를 피하다가 얼핏 눈에 띄는 곳을 보니 훌륭한 명당이 보였다. 지관은 그 자리를 임금에게 보고하자, 임금은 이장경의 묘를 옮기게 하고 그 자리를 태실로 만들었다.

제수천 성주문화원장님의 말씀이 아니더라도 '명당 잃은 성주이씨 이야기'는 우리 설화문학에 자주 등장하는 소재로서 널리 알려진 이야기다. 또한 역사적으로 실재한 일이었다. 그러나 이장경의 묘소 자리에 태실을 쓴 것은 아니고, 그리 멀지 않은 곳에 이장경의 무덤이 있었던 듯하다.

세종대왕에게 묘역을 빼앗긴 성주 이씨 이장경 영정

1444년 정월 초하루에 세종대왕은 신하들을 불러 "성주에 있는 왕자들의 태실에서 이장경의 무덤까지 거리가 얼마가 되느냐?"고 물었다.

신하가 "1리쯤 떨어져 있다"고 대답하자 세종 임금은 다시 신하에게 "태실 근처에 오래된 무덤이 있을 경우 길한가 흉한가?"라고 물었다. "태실은 높고 깨끗한 곳에 두어야 한다"고 신하가 대답하자, 임금은 이장경의 묘를 옮기도록 명한다. 이렇게 하여 이장경의 무덤이 옮겨지게 된다.

세종대왕 어진. 세종대왕은 태실 조성에 심혈을 기울인 성군이었다.

@ 세조도 아버지 세종대왕처럼 다른 사람의 묘를 이장시키고 예종의 태를 묻었으니....

　세조 임금의 뒤를 이어 왕위에 오른 임금이 예종(1468-1469년)이다. 예종은 그리 잘 알려지지 않은 임금인데, 재위 기간이 1년 밖에 되지 않았기 때문이다.

　예종은 세조의 둘째 아들이다. 세조에겐 원래 두 아들이 있었다. 맏아들이자 세자로 책봉된 덕종은 약관 20살 때 궁궐에서 낮잠을 자다가 가위 눌림으로 요절을 하고 말았다. 그래서 세종의 둘째 아들인 예종이 왕위에 오른다. 그 예종 역시 재위 1년 만에 스무살의 나이로 세상을 떠난다.

　이렇게 세조의 두 아들 모두가 이십대에 요절한 것을 두고 '어린 조카 단종을 죽인 잔악함을 단종의 어머니인 현덕왕후가 저승에서 보복을 하였기 때문이다'라는 이야기가 전해진다. 인과응보라는 측면에서 바라보면 그럴 듯한 풀이다. 13살의 조카 단종을 죽이고 왕위에 오른 세조였기에....

　아무튼 세조 역시 부왕인 세종대왕 못지 않게 풍수지리에 대한 각별한 관심을 가져 아들인 예종의 태를 묻을 명당을 찾아내라고 지관들에게 지엄한 어명을 내린다. 그리하여 지관들이 전국의 명당들을 찾아 헤매던 중 전주에서 멀지 않은 구이면 평촌리에 있는 명당을 찾아낸다

　그러나 이곳에는 이미 전주 유씨 가문에서 묘를 쓰고 있었다. 그 명당 덕분이었는지 이미 이 집안에서는 진사 8명이 배출되었다. 세조는 이 명당에 쓰여진 무덤을 다른 곳으로 옮기게 하고, 이곳에 둘째 왕자인 예종의 태를 묻는다. 아버지 세종대왕처럼 다른 사람의 묘를 파묘해 가라고 명령한 것이다.

　그 후 태실이 안치된 명당의 뒷산 이름은 태봉산으로 불려지게 되었고, 마을 이름은 태실(태봉)이 된 것이다. 그로부터 몇 백년 후에 세워진 초등학교 이름도 태

봉초등학교로 불려지고 있다.

그렇게 하여 조성된 예종 임금의 태실은 일제강점기에 일종의 민족정기 말살정책의 하나로 강제 철거된다. 그후 태봉초등학교 뒷산으로 옮겼다가 해방 후에 전주 경기전으로 옮겨진다.

태실을 철거한 일본 통치자들은 조선왕조 소유의 이 땅을 개인에게 매각해 버렸다. 매각 계획을 전해들은 전주 유씨 가문에서는 이를 다시 사들인다. 세조에게 빼앗겼던 명당 자리를 몇 백년 만에 다시 찾은 것이다.

@ 부정한 곳에 태를 묻으려한 관찰사를 파면시킨 선조

왕실에서 태를 정결한 곳에 안치하기 위해 얼마나 노력했는지는 선조의 사례를 통해 다시 한번 확인할 수 있다.

명종의 뒤를 이어 선조가 갑자기 왕위에 오르게 되었다. 신하들은 선조의 태를 좋은 자리를 골라 묻어야 한다고 주청했다. 그래서 먼저 강원도 춘천에 태봉을 정하고, 태실을 조성하는 공사를 시작했으나, 그곳이 다른 사람의 태를 묻었던 곳임을 알게 되어 중단하고 말았다.

다시 황해도 강음으로 장태지를 정하고 터를 닦았다. 그러나 근처에서 작은 항아리가 발견되었다. 이때 태실 조성을 감독한 황해도 관찰사 구사맹은 작은 항아리 때문에 또다시 공사를 중단할 수는 없다고 판단하고, 공사를 부랴부랴 마무리하려고 했다.

그러던 중 조정에 이 일이 알려지면서, 구사맹은 불경죄로 사헌부에서 탄핵을 받아 파직되었다. 결국 선조의 태는 다시 깨끗한 자리를 골라 충남 부여군 충화면 오덕리에 안치했다.

왕가의 태실에 손자의 태를 묻고
16년간 육아일기를 쓴 할아버지

　조선 명문가의 사대부 이문건(李文楗 1494-1567년)은 귀한 손자가 태어나자, 큰 모험을 감행했다. 그 탯줄을 잘라 경북 성주군 월항면 인촌리 선석산 서쪽 마을 태봉 아래에 몰래 묻은 것이다. 이 태봉은 세종대왕의 17왕자들 태를 묻은 태실이 있는 곳으로 풍수지리적으로 명당 중에 명당이다.
　왕실의 탯자리에 함부로 태를 묻는 것은 목숨을 건 도박이었다. 손자가 무병장수하고, 손자로 인해 가문이 다시 일어서기를 바라는 간절한 마음이었다.
　만일 왕실의 태봉에 자신의 후손의 태를 묻었다는 사실이 발각되면, 관직을 삭탈 당하고 유배형에 처해질 정도로 아주 엄격한 처벌을 받게 된다. 아니면 참수형에 처해져 목이 잘릴지도 모를 일이었다. 이문건은 손자의 앞날과 자신의 가문의 번창을 위해 목숨을 건 도박을 감행했던 것이다.
　그리고 이문건은 손자가 태어나 성장할 때까지 16년간 직접 기르며 쓴 일기, '양아록(養兒錄)'을 남겼다.
　양아록은 조선시대 사대부가 쓴 유일무이한 현존 최고(最古)의 육아일기이자, 조선시대 출산 풍속, 육아, 자녀교육, 생활상 등을 엿볼 수 있는 소중한 자료다.
　이문건은 1519년 기묘사화 때 조광조를 축출하는 데 앞장섰던 실권자 남곤과 심정의 미움을 받아 친형과 함께 옥사에 연루되었다. 형 이충건은 1521년 유배되어 가는 도중 사망했다. 그리고 이문건은 과거에 응시하지 못하는 형벌을 받았다. 당시에 선비가 과거에 응시하지 못하는 것은 큰 형벌이었다.
　그후 귀양지로 떠난 이문건이 병을 앓던 아들도 잃고, 직접 손자 수봉의 탄생 순간부터 16세까지의 성장과정 등을 시와 산문으로 기록한 일종의 조선 판 육아일기를 써내려갔다. 유배지에서 그는 손자를 직접 기르고, 무려 16년 간 육아의 과정에서 일어난 소소한 일들을 기록으로 남긴 것이다. 이문건은 손자의 이름을 '길하라'는 뜻으로 숙길(淑吉)이라 했고, 후에 숙길은 수봉(守封)으로 이름을 고쳤다.

그의 기록으로 선비가 아이를 직접 키웠다는 다소 충격적인 사실이 밝혀졌다. 그리고 조선시대 아이들이 어떻게 자라고 병치레하고, 교육받고 부모와 갈등을 겪었는지에 대해서도 비교적 소상히 알 수 있게 됐다.

무엇보다 양아록 전체 39편의 일기 가운데 손자의 질병에 관한 기록이 반 정도를 차지한다. 손자 수봉은 이질, 학질, 귓병, 홍역 등 많은 질병에 시달렸다. 그래서 거의 매일 손자의 건강에 대한 걱정이 끊임없던 와중에 손자 수봉이 여섯 살이 되던 해 천연두를 심하게 앓는다. 당시 천연두는 걸리고 나면 치료할 방법이 전혀 없어 열 명 가운데 네다섯 밖에 살지 못할 정도로 사망률이 높은 병이었다. 아들과 딸을 천연두로 잃은 경험은 이문건을 특히 긴장시켰다.

그리고 이 책에서는 조선의 생활상을 실감나게 보여주고 있고, 손자에 대한 할아버지의 끝없는 사랑, 자라는 손자를 바라보는 경이로움, 질병의 위협과 당시의 놀이문화와 음주문화까지 조상들의 숨결이 그대로 담겨 있다.

1567년 이문건은 일흔 넷의 나이로 세상을 떠났다. 이때 숙길의 나이는 스물여섯 남짓했다. 할아버지가 죽고 난 뒤 이름을 수봉으로 고친 숙길은 외가가 있는 충북 괴산으로 옮겨와서 살았다.

왕실의 태실에 태를 묻어 그 정기를 받은 것이었을까? 수봉은 할아버지의 가르침 덕분인지 임진왜란 때 의병을 일으켜 의병장으로 활약했다. 한 남자로서, 한 할아버지로서 핏줄과 손자에 대한 진한 기록을 남긴 이문건의 지극

정성이 효험을 본 것이었을까? 임진왜란이 끝난 뒤 수봉은 조정에서 큰 상을 주려고 했지만, 당연히 할 일이라며 사양한 것으로 전해지고 있다.

최근 성주 이씨 종친회 주관으로 설립된 이문건의 신도비는 충북 괴산군 문광면 유평마을 회관 앞 광장에 세워져 있다.

할아버지가 손자를 키우면서 16년간 쓴 육아일기 '양아록'은 조선시대 사대부가 쓴 유일무이한 현존 최고의 육아일기이자, 조선시대 풍속을 엿볼 수 있는 소중한 자료다.

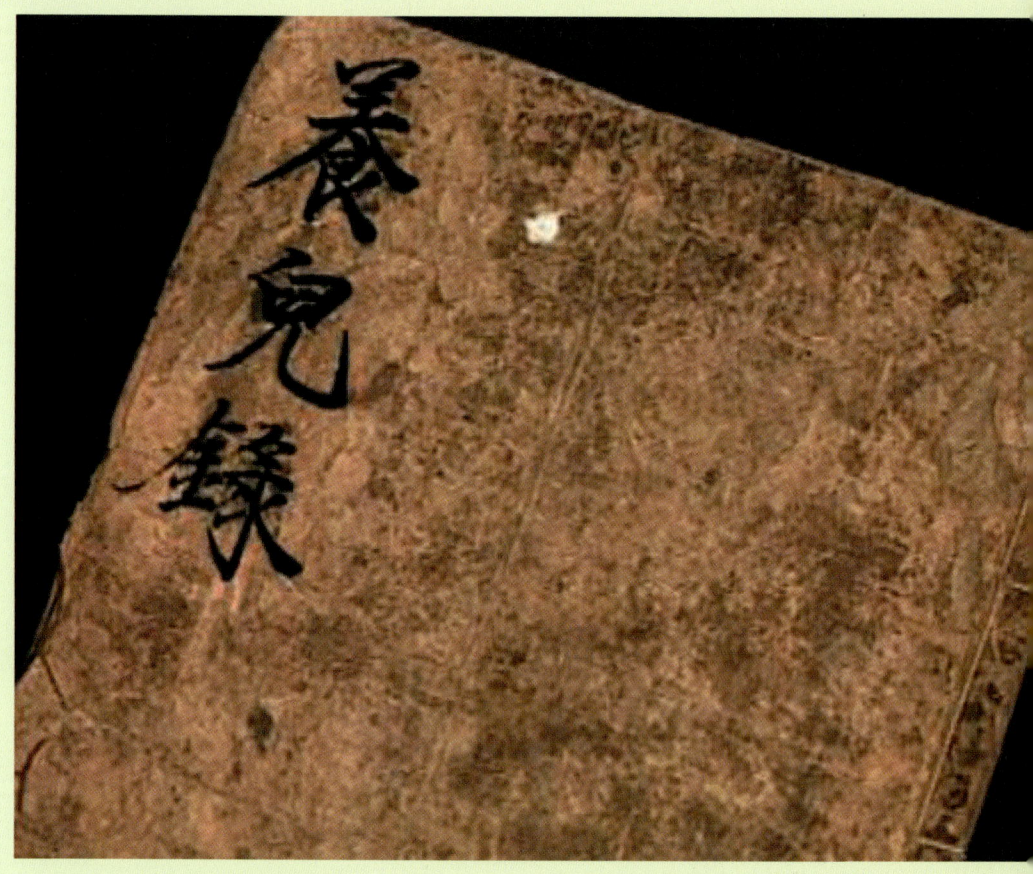

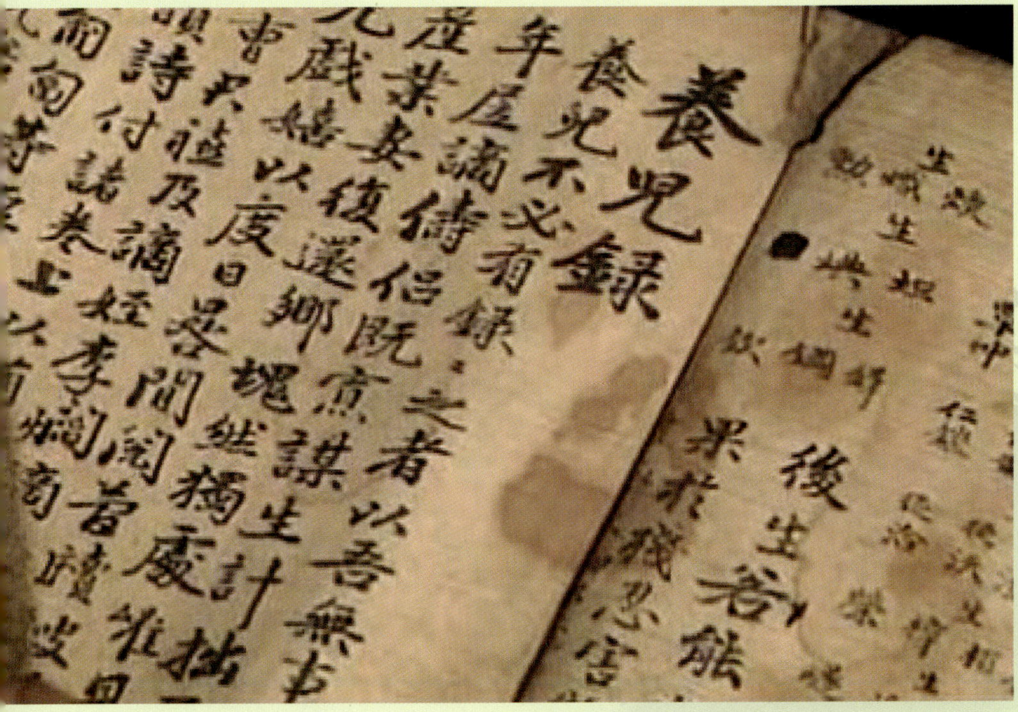

양아록에는 할아버지의 끝없는 사랑과 손자를 향한 할아버지의 숨결이 그대로 담겨 있다.

묵재 이문건. 손자가 태어나 성장할 때까지 16년간 직접 기르며 일기 '양아록'을 써내려 갔다.

- 제 6 장 -
문화유산으로서의 태실

제 6장 – 문화유산으로서의 태실

왕실의 태를 묻었던 태실은 그 자체가 찬란한 문화 유산이다.

특히 태항아리와 지석은 도자기 역사 연구에 결정적인 단서가 된다. 태항아리에 표시된 연대나 여러 명문, 지석에 적힌 정확한 연대를 근거로 도자기의 편년이나 용처 및 도자기 양식의 발달을 규명할 수 있기 때문이다.

우리의 자랑스런 문화 유산으로 남아 있는 태실 문화재들을 알아본다.

1. 국보 제 177호로 지정된 태항아리 : 고려청자보다 감동적인 조선의 분청사기

국보 제 177호 태항아리. 1970년도 고려대학교 구내에서 건축공사를 하던 도중 발견된 유물로 15세기 중엽 인화문 분청사기의 가장 세련된 작품 중에 하나이다.

국보 제 177호. '분청사기 인화국화문 태항아리'는 분청사기로 만든 태항아리로 고려대학교 박물관에 소장돼 있다. 고려대학교 소유 국보다. 15세기 중엽 인화문 분청사기의 가장 세련되고 멋진 작품 중에 하나이다.

분청사기는 14세기 후반부터 제작되기 시작하여 그릇의 질이나 형태 및 무늬의 종류, 무늬를 넣는 기법이 크게 발전되어 그 절정을 이루게 되었고, 조선 도자공예의 독특한 아름다움을 보이게 된다.

분청사기의 특징은 청자나 백자에서는 볼 수 없는 자유분방하고 활력에 넘치는 실용적인 형태와 다양한 분장기법, 그리고 의미와 특성을 살리면서도 때로는 대담하게 생략하고 변형시켜 재구성한 무늬라 할 수 있다.

분청사기는 청자나 백자에서 볼 수 없는 일곱 가지 무늬 기법을 자랑한다. 선이나 면으로 판 뒤 백토를 박아 넣어 무늬를 표현하는 상감 기법, 무늬를 도장으로 찍고 백토를 바른 뒤 닦아내 무늬가 하얗게 나타나게 하는 인화 기법, 철분이 많은 안료로 무늬를 그리는 철화 기법이 대표적이다. 이 항아리는 인화 기법과 상감 기법을 함께 적절히 사용했다.

이 태항아리는 1970년도 고려대학교 구내에서 건축공사를 하던 도중 발견된 유물로서 출토 위치가 뚜렷하다. 발견 당시 엽전 2개가 태항아리 내부에 들어 있었다. 또 고운 흙이 3분의 2쯤 차 있었다.

이 태호는 주로 왕실에서 태를 담기 위하여 사용되었던 것으로 내호(內壺)와 외호(外壺)로 이루어져 있다. 태호는 태지석과 함께 나지막한 산봉우리에 안치되며, 곁에 작은 태비가 세워지므로 도자기사 연구에 중요한 자료가 된다.

내항아리와 외항아리 각각에 뚜껑이 있다. 높이 26.5cm, 입지름 9cm, 바닥 지름

9.5㎝인 내항아리와 높이 42.8㎝, 입지름 26.5㎝, 밑지름 27.6㎝인 외항아리로 되어 있다.

외항아리는 풍만하고, 내항아리는 홀쭉하다. 외항아리의 무늬에는 어깨에서부터 卍자무늬, 연꽃무늬, 국화무늬로 둘렀고, 몸통 전체에 국화무늬를 찍어 놓았다. 몸통 아래 부분에도 어깨 부위와 같은 연꽃 무늬로 띠를 둘렀다. 내항아리는 뚜껑에 육각형 무늬가 있으며, 몸통에는 국화 무늬가 가득 차 있다.

유약은 연한 청색을 띤 회백색의 분청유를 칠했다. 1963년 광주광역시 동구 금곡동 묘지에서 이것과 비슷한 파편이 발굴, 조사된 바 있다. 15세기 중엽 인화문 분청사기의 가장 세련된 작품이다. 이 항아리들은 15세기 중엽 인화문(印花文) 분청사기의 가장 세련된 작품 중에 하나이다.

이 태항아리는 고려대가 불법으로 취득한 유물이기 때문에 국가가 나서서 환수해야 한다는 주장이 나오기도 한다.

최근 국회 교육문화체육관광위원회 국정감사에서 유기홍 의원(민주당)은 "'분청사기 인화국화문 태항아리'는 1970년 고려대 이공계 캠퍼스 공사 중에 발견됐다"며 "1970년 당시 문화재보호법에 따르면 최초 발견자가 누구든 유물은 정부에 신고했어야 하고, 또 국고로 귀속됐어야 한다"고 밝혔다.

유 의원은 "당시 태항아리와 관련된 신고 기록도 없고, 고려대는 캠퍼스 공사를 한 건설사로부터 기증을 받았다고 하는데 문화재청은 경위를 확인하고 환수를 협의해야 한다"고 밝혔다. 유 의원은 "고려대는 문화재보호법이 제정되기 전인 1961년 민간인으로부터 구매해 문제가 없다고 주장하고, 조선왕조 어보 2점도 소장하고 있다"며 "이 어보들은 종묘 신실에 있던 것으로 문화재청은 적극 조사해야 한다"고 주장했다.

'어보'(御寶)는 왕실의 권위를 상징하는 의례용 도색을 말한다.

2. 보물로 지정된 태항아리들

1) 보물 제 1065호 – 백자 태호 내, 외호 및 태지석

조선시대 백자 태항아리로 외항아리는 전체 높이 35.2cm, 항아리 높이 30.6cm, 아가리 지름 19.7cm, 밑지름 14.6cm이다.

내항아리는 전체 높이 25.1cm, 항아리 높이 21.7cm, 아가리 지름 9.0cm, 밑지름 9.2cm, 태지석은 21.0cm×21.0cm×5.7cm이다. 외항아리는 주둥이 부분이 밖으로 벌어져 있으며, 위가 넓고 서서히 좁아지는 모양이다. 어깨 부위 4곳에는 작은 고리가 달려 있다. 뚜껑은 냄비 뚜껑과 같이 생겼다. 꼭지 4곳에 구멍이 뚫려 있는데, 어깨에 있는 고리와 서로 연결해서 고정시키는 역할을 한다.

유약은 잘 녹아 투명하고 광택이 있다. 유색은 회백색으로 가는 빙렬(氷裂)이 나 있으며, 항아리의 굽다리는 안바닥을 깎아 세웠고, 굵은 모래받침을 받쳐 구웠다. 내 항아리는 규모가 조금 더 작을 뿐 외항아리와 거의 같은 형태이다. 이 태항아리들은 16세기 후반 왕실에서 사용하던 조선 백자의 형식과 유약, 바탕 흙을 알 수 있는 중요한 자료다.

태지석은 정사각형 모양의 검은 돌로 항아리들의 제작 연대를 알 수 있는 글이 새겨져 있다. 태지석 윗면에 '皇明萬曆三年四月二十六日卯時生王子·慶龍阿只氏胎 萬曆九年四月初一日癸時藏(황명만력삼년사월이십육일묘시생왕자경룡아기씨

태 만력구년사월초일일계시장)'이라는 해서체의 명문이 음각되어있다. 이 명문을 통하여 왕자 경룡아기씨의 태호로 선조 14년(1581년)에 제작 사용되었음을 알 수 있다. 이것으로 보아 항아리들은 1581년 이전에 만들어진 것으로 추정된다.

보물 제 1065호인 백자태호 내항아리와 외항아리 및 태지석은 용인대학교 산하 우학문화재단이 소장하고 있다.

보물 제 1065호 – 백자 태호 내, 외호 및 태지석. 이 태항아리들은 16세기 후반 왕실에서 사용하던 조선 백자의 형식과 유약을 알 수 있는 중요한 자료다.

2) 보물 제 1055호 – 백자 태항아리 내, 외호

　내, 외호로 이루어진 태항아리로 거의 비슷한 형태를 취하고 있다. 뚜껑에는 보주형(寶珠形)의 꼭지가 달렸는데 사방으로 구멍이 나 있다.

　뚜껑의 몸체는 안쪽으로 굽은 넓은 접시를 뒤집어 놓은 것과 같다. 항아리 몸체의 주둥이는 밖으로 말아 낮게 마무리하고, 어깨에서 벌어져 서서히 좁아져 내려간 풍만한 모습의 항아리다.

보물 제 1055호인 백자 태항아리 내, 외호는 맑고 투명한 담청색이 감돈다. 영롱한 빛깔과 아름다움은 조선시대에 나온 어느 백자와도 견줄만한 명품이다.

굽다리는 안바닥을 깎아 세웠고, 모래 받침으로 받쳐 정교하게 구웠던 흔적이 있다.

담청을 머금은 맑고 깨끗한 백자유(白磁釉)가 전면에 곱게 시유되었으며, 뚜껑의 내면 가장자리에 태토 받침으로 받쳐 구운 흔적이 10여군데에 나 있다. 맑고 투명한 담청색이 감도는 영롱한 빛깔과 아름다움은 조선시대에 나온 어느 백자와도 견줄만한 명품으로 알려지고 있다.

유색과 생김새로 보아 16세기 전반에 경기도 광주 일대의 번천리, 우산리 등의 요에서 특별히 제작된 것으로 외호의 뚜껑 일부는 수리되었다.

이러한 백자 태항아리는 왕실의 왕자나 공주가 태어날 때 태를 담아 사용됐다. 15세기 후반에서 19세기에 걸쳐 제작 사용됐고, 태봉의 태실 내에 태지와 함께 내항아리와 외항아리를 함께 묻는 것이 관례였다.

이 태항아리는 제기(祭器)와 같이 엄정하고, 단정한 격식을 갖춘 것으로 항아리가 보여주는 세련된 조형 감각과 함께 조선 초기의 백자태항아리를 대표하는 작품이다.

서울 관악구 호림박물관에 소장돼 있다.

3) 보물 제 1169호 – 백자 태항아리 및 태지석

백자 태항아리로 외항아리는 전체 높이 30.9㎝, 아가리 지름 21.4㎝, 밑지름 14.1㎝이다. 내항아리는 전체 높이 19.2㎝, 아가리 지름 10.6㎝, 밑지름 8.3㎝이며, 태지석은 26.6㎝ × 26.7㎝ × 4.6㎝이다.

외항아리는 아가리가 넓으며 밖으로 살짝 말려 있다. 짧은 목에 위쪽이 넓고, 아래로 내려갈수록 좁아지는 모양을 하고 있다. 어깨의 4곳에는 고리를 달았으며, 냄비 뚜껑같이 생긴 뚜껑의 꼭지에 나 있는 4개의 구멍과 연결하여 고정하도록 되어 있다.

백자 유약으로 전면을 고르게 칠했고, 광택이 있다. 유색은 회백색의 얇은 백자유로 백자 전면에 입혀졌고, 광택이 있다. 굽바닥은 안바닥을 깎아 세웠으며 가는 모래받침을 받쳐 구운 흔적이 남아 있다. 뚜껑의 내면에는 가마에서 둥근 접시 모양의 받침을 받쳐 구운 흔적이 둥글게 남아 있다.

내항아리는 외항아리와 비슷한 모양으로 이루어져 있으며, 크기가 조금 더 작다.

태지석은 정사각형 모양의 검은 돌로, 앞, 뒷면에 새겨진 글은 이 태항아리의 내력을 알려준다. 1643년에 제작되어 왕자 아기씨의 태를 담아 사용하였던 것으로 추정된다. 제작지는 광주군 초월면 선동리 요지로 보인다.

이는 이화여자대학교박물관의 1986년 발굴조사 때 출토된 태항아리의 파편 중

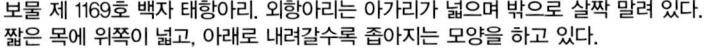

보물 제1169호 백자 태항아리. 외항아리는 아가리가 넓으며 밖으로 살짝 말려 있다.
짧은 목에 위쪽이 넓고, 아래로 내려갈수록 좁아지는 모양을 하고 있다.

에 동일한 태항아리 파편이 남아 있어 뒷받침된다. 16세기의 태항아리에 비해 높이가 낮아져 옆으로 벌어졌다. 태지를 대리석 대신 오석(烏石)으로 쓰고 있는 점도 주목된다.

태지석은 정방형의 검은 오석으로 전면에 해서체로 '己卯年十月十七日卯時生王子阿只氏胎(기묘년십월십칠일 묘시생왕자아기씨태)'라고 오목새김되어 있다.

후면 중앙에는 '癸未年十月二十五日未時藏(계미년십월이십오일미시장)'이라고 오목새김되어 있는데, 오목새김된 글씨 안에 붉은 주사칠이 칠해져 있다. 인조 17년(1639년)에 태어나 1643년에 태를 묻었음을 알려 준다.

서울 관악구 남부순환로 호림박물관에 전시돼 있다.

4) '천계칠년'이 쓰여진 백자 태항아리와 태지

이 태항아리의내력을 말해주는 것은 함께 발굴된 접시, 즉 '천계칠년'이 새겨진 접시 태지(胎誌)다. 천계는 중국 명나라 희종의 연호이고, 천계 7년은 1627년이다. 그 해 태어난 선조의 12번째 서자 인흥군이 얻은 둘째 딸의 태라고 기록돼 있다.

태항아리의 높이는 29.2cm로 높이에 비해 몸통이 약간 벌어져 보이는 둥근 구형이지만, 입 지름에 비해 굽 지름이 80% 정도 작다. 하지만 전체적인 비례는 단정하고 안정적이다. 입과 굽의 높이도 서로 적당하여 잘 어울리며, 몸통의 접합부가 비교적 완전해서 부분적인 처짐이나 비틀림도 거의 없다.

유태(釉胎)는 비교적 안정적이며 유약의 두께는 얇지만, 태토에 완전하게 융착되어 있고 맑은 황갈색을 아주 엷게 띤다. 입술 부분 일부를 수리했지만, 전체적인 보존 상태가 매우 양호하다. 국립중앙박물관 소장.

태항아리는 높이에 비해 몸통이 약간 벌어져 보이는 둥근 구형이다. 하지만 전체적인 비례는 단정하고 안정적이다.

'천계칠년'이 새겨진 접시 태지. 천계 7년은 1627년이다.
그 해 태어난 선조의 12번째 서자 인흥군이 얻은 둘째 딸의 태라고 기록돼 있다.

3. 보물 제 1065호로 지정된 태지석 – 선조의 왕자 경룡아기씨 태지석

'백자태호 내, 외호'와 함께 보물로 지정된 태지석이다.

지석은 태실에 장태되는 주인공의 신분과 생년월일, 그리고 장태일을 기록한 것이다. 이것은 묘에 묻히는 주인공의 행적을 기록한 묘지와 비슷한 성격이다.

이 태지석은 정방형의 오석(烏石)을 썼다. 높이는 21㎝, 너비㎝, 두께 5.7㎝이다. 윗면에만 깊이 새긴 다음과 같은 해서체의 명문이 세로로 다섯 줄 있다.

> '皇明萬曆三年四月二十六日卯時生王子慶龍阿只氏胎 萬曆九年四月初一日癸時藏
> (황명만력삼년사월이십육일묘시생왕자경룡아기씨태 만력구년사월초일일계시장)'

명나라의 만력 년간은 1573~1619년이므로 이 태지로 보아 1581년(선조 14년)에 제작 사용되었음을 알 수 있다.

16세기의 태지석은 형태가 대부분 방형(네모 반듯한 모양)에 가깝다. 재질은 대리석을 주로 사용했지만, 화강암도 사용되었다. 명문의 간격은 매우 일정해서 먹줄칸살을 한 뒤 지석의 한 면에 각자하였던 것으로 보인다.

보물 제 1065호인 태지석과 백자태항아리 내호와 외호는 용인대학교 산하 우학문화재단이 소장하고 있다.

정방형의 오석으로 제작된 선조의 왕자 경룡아기씨 태지석.
보물 제 1065호로 지정돼 있다.

4. 보물로 지정 예고된 세종대왕 단종대왕 태실 수개의궤(修改儀軌)

사천시청에 보관 중인 〈세종대왕, 단종대왕 태실 수개 의궤〉 관련 기록물이 2016년 국가지정문화재인 보물로 승격될 예정이다.

문화재청은 2015년 12월 31일 조선왕조의궤 1760건 2756책을 비롯한 문화재 10건을 보물로 지정 예고했다. 여기에는 사천시청 비밀서고에 보관하고 있는 '세종대왕태실석난간수개의궤'(1601년), '세종대왕단종대왕태실수개의궤'(1730년), '세종대왕단종대왕태실표석수립식의궤'(1734년) 등 3권도 포함됐다. 이들 의궤는 사천시 곤명면 은사리에 있는 세종대왕 태실지(경상남도 기념물 제 30호), 단종 태실지(경상남도 기념물 제 31호) 보수 내역을 상세하게 기록한 것들이다.

사천에 있는 태실 관련 의궤는 다른 태실 의궤가 많이 남아 있지 않아 희소성을 인정받고 있다. 특히 '태실 개수와 보수에 관한 의궤'로는 현존하는 가장 오래된 것들이다.

사천시청 관계자는 "사천의 태실 의궤는 도면 역할을 하는 기록물과 실제 태실지가 함께 남아 있다는 점에서 학술적 가치가 높다"고 설명했다.

사천의 태실 관련 의궤는 2003년께 옛 사천군청사 지적서고에서 발견돼 이듬해 3월에 경상남도 기념물로 지정됐다. 이 의궤는 옛 곤양군과 사천군이 통합하기 전에는 곤양군청사에 보관됐던 것으로 추정된다.

임진왜란 중 일본군이 세종과 단종의 태실지를 파헤쳐 놓았다. 보물로 지정 예고된 이 기록물은 그때 파헤쳐진 세종과 단종의 태실지를 보수한 '의궤(儀軌)'다.

세종과 단종의 태실 보수는 경상도 관찰사 박문수의 장계로 시작되었다. 기록에 의하면 이 2개 태실에 표석을 세우기 위해 돌을 진주(대곡)에서 사천(곤명)으로 옮기는데 1,170명이 동원됐다. 5일 동안 일을 했다고 한다. 돌을 옮기면서 농작물에 피해를 주지 않기 위해 노력했다는 기록도 있다.

의궤(儀軌)란 '국가 의례의 궤범'이라는 뜻이다. 국가나 왕실에서 개최하는 행사의 전 과정을 낱낱이 기록해 둠으로써 훗날 행사의 모범이 되도록 한다는 실용적인 의미에서 제작되었다. 또한 기록과 그림이 함께 어우러진 종합 행사보고서라 할 수 있다.

그러므로 의궤는 행사 기간 중에 국왕이 내린 명령서, 업무를 분장한 관청 간에 오간 공문서, 업무의 분담 상황, 업무 담당자의 명단, 행사 또는 공사에 동원된 인원, 소요 물품, 경비의 지출 내역, 각종 의식에 사용된 축문, 유공자에 대한 포상 등에 이르기까지 모든 상황을 빠짐 없이 기록했다.

심지어 기록을 전담한 관원과 그림을 그린 화공, 동원된 노비 이름, 물품의 이름과 용도, 규격과 용량 및 산출 지역까지 적혀 있다. 이렇게 함으로써 국가의 재정이 낭비되거나 다른 곳으로 전용되는 것을 방지할 수 있었다.

의궤의 또다른 특징은 행사의 전 과정이나 각종 건물, 또는 물품의 모습을 그린 도설(圖說)이 수록되어 있다는 점이다. 올 칼라로 그려진 이 그림들을 통해 행사가 진행되던 당시의 모습을 입체적으로 느낄 수 있다. 문자 기록만으로는 미처 파악할 수 없던 물품의 세부 사항까지도 분명하게 알 수 있다.

조선시대에는 국가적인 차원에서 행사를 거행할 때 주고 받은 문서를 모두 등사하고 내역 일체를 빠짐없이 기록했다. 이렇게 함으로써 책임 소재를 명확히 구분하게 하고, 훗날 행사의 모범이 되도록 하며 이를 공개하였다.

또한 국가의 재정이 낭비되거나 다른 곳으로 전용되는 것을 방지하는 이중 효과도 거둘 수 있었다.

제작 방식에 따라 손으로 쓴 필사본과 활자로 찍어낸 활자본, 열람자에 따라 임금이 보는 어람용과 춘추관, 지방 사고(史庫) 등에 보관하는 분상용으로 나뉜다.

의궤는 임금에게 행사 전말을 보고하는 보고서이기도 했다. 이것이 어람용 의궤였다. 최고의 글씨와 장정으로 품격이 대단했다. 임금은 의궤를 보고는 보관처에 보냈다. 정조는 규장각을 만들고 여기에 보관하도록 했다. 그래도 안심이 안됐다. 전쟁으로부터 가장 안전한 강화도에 규장각 분관인 외규장각을 짓고 여기에 보냈다.

조선시대의 많은 의궤가 분실됐지만, '태실 의궤'는 대부분 사라진 채 극소수만 남아 의궤 중에서도 희귀하기로 이름나 있다. 이 중 '태실 개수와 보수에 관한 의궤'는 사천시청 소장본이 유일해 연구, 보존 가치가 더욱 높은 것으로 평가받는다.

조선왕조의궤는 다른 나라에서 발견되지 않는 조선만의 독특한 전통 기록 문화로서 지난 2007년 유네스코 세계기록유산으로 등재된 바 있다.

문화재청이 보물로 지정 예고한 세종대왕단종대왕태실표석수립식의궤의 일부(사천시청 제공)
사천시청에 보관 중인 〈세종대왕, 단종대왕 태실 수개 의궤〉 관련 기록물. 국가지정문화재인 보물로 승격된다. 다른 태실 의궤가 많이 남아 있지 않아 희소성을 인정받고 있다.

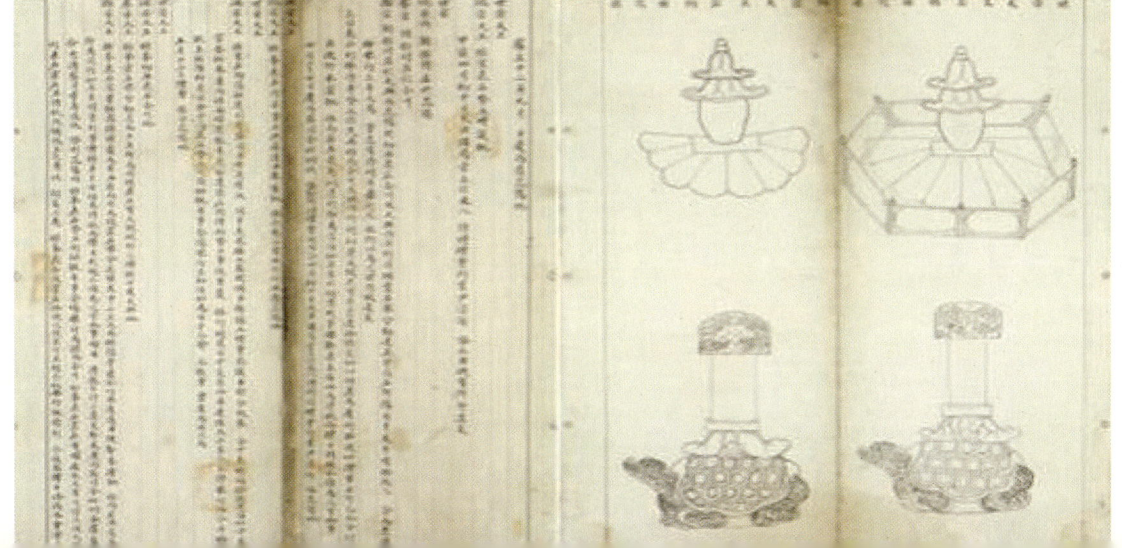

세종태실지 수개의궤.
사천시 곤명면 은사리에 있는 세종대왕 태실지의
보수 내역을 상세하게 기록한 것이다.

5. 귀부와 이수의 미학

　귀부(龜趺)는 거북이가 도사리고 앉아 있는 모양의 비석 받침돌을 말한다. 이수(螭首)는 귀부 위에 대리석으로 만든 용무늬의 머릿돌을 얹은 모습을 말한다. 이런 귀부와 이수는 태실로부터 약 1보 앞에 위치한다.

　귀부를 만드는 것은 중국 당나라 때부터 시작되어 성행했다. 거북이는 만년을 산다는 장수의 상징으로 비석의 영원성을 표현하는 데 이용되었기 때문이다.

숙휘공주 태실의 귀부와 이수. 귀부는 힘차게 용틀임하는 거북이의 형상이다. 그리고 이수는 용이 날아가는 모습을 양각과 음각으로 형상화해 보는 이를 압도한다.

우리나라에서 귀부는 신라 초기부터 쓰기 시작했다. 그 대표적인 것으로는 탑골공원 대원각 터의 비와 경주의 무열왕릉비가 있다. 삼국시대의 석비는 대체로 비좌 없이 그대로 땅에 묻어 세우거나, 혹은 비좌가 있다 하더라도 자연석을 비좌로 삼았을 뿐이었다. 그러다가 통일신라시대 이후 당나라 석비의 영향을 받아 귀부를 비좌로 삼게 된 것이다. 그 후 이러한 형태는 고려시대와 조선시대를 통해 석비의 전형적인 형식이 되었다.

현존하는 귀부 중 가장 오래된 것은 661년에 세워진 신라 태종무열왕릉비(국보 제25호)의 귀부다. 목을 앞으로 쭉 뻗고, 눈을 크게 뜬 채 입을 다문 거북의 모습이 사실적이면서도 박진감 넘치는 수법으로 조각되어 있다. 이러한 생기 있고 박력

신라 태종무열왕릉비의 귀부와 이수는 눈을 크게 뜬 채 입을 다문 거북의 모습이 사실적이면서도 박진감 넘치는 수법으로 조각되어 있다.

있는 거북의 모습은 비슷한 시기에 조성된 김인문묘 앞의 귀부에서도 볼 수 있다.

그러나 8세기에 이르면 창림사 귀부에서와 같이 거북의 머리는 점차 용 머리의 형상으로 변하게 되며, 9세기 이후에는 거의 모두가 입에 여의주를 물고 있는 용의 모습으로 변하게 된다. 귀부의 표현도 사실적인 형태에서 차차 위엄스러우면서도 추상적인 형태로 바뀌게 됐다.

고려시대에는 통일신라시대의 양식을 계승해서 귀부는 완전히 용의 머리에 거북의 몸을 한 형태로 변했다. 조각 수법이 정교하고 장식적으로 되었으나, 12세기경에 이르면 갑자기 귀부 형태의 비석 받침돌이 대석 형태로 바뀌면서 차차 귀부는 사라지게 된다.

삼국통일에 큰 공을 세운 신라 김인문 묘의 귀부

조선시대 이수의 특색은 둥근 머리의 형태에 좌우 2~3마리의 용들이 서로 얽힌 모습으로 나타난다. 용의 머리만을 나란히 하여 석비를 물고 비신을 일제히 들어 올리는 듯한 형상으로 조각되어 있다.

　용은 상상의 동물이지만, 항상 하늘을 향하면서 신성함과 웅장함을 나타내고 있다. 이수는 비의 품격을 더욱 높인다는 의미가 있다.

　조선시대 왕실의 태실은 대부분 귀부와 이수를 갖추고 있다. 그중에서 가장 완벽한 조형미를 뽐내는 것은 숙휘공주 태실의 귀부와 이수다.

　숙휘공주 태실의 귀부는 힘차게 용틀임하는 거북이의 형상을 하고 있다. 그리고 이수는 용이 날아가는 모습을 양각과 음각으로 형상화해 보는 이를 압도한

예종의 태실에 있는 이수의 용 조각. 조선 시대 역대 왕들의
태실에 있는 이수 가운데 미학적으로 가장 뛰어나다.

다. 공주의 태실답지 않게 패기 넘치는 기상을 자랑한다. 또한 신라의 태종무열왕릉비에 못지 않은 형식미를 뽐내고 있다.

숙휘공주는 조선 제 17대 임금인 효종의 딸로 친오라버니는 제 18대 임금인 현종이다. 인조의 손녀이자, 숙종의 친고모이기도 하다.

숙휘공주는 아버지 효종과 오라버니 현종의 사랑을 많이 받았다. 효종은 숙휘공주의 시할아버지인 정유성의 부탁에도 불구하고 숙휘공주의 집을 매우 크고 화려하게 지어주었다. 〈현종실록 5년 11월 19일〉

숙휘공주는 이렇게 안정적인 삶을 살았고, 태실의 귀부와 이수는 현존하는 태실의 귀부와 이수 가운데 단연 압권이다.

역대 임금의 태실 가운데는 8대 예종의 태실에 설치된 이수가 압권이다. 전북 전주시 완산구 풍남동 경기전 경내에 있는 예종 태실의 이수는 용 조각이 자못 정교하고 세련됐으면서도 힘이 넘쳐 보인다.

강원도 원주시 지정면 흥법사지(폐사지)에 있는 진공대사 탑비의 '귀부'와 '이수'. 조선시대의 귀부와 이수 가운데 압권이다.

6. 헌종대왕 태봉도(胎封圖) 등 3대 태봉도

태봉도는 임금의 태를 묻은 태실의 모습과 그 주변 지형을 그린 그림이다. 태실을 조성하는 과정을 상세하게 기록한 의궤(儀軌)와 함께 태실과 주변 지세의 경관을 그려 왕실에 올린 것이 태봉도다. '태를 묻은 봉우리'란 의미에서 '태봉도(胎峯圖)'로 표기하기도 한다.

현존하는 태봉도는 모두 4점이다. 장서각이 소장중인 '장조(사도세자)태봉도'(1785년 100.3×62.5cm)와 '순조태봉도'(1806년 101.2×62.3cm), '헌종태봉도'(1847년 97×60.5cm) 등 3점과 국립중앙박물관이 소장한 '순조태봉도'(129×76cm) 1점이 바로 그것이다.

이 중에서 장서각 소장 '순조태봉도'와 '보은현 속리산태봉도'라는 표제가 붙은 국립중앙박물관 소장 '순조태봉도'는 족자 형태와 그림의 내용, 필치까지 흡사해 한 사람의 화가가 그린 것으로 추정되고 있다.

다만 사도세자가 '장조'로 추존된 것이 1899년(광무 3년)이기 때문에 족자의 제명은 1899년 이후에 썼음을 알 수 있다.

현존하는 태봉도 4점은 모두 종이에 수묵담채(水墨淡彩)로 그려져 있다. 태봉을 둘러싼 주변 능선을 높은 시점에서 조망한 그림으로 태실 전체의 지형과 지세를 표현하고 있다. 명산을 그린 구도와 유사하면서도 왕실 능묘를 그린 '산수도'식 지형도의 특색도 포함하는 등 여러 가지 특징을 지니고 있다.

▲ 헌종대왕 태봉도

조선 제24대 헌종(1827~1849년)의 태를 봉안한 태실은 충남 예산군 덕산면 옥계리 가야산 기슭에 있다. 가야산 자락 옥계저수지가 내려다보이는 아담한 태봉산 언덕에 위치해 있다.

헌종은 8세 때 조선 24대 왕으로 올랐고, 이곳 태실은 그가 임금으로 재임 중이던 1847년에 귀부석 등이 세워지며 재단장 되었다.

1847년 당시에 그렸던 '헌종대왕 태봉도'는 태실의 옛 모습을 잘 보여주고 있다. 이 태봉도는 1847년에 헌종의 태실을 단장한 뒤에 주변의 산세를 함께 그려 왕실에 보고하기 위해 그린 그림이다.

'안태사(왕가의 태를 봉안하던 관원) 이지연이 탄생 후 5개월째 되던 11월 11일에 태를 모시고, 덕산현 가야산 밑 명월봉 태봉소에 가서 그날 신시(申時)에 태를 봉안하였다고 아뢰었다'는 내용이 실록에 전해온다. 명월봉에 가서 태를 봉안하고 제작한 그림이라는 기록도 이 실록에 전해온다.

이 헌종 태봉도는 태봉도 회화 양식의 진전을 보여준다. 겸재 정선의 실경산수화와 비슷해 마치 한 폭의 산수화를 보는 듯하다.

▲ 순조태봉도

조선왕조 제23대 임금 순조(1790-1834년)의 태를 묻은 태실에 1806년 석물을 단장하고 주변의 산세와 경관을 임금님에게 어람용으로 묘사한 그림이다. 태실의 위치는 충북 보은군 내속리면 사내리 속리산 안에 있다.

이 순조태봉도는 속리산의 전경을 그린 총도식 구성으로 19세기 초기 지형도의 양상을 엿볼 수 있다. 봉긋한 젖무덤 모양의 꼭지에 태실이 사실적으로 표현되었다. 아래에 법주사도 그려져 있다. 또한 속리산도 매우 잘 표현하고 있다.

태봉 주위에 있는 산세와 물길, 숲의 표현도 인상적이다. 위로는 정상부 너럭바위의 문장대도 보인다. 그 아래로 법주사 건축물들과 팔상전의 모습도 뚜렷하다.

산속에 자리한 암자들도 중간 중간에 그렸다. 태봉도 젖무덤처럼 봉긋한 모습으로 정겹게 표현하고 있다. 태봉 꼭대기에 들어앉은 태실이 태실비의 모습과 함께 마치 사진을 보는 듯 상세하다.

태실의 당사자인 순조는 1790년 6월 18일에 정조와 수빈 박씨 사이에 태어났다. 이때 원자의 태봉을 보은현 속리산 아래로 정했다는 기록이 〈정조실록〉에 있다. 1790년(정조 14년) 6월에 관상감에 태를 안장할 일시와 장소를 정해 올리라는 왕명을 내렸다. 이때 전국의 길지 3곳이 물망에 올랐다. 그 중에서 충청도 보은현 내속리산 아래 지역이 안태지로 결정되었다. 이어 헌종이 즉위하자, 1806년 10월 12일에 가봉되었다.

현지의 태실비에는 '主上殿下胎室(주상전하태실)'이라고 음각되어 있다. 1806년에 그려진 이 태봉도는 가봉한 순조의 태실과 태봉산을 그린 것이다. 여기는 속리산 천왕봉에서 서쪽으로 뻗은 맥을 타고 우뚝 솟은 봉우리 정상의 혈자리 주변에 산들이 둘러 있는 전형적인 태실 입지를 하고 있다.

▲ 장조(사도세자) 태봉도

정조 9년에 영조의 둘째 아들 사도세자의 태실에 석물을 단장하고 그 주변의 산세를 묘사한 그림이다.

이 그림은 풍수지리적 측면을 강조한 기존 산도식 지형도의 전통이 강하다. 달리 말하면 태실을 에워싸고 있는 풍수적인 산세가 잘 표현되었다.

장조(1735-1762년)는 사도세자가 비운의 죽음을 당한 뒤 추존된 왕명이다. 장조의 태실은 탄생하던 해(영조 11년)에 경북 예천군 상리면 명봉리 명봉사 뒤편에 조성되었다.

장조 태실의 위치는 구체적이지 않다. 하지만 〈태봉등록〉에 '새로운 태봉 아래쪽에 문종대왕의 태실이 있다'고 기록된 것으로 보아 문종대왕 태실 위쪽에 위치했던 것으로 파악된다.

장조의 태실에 석물을 조성한 때는 정조 9년(1785년)으로 이해 3월의 〈정조실록〉에 태실의 가봉을 마친 관료들의 품계를 올려주었다는 기록이 있어 이를 뒷받침해 준다.

당시는 사도세자에게 추존된 왕명을 올리기 전이었으나, 이례적으로 왕의 태실에 준하여 석물을 단장했다고 여겨진다. 실록에는 태실 이름이 '경모궁 태실'로 되어 있다. 정조가 아버지를 추모하여 세운 경모궁(景慕宮)은 사도세자의 사당이다. 경모란 크게 사랑한다는 뜻이다. 정조는 비극적인 삶을 살다 간 아버지 사도세자에 대한 그리움이 얼마나 컸길래 경모궁이란 이름을 지었을까.

〈장조태봉도〉는 높은 곳에서 아래를 내려다보는 듯한 부감법을 적용하여 산형의 특징을 그렸다. 하지만 그 우측과 하단 부분은 산맥을 밖으로 뉘어놓은 듯한 외반식 구성이 적용됐다. 이러한 요소는 풍수지리설이 적용된 기존의 산수도에 나타나는 특색으로 태봉도 도상에 산수도식 요소가 절충되었음을 말해준다.

〈장조태봉도〉는 18세기 이후 왕실 태봉도의 전형을 보여주는 그림으로 왕실의 안태문화를 이해하는 데에 중요한 자료가 된다.

헌종 태봉도는 겸재 정선의 실경산수화와 비슷해 한 폭의 산수화를 보는 듯하다.

순조 태봉도. 봉긋한 젖무덤 모양의 꼭지에 태실이 사실적으로 표현되었다. 아래에 법주사도 그려져 있다. 또한 속리산도 매우 잘 표현하고 있다.

장조(사도세자) 태봉도는 풍수지리적 측면을 강조한 산도식 지형도다. 태실을 에워싸고 있는 풍수적인 산세가 잘 표현되었다.

잠수부가 저수지에서 태실비 인양

인양된 태실비는 '주상전하태실'이라고 새겨진 비석의 아랫 부분이다. 두 동강 난 태실비의 나머지 반쪽은 아직 찾아내지 못했다.

잠수부들이 가야산 자락 옥계저수지에서 인양 작업을 벌여 헌종 태실비의 일부가 사라진지 40여년 만에 세상의 빛을 보게 됐다.

충남 예산군 덕산면 가야산 자락 옥계저수지 물속에 수몰되었던 제24대 헌종의 태실비는 비석 일부가 2015년 9월에 인양됐다.

비록 반쪽이지만 다행히도 15일 동안 수중작업을 통해 1970년대 훼손돼 사라진지 40여년 만에 세상의 빛을 보게 됐다.

귀부석 위에 올려 졌던 헌종대왕 태실 비석은 1970년대에 사라졌다. 누군가 비석을 훔쳐가려다 무거워서 산 아래 옥계저수지에 버리고 갔다는 소문만 무성했다.

수중탐사 장면을 지켜보던 주민 유기산씨는 "동네 장정들이 힘자랑 하느라고 태실비를 옮겨놓곤 했다. 그리고 1986년 저수지 수문 재공사때 물이 많이 빠져 비석이 드러났는데 두 동강이 나 있던 것으로 기억된다. 분명 저 자리에 그대로 있다"라고 증언했다.

예산군청 문화재팀은 탐문을 통해 주민들로부터 태실비가 옥계저수지 속에 있다는 말을 듣고 수중지표 조사를 실시해 수심 3~4미터 아래에 묻혀 있는 비석의 반쪽 존재를 확인했다고 밝혔다.

당초 태실비의 크기는 상단의 전면과 측면에 용두마리가 표현된 상단까지 대략 150cm 정도였다. 하지만 아쉽게도 상단은 잘려나간 상태로 인양됐다. 인양된 태실비는 '주상전하태실(主上殿下胎室)'이라고 새겨진 비석의 아랫 부분이다. 두동강 난 태실비의 나머지 반쪽은 아직 찾아내지 못했다.

헌종 태실은 지난 2009년 예산군에 의해 일부 복원되었다. 이번에 태실비 일부가 발견되면서 태실 복원사업에 탄력을 받을 것으로 보인다. 헌종의 태실은 일제강점기인 1929년 고양시 서삼릉으로 어태(御胎)를 이안한 후 파괴됐다.

예산군은 추가 탐사를 통해 비신의 상단을 찾을 예정이며, 일단은 찾은 태실의 석조 유물을 수습해 복원할 방침이다.

예산군 관계자는 "연엽주석, 연엽동, 자석, 횡죽석은 사라졌지만 온전한 복원을 위해 덕산면 전 지역의 마을 주민들이 나서고 있다"고 말했다.

병인양요 때 프랑스가 약탈해 간 조선왕조 의궤들

'태실 의궤(儀軌)'는 태실을 수개(修改, 수리하여 원래대로 고침)하였거나 태실의 석난간을 수개하였을 때, 그리고 태실의 표석을 세울 때의 여러 가지 사정과 절차, 제의 과정, 석물의 형태, 제작 과정, 참여한 인력과 물품 등에 관한 내용이 담겨 있다.

보통 필사하여 제작하였으므로 소량을 제작하여 특별 제작한 1부는 어람용으로 왕에게 올리고, 나머지는 관련 기관과 사고(史庫)에 나누어 보관했다.

의궤의 소장처로 대표적인 곳은 우리 나라에서는 규장각과 장서각이고, 외국으로는 프랑스 파리국립도서관을 들 수 있었다. 어람용 의궤의 대부분은 프랑스 국립도서관에 보관되어 있었다. 국내에는 1784년의 〈경모궁의궤〉와 1866년 병인양요 이후의 어람용 의궤 정도가 남아 있었다.

외규장각은 1782년 2월 정조가 왕실 관련 서적을 보관할 목적으로 강화도에 설치한 도서관으로, 왕립 도서관인 규장각의 부속 도서관 역할을 했다. 설치 이후 왕실이나 국가 주요 행사의 내용을 정리한 의궤를 비롯해 총 1,000여 권의 서적을 보관했다.

1866년(고종 3년) 대원군의 천주교 탄압사건에 대한 보복으로 프랑스군이 침입하였으니, 바로 병인양요다. 화력 면에서 열세인 조선군이 연전 연패를 하다가, 양헌수의 뛰어난 전략에 의해 근대식 병기로 장비한 프랑스군을 격퇴했다.

로즈제독이 이끄는 프랑스군은 거의 한달 동안 강화도를 점거했지만, 함대를 철수하고 말았다. 철수하면서 프랑스군은 고도서 345권과 은괴 19상자 등 문화재를 약탈해갔다. 로즈의 조선 원정은 제2차 원정이 끝날 때까지 2개월여에 걸친 장기 원정이었다.

병인양요에 참전했던 프랑스 해군병사들은 고국으로 돌아가 회고록을 남기기도 했다. 그중 해군 소위 후보생이었던 젊은 스케치화가 앙리 쥐베르는 조선을 무척 긍정적으로 평가했다. 특히 그는 허름한 초가에까지 책이 있다는 사실에 매우 깊은 인상을 받았다. 그는 프랑스의 한 주간지에 "이곳에서 감탄하면서 볼 수 밖에 없고, 우리의 자존심을 상하게 하는 것은 아무리 가난한 집이라도 어디든지 책이 있다는 사실이다"라고 썼다.

아무튼 파리국립도서관의 소장본은 프랑스군이 당시 강화부 외규장각에서 탈취해 간 책 345권 중의 일부다. 그 중 의궤만 189종에 이르고 있다. 이 가운데는 우리 나라 소장본과 중복되는 경우도 있으나, 단독 소장본도 상당수에 이른다.

파리 국립도서관이 소장하는 189종의 의궤 가운데 태실에 관해 작성한 의궤는 다음과 같다.

```
태조 : '태조조태실석물수개의궤' ― 숙종 12년(1686년) 작성.
       '태조조태실수개의궤' ― 영조 1년(1725년) 작성.
세종 단종 : '세종대왕단종대왕태실수개의궤' ― 영조 6년(1730년) 작성.
           '세종대왕단종대왕태실표석수립의궤' ― 영조 10년(1734년) 작성
문종 : '문묘조태실표석수립의궤' ― 영조 11년(1735년) 작성
예종 : '예묘조태실표석수개의궤' ― 영조 7년(1731년) 작성
인종 : '인묘조태실석물수보의궤' ― 현종 7년(1666년) 작성
선조 : '선묘조태실비석수보의궤' ― 영조 3년(1727년) 작성
       '선묘조태실비석개수의궤' ― 영조 23년(1747년) 작성
현종 : '원손안태등록' ― 인조 25년(1647년) 작성
       '현종대왕태실석물가봉의궤' ― 숙종 7년(1681년) 작성
숙종 : '숙묘조태실석난간조배의궤' ― 영조 30년(1754년) 작성
경종 : '경묘조태실석난간조배의궤' ― 영조 14년(1738년) 작성
       '경종대왕태실석물개수의궤' ― 순조 32년(1832년) 작성
영조 : '영묘조태실석난간조배의궤' ― 영조 5년(1729년) 작성
정조 : '원손장태의궤' ― 영조 28년(1752년) 작성
```

프랑스의 샤를 5세 시대에 건립된 파리국립도서관에는 태실 의궤 외에도 신라의 승려 혜초가 쓴 '왕오천축국전'도 보관돼 있다.

박병선 박사

　1975년 프랑스 파리국립도서관의 촉탁 직원으로 일하던 박병선 박사(1929 ~2011년)가 이곳 도서관에 조선시대의 도서가 보관되어 있음을 발견하고, 목록을 정리해서 그 존재가 알려졌다.

　병인양요 때 강화도를 침략한 프랑스군이 외규장각을 노략질해 수많은 왕실의 책들을 약탈해 가고, 가져가지 못한 책들은 불에 태워 버리는 만행을 저질렀지만, 그들이 가져간 책이 어떤 것이었는지조차 모르고 있었던 터였다.

　박병선 박사는 우연히 일하게 된 프랑스 국립도서관에서 베르사유 별관 지하에 먼지 속에 뒤덮인 외규장각 의궤를 찾아내게 된다. 그 후 프랑스 국립도서관 곳곳을 이 잡듯이 뒤져 흩어져 있던 297권을 모두 찾고, 정식으로 문화재 반환을 요청하기도 했다. 혼자 힘으로 역부족이자 한국의 지인들과 시민단체, 청와대에 도움을 청했다. 이로써 그간 베일에 싸여있던 외규장각 도서들의 실체가 밝혀지고 반환 운동에 불을 지폈다.

　박병선 박사는 프랑스국립도서관이 비밀을 누설했다는 이유로 파면 당했고, 개인 자격으로 도서관에 드나들며 외규장각 의궤의 내용을 정리해서 반환의 기틀을 마련했다.

　박병선 박사는 세계에서 가장 오래된 금속활자본인 〈직지심체요절〉도 이곳 파리도서관에서 발견했다.

　박병선 박사는 "제 아무리 역사적으로 가치가 있는 사료라고 하더라도 그 가치를 알아주는 역사가를 만나기 전까지는 그저 평범한 책이나 문서 더미일 뿐이다"고 말했다.

직지심체요절이 파리국립도서관의 수장고에 있을 때는 그것이 아무도 세계 최초의 금속활자본이라는 것을 알지 못했다. 그저 문서 더미였는데, 그것이 박병선 박사에 의해 세상밖으로 나와 가치를 인정받고, 유네스코 세계기록유산도 된 것이다.

박병선 박사는 서울대 역사교육과를 졸업하고, 1955년 프랑스로 유학을 떠났다. 한국에서 유학 비자를 받은 최초의 여성이다. 파리대학교(소르본대학교)에서 종교학 박사학위를 받았다. 1967년 동베를린공작단사건(동백림사건) 이후 프랑스로 귀화했다.

1967년부터 프랑스국립도서관 사서로 근무했다. 같은 해에 수많은 도서관 소장품 중 발견한 책이 바로 〈직지심체요절〉이다. 이후 1972년 파리에서 열린 '세계 도서의 해 기념 도서 전시회'에서 〈직지심체요절〉이 구텐베르크의 〈42행 성서〉보다 78년이나 앞서 금속활자로 인쇄된 책자라는 사실을 입증함으로써 세계의 학계를 발칵 뒤집어 놓았다. 〈직지심체요절〉은 1377년(고려 우왕 3년)에 찍은 세계 최고(最古)의 금속활자본으로, 2001년 9월 유네스코 세계기록유산으로 등재된 바 있다.

박병선 박사는 귀중한 문화재 발견과 반환에 기여한 공을 인정받아 2007년 국민훈장 동백장, 2011년 국민훈장 모란장을 수상했다.

서울대학교는 1991년에 정부에 도서 191종 279권의 반환 추진을 요청하였고, 정부는 1992년 외규장각 도서목록을 프랑스에 전하며 도서 반환을 요청했다.

1993년 9월 한국 프랑스 정상회담에서 프랑스 미테랑 대통령은 경부고속철도부설권을 프랑스의 테제베(TGV)가 따내기 위한 의도로 '휘경원원소도감의궤' 1권을 가지고 와 외규장각 도서 반환의 의지가 있음을 밝혔다.

그러나 외규장각 도서는 약속과 달리 반환되지 않았다. 2000년 10월 다시 양국 정상회담에서 한국에 필사본이 없는 63권을 '대등한 문화재 교환 전시' 형식으로 2001년까지 한국에 반환하기로 의견을 모았다.

그러나 반환 협상이 연기되거나 프랑스 측에서 계속 협상을 지연시키는 등 소극적인 자세를 보였을 뿐 아니라, 국내에서도 국제사법재판소의 힘을 빌리더라도 무조건 반환시켜야 한다는 역사, 학술, 시민 단체의 외규장각 도서 반환운동이 확산되는 등 여전히 미해결의 과제로 남아 있었다.

하지만 2010년 11월 12일 G20정상회의에서 양국의 대통령 간에 외규장각 도서를 5년마다 계약을 갱신하는 임대형식으로 대여하기로 합의하였고, 2011년 6월 11일 145년 만에 우리나라로 돌아왔다.

프랑스 국립 도서관의 역사는 1368년 프랑스의 샤를 5세 시대로 거슬러 올라간다. 루브르 일대에 터를 마련했다가 루이 15세 때 규모가 증대됐고, 1692년 일반인에게 개방됐다. 프랑스 혁명 동안 귀족과 개인 서적이 압류되면서 국립도서관 서적수는 30만 권을 넘기도 했다. 혁명 이후 개최된 프랑스 제헌의회 결의안으로 이곳은 1793년 세계 최초로 민간 도서관으로 자리매김한다.

1988년 7월 14일, 프랑수아 미테랑 대통령은 파리국립도서관을 세계에서 가장 큰 규모로 보수하겠다는 계획을 발표했다. 세계의 모든 지식을 포괄하며 모든 사람들이 최신의 기술을 배우고 거리낌 없이 지식에 접근할 수 있도록 하겠다는 것이었다.

국보급의 도서 이관을 마친 뒤 1996년 12월 20일 파리국립도서관은 다시 일반에 공개되었다.

현재 신라의 승려 혜초가 쓴 〈왕오천축국전〉도 이곳에 보관돼 있다. 〈왕오천축국전〉은 신라의 승려 혜초가 고대 인도의 오천축국을 답사하고 집필한 여행기다.

태실의 꽃 : 달항아리

　조선의 색은 한마디로 한다면 바로 '달항아리색'이라고 한다. 한국 전통미의 하나인 '구수한 큰 맛'이 달항아리에서 느껴진다. 그 아름다움에 대해서는 훗날 예술가와 문인들이 수없이 칭송했다.
　17세기 이후부터 만들어지기 시작한 달항아리는 단순히 재산이나 장식품이 아니라 왕실에서 왕자녀의 태를 담아 묻는 데 사용했다. 조선백자의 독창적 아름다움을 대표하는 달항아리가 태항아리로 쓰인 것이다.
　조선백자의 꽃으로 통하는 달항아리가 왕자, 공주의 태실에 안장되는 것은 어쩌면 당연했다. 왕실처럼 태실은 조성할 수 없었지만, 자손의 태를 태항아리에 정성껏 담아 가산(家山)에 안장했던 양반 사대부 집안에서도 이왕이면 달항아리를 선호했다.
　달항아리의 전체적인 형태는 아주 동그란 것이 아니라 둥그스름한 모습을 하고 있다. 또한 바로 이 점 때문에 달항아리는 인간적인 체취가 살아 있는 너그러운 형태와 어질고 친숙한 맛을 지닌 아름다움을 자아내고 있다. 그리고 눈과 같은 빛과 보름달처럼 둥근 멋을 지니고 있다. 흰 빛은 청렴결백의 상징이고, 둥근 멋은 후덕하고 모든 것을 포용하는 마음이다. 청아함과 고요함을 간직하면서 기품이 넘치는 조선의 아름다움이 나타난다.
　백자 달항아리는 보통 높이가 40cm 이상 되는 대형으로, 둥그스름하고 유백색의 형태가 둥근 달을 연상하게 되어 '달항아리'라고도 불린다. 17세기 후기부터 18세기 전기까지 약 1세기 동안 조선왕조 유일의 관요(官窯)인 백자제작소(경기도 광주)에서 만들어진 작품들이다. 특히 18세기 전반경에는 경기도 광주시 금사리 가마에서 우윳빛의 보름달을 닮은 질 좋은 백자 달항아리가 많이 만들어졌다.

달항아리는 크기가 대형인 탓에 상하 부분을 따로 만든 후, 두 부분을 접합하여 완성한 작품들이다. 하지만 순백의 미와 균형 감각은 전 세계에서 유례를 찾아볼 수 없는 우리나라 백자의 독특하고 대표적인 형식이다.

프랑스 석학 기 소르망은 한국을 찾았을 때 "백자 달항아리는 어떤 문명에서도 찾을 수 없는 한국만의 미적 기술적 결정체"라고 극찬했다. 또 "모나리자에 견줄 수 있는 달항아리의 가치를 왜 활용하지 않는가?"라고 우리나라의 문화 정책을 꼬집기도 했다.

국립중앙박물관 관장을 지낸 최순우 선생은 "잘 생긴 부잣집 맏며느리를 보는 것 같다"고 말했다. 최순우 선생은 또 "달항아리는 너무나 순정적이어서 마치 인간이 지닌 가식 없는 어진 마음의 본바탕을 보는 듯한 느낌"이라고 칭송했다. 투박하고 촌스러운 거 같지만 언제 보아도 질리지 않는 백자 달항아리가 좋다는 것이다.

대표적인 달항아리로는 서울시 용산구 국립중앙박물관에 전시된 보물 제1437호 백자 달항아리를 들 수 있다.

이 백자 달항아리는 높이에 비해 몸통이 약간 벌어져 보이는 둥근 구형이지만, 입지름에 비해 굽 지름이 80% 정도 작다. 전체적인 비례는 단정하고 안정적이다. 입과 굽의 높이도 서로 적당해서 잘 어울리며, 몸통의 접합부가 비교적 완전하다. 부분적인 쳐짐이나 비틀림도 거의 없다.

유태(釉胎)는 비교적 안정적이고, 유약의 두께는 얇다. 하지만 태토에 완전하게 융착되어 있고, 맑은 황갈색을 아주 엷게 띠는 투명유(透明釉)이다. 주둥이 부분 일부를 수리하였지만, 전체적인 보존 상태가 매우 양호하다.

17~18세기에 왕실이나 사대부 집안에서는 이런 형태의 달항아리가 태항아

리로 많이 사용됐다. 보름달처럼 풍요롭고 넉넉하며, 우유빛인 달항아리에 태를 담아 자손들의 만수무강과 수복강녕, 부귀다남을 기원했던 것이다.

백자 달항아리(보물 제 1437호). 백자 달항아리는 어떤 문명에서도 찾을 수 없는 한국인만의 미적 기술적 결정체로 평가받고 있다.

아타카컬렉션을 잊지 마세요!!!

'아타카컬렉션'이란?

　일제 강점기에 일본인들이 도굴한 월산대군의 태항아리와 지석(誌石)은 어디로 갔을까?

　월산대군의 16대손인 이일섭옹의 증언에 따르면 1937년경 태항아리와 태지가 도굴되었다고 한다.

　이 태항아리와 그동안 유명한 일본인 기업가였던 아타카 에이치의 소장품이었다. 높은 안목을 자랑하는 수집가였던 아타카는 도자기만도 1,000여 점을 수집했는데, 이 중 793점이 한국 도자기다. 아타카가 수집한 한국, 일본, 중국의 문화재들을 '아타카 컬렉션'이라 부른다.

　아타카 컬렉션에 포함된 한국 문화재는 신라 토기부터 고려청자, 조선백자, 분청사기 등 종류도 다양하고 수준도 빼어나다. 그가 소장한 '목련지어조문표호' '철사호로문호' '양부진사연화문대호' '삼오대호' '철사매죽조문호' '청자상감운학쌍봉문방합' 등 고려청자와 조선백자는 해외의 우리 문화재로서는 최상급의 수준이다.

　특히 이 미술관에 전시된 조선시대 도자기를 보면, 조선 초기에 발달한 분청사기 171점을 비롯해 백자 73점, 청화 127점, 철사 45점, 진사 24점 등으로 조선 전기부터 말기까지의 모습을 체계적으로 알 수 있게 되어 있다. 질적인 면에 있어 우리나라 국립중앙박물관의 소장품을 능가하는 세계에 자랑할 수 있는 명품들이다.

　아타카회장의 회사는 1차 오일쇼크 때 파산 위기를 겪었다. 아타카는 자산의 소장품 중 일본 근대 미술품 100여점을 팔아 위기를 넘겼지만, 지난

1982년 2차 오일쇼크를 견디지 못하고 파산할 지경이 됐다.

그러자 당시 아타카는 망해도 세계적인 도자컬렉션인 '아타카컬렉션'의 소장품들이 흩어져서는 안된다는 여론이 일고, 일본 국회에서까지 논의됐다. 당시 일본 문화청에서는 관리책임자인 스미토모은행에 해외로 유출해서는 안된다고 이례적으로 요망했다.

1980년 9월 아타카산업의 최대 채권자였던 스미토모은행이 오사카시에 기증할 것을 결정하였고, 스미토모그룹 21개사가 모두 오사카시에 기증하겠다고 신청했다. 그 절차로 스미토모그룹 21개사가 151억 9175억엔을 오사카시의 문화진흥기금으로 기부했다. 이 기금으로 오사카시가 사들이는 형식으로 수집품의 기부가 실현됐다. 이 제안을 오사카시가 받아들여 수집품들을 영구 보존하고, 널리 공개하기 위해 빠른 시일 내에 전문미술관을 건립하겠다고 발표했다.

그로부터 2년 후 1982년 11월 동양도자전문미술관이 탄생했다. 그리하여 그 많은 한국 도자기들이 흩어지는 불행 만큼은 막을 수 있었다.

총 965점의 아타카컬렉션 중 중국도자기가 144점, 한국도자기가 793점, 베트남도자기가 5점일 정도로 한국 도자기의 비중이 높은 것이 특징이다.

상설 전시는 한국도자실 4실, 중국도자실 3실, 일본도자실 1실, 특별전시실 등 총 11개실에서 전시하고 있다. 특별 전시는 한국 도자기와 중국 도자기를 시대별, 장르별, 기법별로 나누어 특별전, 기획전, 심포지움 등을 개최하고 있다. 특히 한국 도자에 관해서는 '한국도자시리즈'로 21회에 걸쳐 기획 전시한 뒤 도록을 출간했다.

유홍준 전 문화재 청장에 따르면 아타카는 중국 도자기 중에 청나라 시대 도자기는 질이 떨어진다고 사지 않았을 정도로 높은 안목을 자랑한 수집가였다고 한다.

1999년 이 미술관에 301점의 한국 도자기가 더해졌다. 전주 출신 재일교포 이병창씨가 수집한 컬렉션이었다. 초대 오사카 총영사를 지냈던 그는 자신이 소장하던 한국 도자기에 중국 도자기 50여점을 더해 이곳에 기증했다. 덕분에 동양도자전문미술관은 한국도자기 연구의 거점으로도 명성을 높일 수 있게 됐다.

이병창씨는 왜 한국인면서 무려 300여점의 한국 도자기를 이곳에 기증한 것이었을까? 일본인들이 그동안 수많은 도자기를 강탈해간 것 만큼이나 참으로 애석할 처사가 아닐 수 없었다.

일본 오사카의 동양도자전문미술관 전경. 중국도자기, 한국도자기, 베트남도자기 등 총 965점의 아타카 컬렉션 전시돼 있다. 한국 도자기의 비중이 높은 것이 특징이다.

서울시 서초구 우면동 태봉산 정상에 위치하는 월산대군 이정 태실은 태비와 석함으로 구성되어 있다. 2010년 3월 25일 서울시 기념물 제30호로 지정되었다.

김영삼 정부 시절, 이병창씨는 국립박물관에 자신이 아끼던 백자를 기증하려고 했다. 그는 백자를 적절한 온도와 습도에 맞춰 전시해줄 것을 요청했지만, 당시 설비가 미흡한 박물관으로서는 쉽지 않은 수준이었다고 한다. '이병창컬렉션'이 동양도자전문미술관에 기증된 것은 그 후의 일이다.

아무튼 조선 성종의 형이자 시인으로 널리 알려진 월산대군의 태항아리와 지석이 도굴 당해 일본에 가 있는 것은 애석한 일이다. 일제 강점기에는 수천 점의 우리 문화재들이 일본으로 밀반출되었고....

일본인 아타카의 수집품이 된 뒤 일본의 동양도자전문미술관에 소장돼 있는 월산대군 태항아리.

- 제 7 장 -

조선왕조 왕들의 태실은
어떻게 훼손당했나?

제 7장 – 조선왕조 왕들의 태실은 어떻게 훼손당했나?

1. 백성들에 의해 훼손 당한 세조의 태실

　조카인 13살의 단종을 시해하고, 세조가 왕위에 등극한 뒤 예조판서 홍윤성은 경북 성주군 월항면 인촌리 태봉산에 세조의 태가 묻혀 있음을 알리고 비를 세웠다.

　이 홍윤성은 단종을 몰아낸 계유정란 당시 큰 공을 세운 인물이었다. 성질이 사나워 권세를 얻은 뒤에는 주변을 돌아보지 않고, 오로지 기세로써 다른 사람을 능멸했다. 자신의 집 노비를 시켜 사람을 죽이기도 했고, 자신의 숙부까지 살해했으나 세조는 가볍게 처벌해서 더욱 원성을 샀다.

　그런데 세조의 잘못을 미워한 백성들은 세조를 용서할 수 없었다. 수백년 동안 이 땅의 백성들은 세조의 비석에 오물을 퍼붓고 돌로 찍었다. 그런가 하면 돌로 마구 갈아서 거의 글자를 알아볼 수 없게 닳아 있다.

　화강암으로 만든 세조의 태실은 조선왕조 태실의 의궤에 따랐다. 즉 지상에 석실을 만들고 그 속에 백자로 된 태호가 들어 있고, 그 위에 기단석, 중동석, 개첨석으로 이루어져 있다.

2. 임진왜란과 정유재란 때 파괴된 세종대왕 태실

　세종대왕 태실은 임진왜란 중에 전화를 입었다. 어태를 봉안하였던 백자항아리 등 그릇들은 깨지고 백자는 9조각, 흑자는 6조각으로 깨어진 채 석함에 들어 있었다. 돌난간도 석주와 횡죽석 등이 파손되었다. 이는 정유재란 때 사천에 주둔한 바 있는 왜군의 소행이었다.

정유재란은 임진왜란(1592~1596년) 후 왜군에 의한 재침을 말한다. 임진왜란 때 패배할 기미가 짙어진 왜군은 평화협상이 진행됨에 따라 본국으로 돌아가기 시작했다. 그러나 평화협상이 결렬되자, 다시 대군을 이끌고 침입하였으니 이를 정유재란이라 한다. 이순신은 후퇴하는 왜군을 노량해전에서 치다가 장렬한 최후를 마쳤으며, 적의 군함 2백여척을 격파했다. 이로써 7년간의 왜란은 끝났다.

전란 후 세종대왕 태실은 선조 34년 대대적으로 보수됐다. 이때 보수공사는 백자에 태기물을 수습하여 넣었고, 태지를 다시 작성했다. 다시 영조 10년에는 태실비를 만들어 세웠다.

사천군청에 보관되어 있는 〈세종 단종 태실 수개 및 표석 수립의궤〉에 실려 있는 도면과 남아 있는 석재들에 의하면 세종대왕의 태실은 8각의 대석 위에 중동석과 상개연엽석이 놓였다. 주변에는 전석을 깔고 돌난간을 설치했다.

3. 명봉사 사적비로 둔갑한 사도세자 태실

소백산맥의 한 봉우리인 원각봉(965m)에서 남쪽으로 뻗은 지맥에 형성된 명봉산.
명봉산은 널찍한 광주리 한가운데에서 원뿔 모양의 돌 하나를 얹어 놓은 듯한 형상이라고 한다. 용이 솟아오르는 형국의 산세라고도 한다. 산봉우리 정상에 서서 등을 명봉산으로 돌리면, 앞뒤 좌우의 산들이 울타리처럼 푸근하게 감싸 안아주면서 시원스럽다. 분명히 산이지만, 정상은 평평한 마당 같다.

경북 예천군 상리면 회령포 마을 남서쪽에 사찰의 규모가 그리 크지 않으면서도 아늑한 멋이 깃든 명봉사가 있다. 그리고 명봉사 마당 무량수전 곁에는 오래 되어 보이는 빗돌 2개가 나란히 서 있다. 바로 '명봉사 사적비'다. 이 '명봉사사적비'는 원래 영조임금의 아들, 그러니까 뒤주에 갇혀 8일 만에 굶어죽은 사도세자의 태실비였다.

명봉산 태실의 주인공인 사도세자는 영조와 영빈 이씨 사이에서 영조 11년(1735년) 정월에 태어나 불꽃 같은 삶을 살다 죽었다.

사도세자는 2살 때 세자로 책봉됐다. 열다섯이 되자 연로한 부왕을 대신하여 13년 동안이나 왕좌를 지켰다. 하지만 당쟁의 소용돌이에 휘말려 28세의 꽃다운 목숨을 내놓게 된 슬픈 이야기의 왕세자가 되고 말았다.

첫 아들 효장세자를 잃고 오랫동안 우울함을 벗어나지 못하던 영조는 42세의 늦은 나이에 사도세자를 얻었다. 그러나 영조의 기쁨은 오롯이 사도세자에게 옮겨졌다. 세자에 대한 사랑과 기대감이 컸던 만큼 창경궁 집복헌에서 태어난 사도세자를 위해 영조는 스스로 찬미하는 시를 짓고 집복당을 짓기도 했다.

원문을 의역해 본다.

'집이여, 작은 나라가 되리니
서기 어린 큰 기운 곳곳에서 멀리 퍼지는구나.
문 안으로 비춰드는 햇살에 서로를 축하하니
집복당이여, 비로소 그 이름과 상응하는구나'

사도세자는 어린 시절 영특함으로 영조와 왕실의 기대를 넉넉히 충족시켰다. 천자문을 읽다가 '사치할 치(侈)'자를 보고는, 입고 있던 반소매 옷과 자줏빛 비단으로 만든 구슬 꾸미개로 장식한 모자를 가리키면서 "이것이 사치한 것"이라며 즉시 벗어버렸다.

"비단과 무명 중에서 어느 것이 더 나으냐?"고 영조가 묻자, "무명이 더 낫다"면서 무명옷을 입겠다고 대답하기도 했다. 9세 때는 식사 중에 영조가 부르자, 음식을 뱉어내고 대답했다. 그러면서 '소학'에 그렇게 하도록 적혀 있기 때문이라고 말했다.

사도세자는 영민하게 태어나고, 태 또한 명당에 모셔졌다. 그랬건만, 그 비운의 실마리는 어디서 비롯된 것일까? 태실도 그의 생애만큼이나 수난에 수난을 거듭했다. 실로 안타까운 일이 아닐 수 없다.

명봉사 사적비는 거북 형상의 대석과 균형 잡힌 비신, 그리고 용무늬를 새긴 개첨석(머릿돌) 등 3개 부분으로 이루어진다. 비의 전체 높이는 2.4m 정도 된다. 석질과 빛깔이 부드러운 화강암석으로 되어 있으며, 다듬어낸 모양이 준수하다. 이 비석이 바로 사도세자 태실비(경모궁 태실)이다.

1929년 일본 침략자들은 우리나라 전역의 태실을 발굴하고, 태가 든 태 항아리를 서삼릉으로 옮겨 통합 관리한다. 사도세자 태실비도 예외는 아니었다. 하지만 불행하게도 사도세자의 태실에는 태실비 조차 사라지고 없었다.

더구나 태실이 이관된 상황이었으니 사도세자 태실은 자연스럽게 세간의 관심 밖으로부터 멀어지고 방치됐다. 인적이 드문 심산유곡에 내버려진 태실비를 어느 날 명봉사 관계자들이 발견했다. 명봉사 관계자들은 좋은 석질을 아껴 재활용하게 됐다. 지난 1940년 태실 남쪽 200여 미터 아래에 위치한 명봉사로 옮겨진 사도세자 태실비는 명봉사 사적비로 탈바꿈하게 된 것이다.

이때 명봉사 주지스님이 태실의 비면을 깎아낸 뒤 명봉사 사적을 새겨 넣어 말썽이 일었다. 명봉사 주지스님이 도대체 무슨 생각으로 그런 천인공노할 만행을 저질렀는지, 아니면 어떤 지시를 받아 이와 같은 일을 했는지는 알려지지 않고 있다. 아무튼 소중한 문화유적을 망가뜨렸다는 것은 매우 안타까울 뿐이다.

나라 잃은 설움도 크고 깊은데, 왕실과 관련된 유적을 망가뜨리다니 어쩌면 일본 침략자들이 저지른 몹쓸 짓이 아니었을까 싶기도 하다.

명봉사 무량수전 옆에는 오래된 비석 2개가 나란히 서 있다. 하나는 경상북도 유형문화재 제187호인 문종대왕 태실비이고, 나머지 하나가 명봉사 사적비(사도세자 태실비)이다.

태실에서 같은 지맥을 따라 남쪽 명봉사 방향으로 100m 지점에 이르면 문종대왕(세종대왕의 맏아들)의 탯줄이 묻혀 있었던 곳이 나온다.

아무튼 명봉사 사적비의 전면은 '소백산명봉사사적비명'이라 새겨져 있고, 배면에는 건립 연대로 보이는 '소화십오년경진오월일퇴정사 불기이천구백육십칠년창사후일천영육십육년야'라고 새겨져 있다.

명봉사 사적비, 그러니까 사도세자 태실비는 거북 형상의 대석과 우상석, 균형 잡힌 비신, 용무늬를 새긴 개첨석(머릿돌) 등 세 부분으로 이루어진다. 석질과 빛깔이 부드러운 화강암석으로 되어 있으며, 다듬어낸 모양이 준수하다.

대석의 거북머리 위에는 왕자(王)를 선명하게 음각하고, 몸체의 삼면에는 사람 인(人)을 양각하고 있다. 거북의 뒤는 문고리 문양이 연결되도록 양각한 긴 거북꼬리가 인상적이다. 비의 전체 높이는 2.4m 정도이다.

얼른 보아 눈에 띄는 것이 비면의 색깔이다. 옆에 위치한 문종대왕 태실비와 견주어 보면, 명봉사 사적비가 훨씬 희고 부드러워 보인다.

쓰다듬어 보면 손바닥에 닿는 감촉이 매끄럽다. 정의 날카로운 날로 정교하게 쪼은 것과 다르다. 기계로 깎고 민 매끈한 느낌을 갖는다. 대석과 비신과 개첨석이 모두 같은 돌인데도 비신의 표면이 유독 반질거린다. 그것으로 보아 불과 수십 년 내에 누군가가 손을 댄 것이 감지된다. 또한 비신의 윗부분을 둘러쓴 개첨석 밑을 꼼꼼하게 살펴보면 깎아낸 흔적이 선명하다.

이렇게 사도세자의 태실비석은 비면에 새겨진 글을 따라 명봉사 사적비로 변모되고 말았던 것이다.

비면을 깎아낸 뒤 명봉사 사적을 새겨 넣어 사도세자 태실비로 탈바꿈된 사도세자 태실비. 명봉사 주지스님이 무슨 생각으로 그런 만행을 저질렀는지 알 수 없다.

4. 일제 강점기에 훼손 당한 태실들

일제 강점기가 시작되자, 역대 국왕의 태실은 여러 곳이 이미 도굴을 당했다. 심지어 태실이 명당이라 하여 그 자리에다 민간인들이 시체를 암장한 곳도 수두룩한 지경이었다.

그러니 온전하게 태실을 관리하기 위해서는 태항아리를 모두 고양시 서삼릉에 모아야 한다는 일본 통치자들의 명분이 고스란히 먹혀들 수 있는 상황이었던 것이다

일본 통치자들은 1929년 조선의 태실지가 모두 길지라는 사실을 알고, 조선 왕실의 정기를 끊기 위하여 전국에 산재한 조선왕실 태실을 경기도 양주, 그러니까 지금의 고양시 서삼릉 지역으로 옮겨 버린 것이다. 당시 세종대왕의 태항아리도 이안됐다.

일제 강점기에 태실의 상당수가 도굴을 당한 또다른 이유는 태를 묻은 항아리가 국보급 문화재였기 때문이다.

조선 성종의 형이자 시인으로 널리 알려진 월산대군 태실의 경우, 이 곳에 묻었던 태항아리가 1937년 일본인에 의해 수집된 것으로 드러나 일제가 도굴했음을 확증하고 있다. 월산대군의 태항아리와 지석(誌石)은 현재 일본 아타카 컬렉션에 소장되어 있다. 월산대군의 태비와 석함은 서울시 우면동 태봉산에, 태항아리와 지석(誌石)은 멀리 일본에 가 있는 것이다.

1462년 월산대군의 태를 묻었던 서울시 서초구 우면동 태봉산 정상의 태실(태비와 석함)은 지난 2010년 서울시 기념물 제30호로 지정됐다. 월산대군 태실은 서울 지역에서는 유일하게 원 위치에 원형대로 보존돼 있어 문화재적 가치가 크다.

임진왜란 때 파괴된 세종대왕 태실은 일제강점기에 어태가 서삼릉으로 이전되면서 다시 위기를 맞았다. 세종 태실지는 파괴되고, 그 땅은 조선의 민간인에게 팔렸다. 그리하여 세종 태실지는 형태를 알아볼 수 없을 정도로 훼손되고, 부서진 석물들은 계곡에 버려지거나 땅에 묻혀버렸다.

충남 금산군 추부면 마전리에서 대전으로 넘어가는 길목에 있는 만인산 태조의 태실은 태봉산으로 불리고, 이 일대는 조선왕조 개국 이래 줄곧 신성한 성역으로 남아 있었다. 나라의 봉산으로 지정되어 보호를 받아왔다. 나무를 하는 것조차 용납이 되지 않는 등 지역 관리들로부터 엄격한 관리를 받아왔다.

일본 통치자들은 조선의 성지인 태조의 태실에서 멀찍이 떨어져 곧게 나 있던 길을 무시한 채 일부러 태실이 있는 만인산을 깎아냈다. 구불구불한 산비탈로 길을 내 태실을 훼손하고 나라의 정기를 무너뜨리려는 흑심을 드러내며 대전 - 금산간 신작로를 만들었다. 이는 나라의 정기를 막기 위해 명산의 봉우리에 쇠말뚝을 박은 것과 같은 유형의 행태라 할 수 있다.

충남 홍성군 구항면 태봉리 순종의 태석은 일제 강점기에 어태가 서삼릉으로 옮겨간 뒤 구항초등학교 교정으로 옮겨져 일장기를 게양하는 국기게양대의 지주로 사용되었다.

예종의 태실은 전북 완주군 구이면 원덕리 태실에 있었다. 일제 강점기에 어태가 서삼릉으로 옮겨간 뒤 태실은 방치됐다. 태실의 일부 시설물은 태실 마을과 구이초등학교 사이에 가로놓인 하천의 돌다리로 사용되는 수모를 겪었.

이를 안타깝게 여긴 주민들은 태실을 구이초등학교로 이전 복원했고, 다시 1970년대에 전주 경기전으로 옮겨 오늘에 이르고 있다.

5. 친일파 후손에 의해 훼손 당한 태실들

　세종대왕 태실지와 단종 태실지는 약 1km의 거리를 두고 경남 사천시 곤명면 은사리 산 봉우리에 있다.

　세종대왕의 태를 묻었던 자리에는 우리나라 한 대기업과 관련이 있는 사람의 묘가 조성되어 있다. 그리고 단종의 태를 묻었던 자리에는 친일파가 묻혀있다. 세종대왕 태실지는 곤명면 은사리 산 27번지에 있다. 원래 태실지는 산 봉우리에 있었다. 봉우리에서 약 50m 떨어진 산 중턱에 태실비와 돌 난간, 지대석, 주춧돌, 팔각대를 한데 모아 놓은 곳이 있다. 이들 석물들은 산 여기저기에 흩어져 있던 것을 한데 모아 놓은 것이다. 사천시는 석물 앞에 안내판을 세워놓았고, 100m 떨어진 곳에 주차장을 조성해 놓았다. 원래 세종대왕 태실지였던 땅은 지금은 개인 소유다. 현재 산봉우리에는 태실지와 관련 없는 개인 묘소 3기가 조성되어 있다. 맨 앞에 있는 무덤에는 비석이 없고, 뒤에 있는 2기에는 비석이 세워져 있다. 사천시청 관계자는 원래 태실지였던 땅이 개인 소유라서 지금으로서는 어떻게 할 방법이 없다고 한다. 그래서 태실 주변에 안내판과 주차장을 설치하는 등 현 상황에서 할 수 있는 관리에 최선을 다하고 있다는 것이다. 그리고 전주이씨 종친회 관계자는 세종대왕태실지였던 자리에 있는 묘소는 우리나라 한 대기업과 관련이 있는 사람의 것으로 안다고 밝혔다.

　한편 태종 태실지에서 바라다 보이는 단종 태실지에 들어서 있는 무덤의 주인공은 친일파 최연국(1885~1951년)이다. 1990년대 말에 세워진 묘비에 보면, 그를 민족교육에 앞장 서는 등 지역과 민족을 위해 많은 일을 한 사람으로 묘사해 놓았다.

비석을 보면, 최연국의 아들은 경기도 지사와 국회의원 등을 지내고, 사위는 검사를 지냈다. 조카는 국회의원과 KBS 사장, 문화공보부 차관 등을 지냈다고 기록해 놓았다. 민족문제연구소에 의하면, 최연국은 친일파다. 사천 출생으로 사천의 유력한 지주 가문에서 태어나 1903년 궁내부의 주사를 시작으로 일제강점기 동안 정계와 재계의 요직을 거쳤다. 명달보통학교(현 사천초등학교) 교장(1905년), 일신고등보통학교 설립 발기인(1920년)을 지내는 등 지역의 교육계에서도 활동했다.

사천 지역을 대표하는 친일파로 부상한 뒤 1933년부터 11년간 조선총독부 중추원 참의를 지냈다. 또한 1941년 조선임전보국단, 1944년 국민총력동맹 등에 가입하여 적극적인 친일 활동을 벌였다.

광복 이후에는 반민족행위특별조사위원회에 의해 조사를 받았으나, 반민특위가 해체되면서 풀려났다.

최연국은 2002년 발표된 친일파 708인 명단과 2008년 민족문제연구소에서 친일인명사전에 수록하기 위해 정리한 친일인명사전 수록예정자 명단에도 모두 선정됐다. 뿐만 아니라 2009년 친일반민족행위진상규명위원회가 발표한 친일반민족행위 705인 명단에도 포함돼 있다.

일본 침략자들을 1929년 전국의 태실지를 의도적으로 훼손했으며, 그 땅을 개인에게 불하했다. 단종 태실지는 명당이라 아무나 살 수 없었고, 친일파 최연국이 소유했다. 그가 죽자 후손들이 무덤을 썼던 것이다. 단종 태실지 자리에는 최연국의 무덤이 조성되어 있고, 단종 태실지에 세웠던 석물, 비신 등은 지금은 그의 무덤 가장자리로 밀려나 있다. 사천시청 관계자는 단종 태실지가 있었던 땅은 개인 소유이기에 토지를 수용할 수 없는 처지라면서, 한때 유족한테 공문을 몇번

보내 협조해 달라고 요청한 적이 있지만 아무런 답변이 없었다고 한다.

세종대왕 태실지는 세종대왕 즉위년인 1418년에 조성되었고, 세종대왕은 1441년 사랑하는 손자 단종이 태어나자, 자신의 태실 앞산에 태실을 안치하도록 어명을 내렸다. 1730년에는 경상도 관찰사 박문수에 의해 태실지가 보수된 적이 있었다. 당시 표석을 세우기 위해 진주에 있던 돌을 사천으로 옮기는데 1,170명이 동원되었다는 기록이 전한다. 돌을 옮기면서 농작물에 피해를 주지 않기 위해 노력했다는 기록도 있다. 경남도는 1975년 이들 태실지를 기념물로 지정했다.

사천시는 2개 태실지 앞에 안내판도 세우고, 주차장도 조성하는 등 관리에 최선을 다하고 있다. 한때 사천시는 이곳 태실지에 대한 성역화 계획을 세웠지만, 개인 소유의 땅에 개인 무덤들이 있어 더 이상 진행시키지 못했다.

단종 태실지에 들어선 친일파의 무덤. 그 친일파는 자손의 영달을 위해 이곳에 묘자리를 썼다.

6. 부호의 묘자리로 팔린 영조의 태실

　조선의 역대 왕들의 태실지가 그러했듯이 영조의 태실도 많은 고초를 겪었다.
　일제 강점기에 조선의 민족성을 떨어뜨리고, 왕가의 많은 재산을 압수하기 위한 목적으로 전국토지조사가 단행되었다. 이때 충북 청원군 낭성면 영조의 태봉은 동양척식주식회사로 넘어갔고, 청원 부강의 한 부호에 의해 매입됐다.
　그는 일대의 만석꾼으로 이름난 김학현씨였다. 연기군과 경계를 이루고 있는 금강에서 소금배를 운영하며 많은 돈을 번 부호였다. 태봉을 매입한 것은 왕의 태를 묻었던 산, 즉 전국에서 손꼽히는 명산 가운데 하나라는 이유에서였다.
　그는 선친의 묘자리를 좋은 자리에 모시는 것을 미덕으로 알았고, 또 대대손손 후광을 얻는다는 속설을 믿고 영조 태실 터를 매입했다.
　마을 주민들은 이에 반발했다. 왕의 태를 묻었던 곳에 산다는 자부심을 갖고 살았던 마을 주민들은 민묘가 들어선다는 사실을 받아들이기 힘들었다. 그래서 왕가의 태실지에 묘자리를 쓰면 부정 탄다는 이유를 들어 김학현씨를 설득했다. 끝내 마을 사람들의 의견을 받아들여지지 않았다. 그러자 마을 사람들은 상여가 들어오던 날 힘을 합쳐 저지하기로 의견을 모았다.
　김학현씨는 이같은 사실을 미리 감지했고, 건장한 남자 50명을 상여꾼으로 사서 무성리 마을로 돌아왔다. 결국 힘으로는 열세한 주민들이 밀리고, 결국 영조 태실 터가 있는 태봉산 정상에 일반인 묘가 들어서게 됐다.
　이후 김학현씨는 마을 주민들이 조부모의 묘를 파묘할 것을 걱정해서 성모재(誠慕齋)라는 건물을 건립했다. 재실은 평지에 위치하기 마련이었다. 그러나 재실 용도를 겸한 성모재는 높은 곳에 위치하고 있다. 이는 마을 주민들의 동태를 살피려는 의도도 함께 있었기 때문으로 여겨지고 있다.

현존하고 있는 성모재는 정면 4칸, 측면 2칸 규모로 용마루에 멧돼지 모양의 잡상(기와지붕의 추녀마루 위에 놓이는 흙으로 만든 인형)이 있는 것이 특징이다. 그리고 풍벽에는 흰 바탕 위에 포도 무늬가 새겨져 있다.

민묘가 들어선 후 마을 주민들은 영조 가봉비를 마을로 옮겨 보호했다.

그런데 영조의 태실 터에 묘자리를 쓴 김학현씨의 자손들은 부귀영화를 누렸을까? 김학현의 집안에서는 불행이 꼬리를 물었다. 그의 친아들은 6.25 때 보도연맹으로 몰려 사망했고, 손자는 아들 없이 딸만 두면서 절손이 됐다.

이때 한 역술인이 "왕실의 태에 치욕을 줬기 때문"이라고 귀뜸했고, 손자되는 사람은 영조 태봉산 정상

영조 어진. 조선시대 임금의 어진 중에 현존하는 어진은 몇 개 안 된다.

에 있던 조상 묘를 다른 곳으로 옮긴 것으로 알려지고 있다. 따라서 현재 태봉산 정상의 묘자리는 주인 없이 비어있는 모습이다.

부강의 갑부였던 김학현 씨의 생전 행적은 당시 신문기사를 통해서도 확인되고 있다. 그는 당대의 갑부답게 기부도 많이 했던 것으로 나타난다.

〔충북 청주군 부용면 유지 제씨는 기근에 헤매는 동포에게 아래와 같은 동정금을 주었다고 한다. 김학현 1백20원, 김원복 전서봉 우덕삼 곽흥원 이태현 박노태 각 30원 소계 4백원〕〈동아일보 1930년 3월 2일자〉

이 기사를 보면 김학현씨의 기부금이 전체 기부자 7명 중 액수가 가장 크다. 동아일보가 보도한 다른 기사에서도 그가 또다시 기부액 전체 1위를 차지한다. 이 때가 김학현씨의 전성기였던 것으로 추정된다.

부강의 한 부호가 영조의 태실지에 조부모의 묘를 이장한 뒤 세운 재실 성모재. 마을 주민들이 파묘할 것을 우려해서 그들의 동태를 살피려는 의도로 건립됐다.

7. 도굴꾼에 의해 훼손 당한 태실들

일제 강점기에 조선 왕조의 태 54기를 파헤쳐 서삼릉으로 옮길 당시, 이왕직(李王職)의 관리인 이원승과 유해종이 전국 각처의 태실을 순방했다.

이 당시에도 조선 왕들의 태실은 여러 곳이 이미 도굴을 당했다. 심지어 태실이 명당이라 해서 그 자리에 민간인들이 시체를 암장한 곳도 수두룩한 지경이었다.

충남 예산의 현종 태실은 태항아리마저 온데 간데 없었다. 충남 홍성의 순종 태실에는 암매장한 시신 2구가 나왔다고 전해진다.

1928년에는 도굴꾼들이 충남 부여군 충화면 선조 태실의 태항아리를 꺼내 가면서 태실 전체가 파헤쳐져 석물이 엄정면사무소까지 옮겨져 있었다. 그러던 것을 1976년에야 원 위치에 복원했다.

조선 왕조의 태 54기가 경기도 고양시 서삼릉으로 이전한 이후에는 지역 권력자와 친일파들이 '태실이라는 명당'에 눈독을 들였다. 그들은 이때다 싶어 자기네 선조의 묘를 그 자리에 썼다. 그래서 조선 왕실의 태봉 유적지에 가보면 대부분 텅 비어 있거나 민묘가 들어서 있다.

중종의 왕자 복성군의 태지와 태항아리는 지난 1996년 한국미술품경매전에 매매 대상으로 출품된 바 있다. 이 태지는 그 이전에 도굴되어 서울 인사동 골동품 가게를 떠돌아다녔다.

복성군의 묘소는 경기도 남양주시 진접읍 연평리에 있지만, 태실의 위치는 밝혀지지 않았다.

경기도 광주시 퇴촌면 원당리 태봉에는 성종의 공주 태실지가 있었다. 현재는 잔존한 석물들이 태실지 주변에 방치돼 있다.

　그런데 이곳 주민 박승희옹에 따르면 일제강점기에 이 태실을 옮기러 온 일본인들이 태봉산 아래 우물에서 점심을 먹었다고 한다. 박옹은 당시 12세였다. 그러나 이 태실은 1929년 조선왕조의 태실들을 한데 모아놓은 경기도 고양시 서삼릉에 이전되어 있지 않다. 이런 저런 정황으로 미루어 짐작할 때 일본인을 가장한 전문 도굴꾼의 소행으로 추정된다.

　이곳 원당리 태봉에는 성종의 공주 태실지 뿐만 아니라 연산군 왕자의 태실도 있었다. 이 태실은 1961년 5월 인근에 거주하던 도굴꾼에 의해 파헤쳐졌다. 다행히도 도굴은 발각되었고, 바로 압수된 태항아리와 태지는 현재 국립중앙박물관에 전시되어 있다.

　강원도 원주시 호저면 산현리 선조의 왕손 태실도 지난 1968년 도굴 당했다. 당시 태실 주변은 지하실을 파내기 위해 공사를 한 것처럼 그 일대가 깊숙이 파였고, 개첨석 태지석 석물 등이 나뒹굴었다.

　한편 일본의 오사까의 세계적인 도자기박물관인 '동양도자전문미술관'에 소장된 몇몇 태항아리들은 경북 성주군 '세종대왕 17왕자 태실'에서 도굴된 것으로 전해지고 있다. 도굴꾼이 파낸 태항아리는 골동상인의 손에 넘어간 뒤 일본인 수집가 아타카에게 다시 팔렸던 것이다.

　성주군은 지난 1977년 세종대왕 17왕자 태실지를 보수했다. 당시 보수 공사에 참여한 관계자들에 따르면 여러 태항아리와 태지들이 이미 도굴 당한 상태였다고 한다.

　도굴꾼이 파낸 태항아리와 태지들은 거의 대부분 골동상인이 사들인다. 골동상인들은 이 물건에 엄청난 이익금을 붙여 골동품 수집가나 박물관 관계자들에게 넘긴다. 이

익금은 도굴꾼으로부터 사들인 가격의 몇 배, 몇십 배가 될 수도 있다. K박물관 등 국내 사설 박물관에 전시된 태실의 부장품들도 이런 경로를 거쳐 매입된 것이다.

태항아리와 태지들은 고려청자와 조선백자처럼 매장 문화재로 분류된다. 매장문화재란 땅 속에서 출토된 문화재라는 뜻이다. 도굴된 고려청자와 조선백자가 유통되는 경로도 비슷하다.

도굴꾼들은 10여년 전까지도 조선왕실의 태실을 노리고 파헤쳤다. 2003년 10월에는 광해군의 탯줄이 보관된 태실이 파헤쳐져 당국이 진상조사에 나섰다.

당시 대구 북구청에 따르면 북구 연경동 태봉에 묻혀 있던 광해군의 태실이 깊이 1.5m, 지름 1.8m의 규모로 파헤쳐졌다. 당초 태실 상부에는 높이 1.8m, 너비 1.8m 정도의 거북 모양 좌대가 있었다. 그러나 발견 당시 좌대도 크게 부서져 있었다. 지렛대용 각목과 밧줄 등이 널브러져 있었다. 또 태실을 보호하기 위해 설치한 것으로 추정되는 지름 1m가량의 원형 돌도 노출돼 있었다.

구청측은 "도굴꾼들이 원형의 돌을 들어내고 도굴을 시도했으나, 돌이 무거워 일단 도굴에는 실패한 것으로 추정된다"고 밝혔다.

도굴꾼에 의해 파헤쳐진 선조의 왕손 태실은 그 일대가 쑥대밭이 되다시피 했다.

8. 속설에 의해 훼손 당한 태실

조선왕조 왕자와 왕녀의 태실은 무너진 곳이 많고, 이러한 태실 주변에는 많은 민간인의 태가 묻혀 있다. 명당에 태를 묻음으로써 자기 자식들이 앞으로 복을 받기 바라는 흔적이다.

특히 강원도 원주시 대장동에 위치한 성종의 왕녀 정순옹주 태실 주변에는 많은 민간 태가 묻힌 것으로 전해지고 있다.

1866년(고종 3년)에는 진산군에 사는 김치운이 충남 금산군 추부면 태조 태실 근처에 아내의 묘를 썼다가 이를 다시 파갔다. 역시 왕실의 태실 주변에 묘자리를 써서 후손들이 복을 받게 하려는 의도에서였다.

이 사실이 나중에 발각되어 고종에게까지 보고되었다. 김치운은 중죄인으로 형장(刑杖)을 가하여 신문을 받고, 황해도 백령진에 있는 섬으로 유배되었다.

당시 왕실에서는 태조 태실의 내상석과 중대석이 흔들리는 것을 수리했다. 그리고 묘를 파간 곳을 다시 메우고, 금표 안의 빈터에 돌과 소나무를 옮겨 심었다.

한편 전북 전주시 완산구 풍남동 3가 경기전에 옮겨져 있는 예종대왕 태실의 귀부는 거북이 코가 아예 없다. 오랜 세월이 지나면서 코가 많이 닳아 없어졌다.

그 이유는 태실에 있는 거북이 코를 만지면 아이를 낳는다는 속설이 번지면서 수많은 관광객들이 거북이 코를 만지고 가기 때문이다. 코가 닳은 이곳의 거북이는 유머 있고 순박한 청년 같은 느낌을 준다.

9. 근대화의 물결에 휩쓸려 사라진 태실들

 최근 들어 지방자치단체가 나서 태실 유적을 복원하는 분위기다. 하지만 아직도 어디에 있는지조차 알 수 없는 태실도 적지 않다. 연산군의 태실이 아직 정확히 파악되지 않는 것이 대표적인 사례다.

 또 무분별한 개발로 훼손된 유적지도 여러 곳이다. 인조 태봉은 충주댐으로 수몰되었고, 현종 태봉은 태실이 있던 산봉우리가 깎여나갔다. 순종의 태봉은 주변에 공장이 들어서면서 형체도 없어졌다.

10. 유림에 의해 훼손 당한 광해군 태실?

 영화 '광해, 왕이 된 남자'가 관객 1천만 명을 돌파해 광해군이 주목받았다.
 조선 15대 왕 광해군(1575~1641년)에 대한 평가는 극과 극을 달린다. 한편에서는 광해군을 무능하고 비열한 폭군으로 내몰고, 다른 한편에서는 유능했지만 불우한 군주로 받들고 있다.
 광해군은 임진왜란 때 세자로 책봉돼 국난 수습에 힘썼다. 즉위 후에는 자주적이고 실리적 외교로 명나라와 청나라의 교체 시기에 현명하게 대처했다. 또한 대동법을 실시해 공납제도의 폐해를 개선했다. 광해군은 대북파를 전면에 내세워 개혁을 하다 서인 세력의 반정으로 폐위됐다.
 하지만 친형 임해군과 이복 동생인 영창대군을 죽이고, 인목대비를 유폐시키는 패륜을 저질렀다. 궁궐을 중수하기 위해 막대한 세금을 부여하고, 전란으로 피폐해진 백성을 노역으로 내몰았다.

광해군 태실은 대구시 북구 연경동 태봉마을 북편 야트막한 구릉 말단부에 있다. 현재 태봉마을과 주변 토지는 LH가 시행하는 보금자리주택지구로 편입돼 개발을 기다리고 있다.

광해군은 반정에 의해 폐위됐다. 또 그의 태실은 여느 국왕의 태실과 같이 관리한 것도 아니다. 그럼에도 불구하고 일제 강점기까지 광해군의 태실은 어느 정도 위용을 지니고 있었다고 한다.

전하는 말에 의하면 폭군으로 통하던 광해군의 태실은 한때 태비, 중동석 등 혹독한 파괴를 당했다. 일제 강점기에 이 산의 산주들이 풍수지리설과 관련하여 고의적으로 자행한 것이라고 한다.

그런가 하면 유림 세력들이 고의적으로 훼손하고 파괴했다고 한다.

훼손 당했던 광해군 태실. 폭군으로 통하던 광해군의 태실은 유림 세력들이 고의적으로 파괴되는 등 혹독한 파괴를 당했다고 한다.

이렇게 고초를 겪은 광해군 태실은 1990년대 초에는 도굴꾼에 의해 파헤쳐졌다. 누군가 땅 속에 묻혀 있는 석함을 파내려다가 중도에 포기하고 돌아갔다.

광해군을 새로운 시각으로 바라보는 사관이 설득력을 얻고 있지만, 폭군으로 낙인 찍힌 광해군의 태실은 이래 저래 수난의 연속이었다.

2003년에도 광해군 태실이 파헤쳐져 당국이 진상조사에 나섰다. 대구 북구청에 따르면 북구 연경동 태봉에 묻혀 있던 광해군의 태실이 도굴꾼들에 의해 파헤쳐졌다.

문경현 경북대 명예교수(사학과)는 "광해군 태실은 인조반정 이후 광해군이 폐위되면서 파괴됐을 가능성이 높다"고 했다. 인조 반정은 서인이 주도하고 남인이 동조해 북인을 몰아낸 정변이다.

유림의 계보로 따지면 이곳 대구 유림은 남인과 서인이 주류였고, 인조반정에 대부분 동조하는 분위기여서 누군가 광해군태실에 손을 댔을 개연성이 없지 않다. 하지만 누가, 언제, 어떻게 태실을 파괴했는지는 자세히 알려지지 않고 있다.

근처에 세워진 문화재청의 안내문에는 광해군 태실에 대한 발굴조사가 지난 2013년 12월부터 시작됐다고 적혀 있었다. 하지만 이곳에 광해군 태실이 있었다는 사실을 알려주는 비석이나 석물들이 그저 비닐에 싸인 채 흩어져 있을 뿐이었다.

2013년 광해군 태실이 사람들의 관심을 받을 때만 해도 발굴조사사업은 금세 이뤄질 분위기였다. 북구는 문화재 보존을 위해 예산 2천만원을 들여 같은 해 11~12월 한 달간 경북문화재연구원에 의뢰해 지표 조사를 실시하기도 했다.

이에 대해 전문가들은 광해군 태실이 갖고 있는 역사학적 가치와 관광자원으로서의 잠재력을 감안할 때 광해군 태실에 대한 발굴조사와 복원, 관광자원화 사업 등이 시급하다고 지적한다.

주술적인 악의로 훼손 당한 김유신 장군 태실

가락 김해 김씨 진천군 종친회 관계자 3명은 지난 2006년 5월 충북 진천군 진천읍 문봉리 태령산 정상에 있는 김유신 장군의 태실 봉분 가장자리에 황동으로 만든 호랑이가 묻혀 있는 것을 발견했다.

김병천 종친회장은 "태실 봉분을 둘러싼 석축 일부가 파헤쳐진 흔적이 있어 확인해 보니 석축 안에 길이 40cm, 높이 20cm, 무게 4kg 가량의 황동 호랑이가 묻혀 있었다"고 밝혔다.

김 회장은 "누군가 주술적인 악의를 갖고 가락 김해 김씨 중시조인 김유신 장군의 태반과 탯줄을 먹는 호랑이 형상의 황동을 묻은 것 같다"고 밝혔다.

현장조사 결과, 다행히도 태실 주변 흙을 파내거나 훼손한 흔적은 발견되지 않았다.

이 태실은 지난 1995년 6월에도 군부대에서 김유신장군 태실의 봉분을 깎아낸 뒤 군용 헬기장을 조성한 것을 뒤늦게 발견해 말썽을 빚게 되자, 원상 회복시킨 적도 있었다. 그후 1999년 종친회의 노력으로 국가지정문화재 사적 제 414호로 지정됐다.

태령산 정상에는 김유신의 태가 묻힌 태실이 있고, 산 아래 생가에서 200m 쯤 떨어진 곳엔 김서현 장군과 어린 김유신이 물을 마신 우물(연보정)이 아직도 남아 있다. 인근에는 장군에게 제사 지내는 길상사가 있다.

이 사건은 범인이 잡히기 전에는 범행 동기를 정확히 파악할 수 없다. 예전에도 왕가의 태가 묻힌 주변에는 주술적이거나 당대발복을 기원하는 기이한 행적들이 잇따랐다.

김유신 장군 태실에서 발견된 황동 호랑이. 누군가 주술적인 악의를 갖고 김유신 장군의 태반과 탯줄을 먹는 호랑이 형상의 황동을 묻은 것으로 추측된다.

김유신 영정

- 제 8 장 -
답사여행지로 추천할 만한 태실들

제 8장 – 답사여행지로 추천할 만한 태실들

1. 신라 김유신장군 태실 – 가장 오래된 태실

김유신 태실은 2~3단 정도의 호석(護石)을 돌린 나지막한 봉분의 형태로 정확한 태실 구조는 파악할 수 없다.

김유신 장군의 영정을 봉안한 길상사. 사찰이 아니라 삼국통일의 위업을 이룩한 김유신 장군을 모시는 사당이다

하늘에서 내려다 본 김유신 태실지. '삼국사기'와 역대의 지리지에 김유신의 태를 묻은 곳으로 기록되어 있다.

김유신 장군이 마셨던 우물터 연보정은 높이 2.6m나 되는 큰 우물이다. 자연석으로 석축을 돌려 쌓았다.

삼국통일의 위업을 이룩한 신라 명장 김유신장군(595 ~ 673년)의 태를 묻은 충북 진천군 진천읍 상계리 태령산 태실.

현존하는 태실 가운데 우리나라에서 가장 오래된 태실 축조의 형식을 가진 것으로 중요한 가치가 있다. 태령산성 정상부에 위치한 이 태실은 평면 원형으로 2~3단 정도의 호석(護石)을 돌린 나지막한 봉분의 형태로 정확한 태실 구조는 파악할 수 없다. 사적 제 414호로 지정됐으며, '삼국사기'와 역대의 지리지에 김유신의 태를 묻은 곳으로 기록되어 있다.

풍수지리학적으로는 좋은 기운이 가득 찬 생기혈이 태의 주인에게 전이되어 자손이 번창한다고 한다. 그리하여 이곳을 찾는 이 또한 생기 혈의 기운을 받아 임신이 잘되고, 잉태된 아이는 훌륭하게 자라날 기운을 받게 된다고 전해지고 있다

예로부터 '생거진천(生居鎭川) 사거용인(死居龍仁)'이라고 했다. 충청도 진천 지역은 평야가 넓고, 토지가 비옥할 뿐만 아니라 저수지도 많아서 가뭄과 물난리가 별로 없고, 농사 짓기가 편안했다. 게다가 인심도 좋아 살기 좋은 고장이라 하여 '생거진천'으로 통했다. 그리고 경기도 용인 지역은 산과 물의 경치가 좋고, 산세가 순후하여 가문과 지체가 높은 사람들의 산소가 많기에 '사거 용인'이라 불렀다.

김유신 장군의 아버지는 이곳에 만노군 태수로 부임한 김서현 장군이다. 아버지로부터 화성과 토성이 쏟아져 내리는 꿈을 받았다. 어머니로부터는 금으로 된 갑옷에 동자가 구름을 타고 들어오는 태몽을 받아 스무 달 만에 탄생하게 된 아기가 바로 김유신이다.

[신라 진평왕 때 만노군 태수 김서현의 아내 만명이 아이를 밴지 20달만에 아들을

[낳으니, 이름을 유신이라 하고, 태를 현의 남쪽 15리에 묻었다. 신라 때부터 사당을 두고, 나라에서 봄, 가을로 향을 내리어 제사를 지냈으며, 고려에서도 그대로 따라 행하였다] 〈세종실록지리지 진천현〉

[길상산의 또 다른 이름은 태령산이다. 신라 진평왕 때 만노군의 태수 김서현의 아내 만명이 임신한지 20개월 만에 아들을 낳으니 유신이다. 태를 이 산에 묻어 두고 인하여 길상이라 이름하였다] 〈신증동국여지승람 진천현〉

일설에는 뒷산 태령산에 태를 묻을 때 용이 내려와 태를 가지고 승천했다는 것이다. 이런 까닭으로 태령산은 태룡산으로 불리기도 한다.

이렇게 태어난 김유신은 삼국통일의 위업을 이룩하고, 신하로서는 최고의 관직에 해당하는 태대각간이란 자리까지 올랐다가 사후 흥무대왕으로 추존됐다. 태생부터가 상서로운 기운을 머금고 잉태되기도 했지만, 김유신을 걸출한 인물로 키워낸 데에는 어머니 만명부인의 지극한 사랑과 정성이 지극하여 천지를 감동시켰다.

이 태실 주변에는 삼국시대에 쌓은 것으로 보이는 옛성이 잔존하고 있다. 그 전체적인 형국을 평면도로 그려보면 태아의 모습이다.

이 성은 장군의 태실을 보호하는 역할을 했다. 여기서는 삼국시대의 토기도 출토되었다.

이 태실은 일제강점기에 다음과 같이 조사됐다.

〈 성지 : 군중면 상계리 : 사유전 : 태장산이 있고 국유림이다. 봉평리 부락의 작은 언덕에 있다. 석축으로 하여 주위 백오십간, 높이 사척이다. 거의 완전하며 김유신장군의 태봉이라고 전해 내려온다 〉 '조선보물고적조사자료' p93

이 산의 아래 동쪽에는 김유신 장군을 모시는 사당인 길상사가 위치하고, 서쪽에는 김유신 장군의 생가가 복원되어 있다.

장군의 생가로 가기 전, 길상사부터 들러보는 게 순서일 듯 싶다. 길상사에 들어서면 먼저 오른쪽 끝으로 김유신 장군께 올리는 재실이 보인다.

도당산 자락에 포근히 안긴 사당은 고요하기 이를 데 없다. 재실과 사적비를 지나면 홍살문을 통과해 외삼문과 내삼문으로 들어간다. 내삼문은 흥무전으로 들어가는 마지막 관문이다. 흥무전에는 김유신 영정과 흥무왕 사적비가 세워져 있다. 그냥 스치듯 감상하는 것보다 하나하나의 의미를 되새기면서 찬찬히 둘러볼 일이다.

이곳 상계리 계양마을은 우리 농촌의 서정을 그대로 보여준다. 진초록의 들판과 야산이 어깨동무하듯이 펼쳐져 있고, 논두렁 밭두렁마다 아지랑이가 피어오른다.

생가 터에는 장군의 업적을 기리는 비석과 태실이 있다. 해발 461.8m의 태령산 태령산성의 정상부에 자리한 이 태실은 원형으로 3단의 석축을 쌓고, 그 위에 흙을 덮어 봉분 형태로 만들었으며 지름 9m, 높이 1m 규모이다.

탄생지 뒤편에 있는 뒷산은 장군의 태가 묻혔다고 해서 태령산이다. 태령산성은 태실을 둘러싼 돌담의 성격으로, 신라시대의 산성 축조술을 엿볼 수 있는 곳이다.

태령산성은 삼국시대나 고대의 변방 산성지처럼 자연 할석을 이용해 낮고 간략하게 축조했다. 길이 약 190m, 높이 1.2~1.8m이고, 산성이라기보다는 태실을 둘러싼 돌담의 성격이 짙다. 경사가 급한 동쪽 외에는 보존 상태가 양호하다.

김유신 탄생지에서 길을 따라 계속 가면, 그 끝에 보탑사가 나온다. 절로 들어가는 길 양쪽으로는 온갖 들꽃과 나무들이 숲을 이루고 있어 일상에 찌든 심신을 말끔히 씻어준다.

보탑사는 1996년 고려시대 절터로 전해지는 곳에 비구니 스님인 지광, 묘순, 능현스님이 창건했다. 1992년 대목수 신영훈을 비롯한 여러 부문의 장인들이 참여한 불사를 시작해서 1996년 8월 3층 목탑을 완공했다. 그후 지장전 영산전 산신각 등을 건립하고, 2003년 불사를 마쳤다. 보탑사는 쇠못 하나 쓰지 않은 순수한 목탑으로 목수 신영훈 선생의 혼과 열정이 녹아 있는 보기 드문 걸작이다.

또한 보탑사를 에두른 앞산(보련산)과 뒷산(만뢰산)의 산세는 감탄이 절로 나온다. 특히 보탑사 3층 미륵전에서 바라보는 앞산은 그 모양이 마치 연꽃 같아 산 이름도 보련산이란다.

부근에는 장군 김유신이 어린 시절에 물을 마셨다는 연보정이라는 우물이 있다. 너비는 1.8m이고, 후면의 높은 쪽은 2.6m나 되는 꽤 큰 우물이다. 자연석으로 석축을 돌려 쌓았다. 앞에는 석축을 정교하게 쌓은 약 4m의 수로가 있다. 서쪽 완만한 평탄대지에는 자연석을 이용해서 3~5줄로 쌓은 삼국시대의 석축이 남아 있다.

▶ 찾아가는 길 : 중부고속도로 진천 I.C - 진천군 - 진천 군청 앞 삼거리에서 천안 방향 - 길상사.
▶ 이용안내 문의 및 안내 : 진천군청 문화체육과 043-539-3624

2. 태조 이성계 태실

원래 태조의 태는 책사였던 무학대사의 가르침에 따라 태어난 곳인 함경도 용연에 있었다. 즉위 후 영흥으로 옮겼다가 전라도 진산으로 다시 옮겨왔다. 그러다가 태조의 어태가 만인산 자락에 안치된 데는 다음과 같은 사연이 전해지고 있다.

태조 어진. 태조가 만인산을 선택한 것은 한양이 아직 도읍지로 정해지기 전에 새로운 도읍 후보지였던 계룡산과 가까운 지역이었기 때문이기도 했다.

▶▶ 고려말 조선초에 한 시인이 있어 삼천리 방방곡곡의 명승 고적을 두루 돌아보고 많은 시를 읊었다 한다. 그는 서울에 올라가 이곳 만인산을 두고 산의 모양이 깊고 두터우며 중첩된 산봉우리가 연꽃이 만발한 형상인데다 99계곡의 물이 한곳으로 모여 내를 이룬다고 아름다움을 읊었다. ◀◀

왕실에서는 이 소문을 듣고 지관을 보내 답사한 결과, 산세가 수려하고 계류가 순회하는 등 과연 시인의 말이 맞았다. 지관이 산 위에 이르러 점지하여 말하기를, '아름답도다, 이는 만세의 터로구나' 하고 탄복했다.

만인산의 한자는 萬人山이 아닌 萬仞山이다. 이는 만길 높이의 산이라는 뜻으로 높은 낭떠러지기라는 의미를 담고 있다고 한다. 만인산에는 2개의 큰 봉우리가 있는데 옛날에는 이 두봉우리가 모두 성화를 올리는 곳으로 이용되었다. 두 봉우리 사이에는 태봉재라고 해서 대전과 금산을 잇는 중요한 고개가 있다.

1396년(태조 2년) 무학대사의 지시로 만인산 남쪽 산허리에 태조 20년(1393년) 태조의 태실을 만들어 태를 안치하고 태실비를 세웠다. 이후 만인산을 태봉산이라고도 불렀고, 옥계부사를 두어 관리하도록 했다.

태조가 이곳을 선택한 것은 한양이 아직 도읍지로 정해지기 전, 새로운 도읍 후보지였던 계룡산과 가까운 지역이었기 때문이기도 했다.

이곳 태봉산 아래에 있는 마을 이름은 태봉촌이다. 태봉촌에서는 태봉을 '태 모신 날'이라고도 부른다. '날'은 산봉우리를 뜻한다.

이곳 만인산은 대전광역시 동구와 충남 금산군 추부면 등 두 지역의 접경을 이루는 산으로 해발 537m에 달하는 아주 아담한 높이를 자랑한다. 산세가 험하지 않으면서 깊은 골을 이루고 있는 산이다. 만인산이란 이름의 유래는 만 길이나 높고 깊은 산이라는 뜻에서 비롯됐다.

이곳 태조 태실은 만인산자연휴양림 산책로에 이정표가 잘 되어있어 어디서든 태실의 위치를 찾는데 어려움이 없다.

태를 묻었던 능선은 쌍봉낙타형으로 남향이고, 태봉산의 북풍을 막을 뿐만 아니라 햇빛이 잘 드는 곳이다. 태조대왕 태실 아래에는 구불구불 완만한 산들의 모습을 볼 수 있다. 그 모습이 가히 절경이다. 높고 뾰족한 산은 아닐지라도 구불구불 완만한 곡선이 만들어 내는 선의 아름다움이 눈부시다.

태조대왕 태실이 위치한 곳은 경관이 정말 멋지다. 풍수지리를 잘 모르는 사람도 이곳에 가 보면 명당이라는 생각이 저절로 든다. 그 옛날 이곳을 본 한 시인이 만인산의 경치를 칭찬했다는 것이 이해가 된다.

태조 태실은 일제 강점기에 크게 파손됐다. 1929년 전국의 조선왕조 태실들을 경기도 고양시에 자리한 서삼릉으로 이전했는데, 태조 태실은 이때 크게 훼손되었다. 그 당시 태실 주변의 석물들은 옮길 수 없었으므로, 태실에 안치했던 태조의 태를 넣은 태항아리만 서삼릉으로 옮겼다.

그 이듬해엔 이곳 태조의 태실 자리를 친일파 조병갑에게 넘겼던 것으로 토지대장에 기록돼 있다.

이렇게 훼손된 태조의 태실이 해방 이후에도 원래대로 복원되지 않은 것은 물론, 태실 자리는 조병갑의 손을 떠난 뒤에도 50여년간 명당을 차지하기 위한 세도가들 사이의 아귀다툼의 대상이 돼 왔다. .

일제강점기에는 방치됐던 석물을 팔아치우려고 산 주인이 군 담당직원에게 물었다고 한다. 우리 산에 석물들이 있는데, 어머니가 꿈에 나타나 가슴이 답답하니 치우라고 했다는 것이다. 담당 직원은 내용도 모르고 치우라고 했다. 이에 주인은 신이 나서 서울의 모 골동품 업자에게 석물을 넘겼다.

그런데 작업을 하던 포크레인 기사가 이상하게 생각했다. 자신도 범죄에 연루될까봐 신고를 해서 천만 다행스럽게도 서울로 반출될 뻔했던 석물들이 만인산에 그대로 남게 되었다는 것이다. (출처 : '한밭 그 언저리 산들' - 김홍주)

그러나 일본 통치자만큼 한심한 작태는 모 가문에서 석물을 치우고, 원래 태조의 태실 자리 위에 자신들 조상의 묘를 안치한 것이다. 이로 인해 남아 있던 석물은 크게 훼손되고 본래의 태실지마저 빼앗기는 어처구니 없는 일이 발생한 것이다. 아마 그곳을 대단한 명당으로 생각했던 것 같다.

금산군 추부면 마전리 산4번지의 태조 태실 자리에는 어느 대단한 집안에서 조상의 묘를 써놨다. 부끄러운 줄은 알았는지 상석에 비문을 새기지 않았다.

태조 태실은 행정구역으로는 충남 금산군 추부면 마전리 1_108번지에 위치하고 있다. 이 태실은 원래 금산군 추부면 마전리 산 4번지에 석물이 파괴되어 흩어진 채 자리하고 있었다.

지난 1985년에야 석물들만 인근 주민들에 의해 발견, 보존되다가 1992년 금산군이 복원에 나서 추부터널 부근인 현 위치로 이전 복원했다. 태실 자리를 개인 소유자에게 빼앗긴 채 원래 있던 곳에서 100미터 정도 떨어진 산중턱에 복원한 것이다. 이후 1989년 4월 20일에 충청남도 유형 문화재 제 131호 태조대왕 태실로 지정되면서 비로소 관리되기 시작하였다.

그런데 일부 지관들에 의하면 태조의 태실 자리는 풍수지리학적으로 냉혈이 흐르는 흉지라고 한다. 이곳은 조선 왕실을 보호하기 위한 '비보'처로써 역할을 하는 것이지, 그 자리가 천하의 명당은 아니라는 것이다.

'비보'라는 말은 어떤 기운이 너무 약하거나 강할 때 그 기운을 북돋워 주거나 누르기 위하여 인위적으로 보완하는 풍수적 조치를 의미한다. 즉 음기가 지나치게 강한 산자락에 남근석을 세워두는 것이다. 화기가 강한 산 아래에 큰 연못을 만드는 것도 하나의 방법이다. 즉, 왕실에는 비보처로써 효용이 있을지 모른다. 하지만 그 자체는 흉지에 불과한데 이런 곳에 묘자리를 썼다는 말인가.

태조 태실은 조성된 이후 지속적으로 석물의 보수가 이루어졌다. 왕의 태실은 태실이 위치한 지방의 지방관이 관리하게 되어 있었다. 만약 태실이 훼손되면 지방관을 거쳐 왕에게 그 사실이 보고되었고, 빠른 시일 내에 복원하도록 조치가 취해졌다.

서울대학교 규장각에 소장되어 있는 〈태조대왕 태실수개의궤〉는 1866년까지 전해지던 태조 태실의 형태를 살펴볼 수 있는 자료다.

1996년에는 국립문화재연구소에서 일제 강점기에 서삼릉으로 이장된 54기의 태실에 대한 발굴 조사를 실시했다. 발굴 당시 태를 넣어 둔 태항아리는 이미 도굴된 상태였고, 태항아리를 넣어 두었던 외 항아리는 파괴된 채 흩어져 있었다.

▶ 찾아가는 길 : 경부고속도로 비룡분기점 → 대진고속도로 추부IC(37번 국도
　　　　　　　–좌회전) → 추부(17번 국도–우회전) → 만인산자연휴양림.
▶ 이용안내 문의 및 안내 : 금산군청 문화공보관광과 관광개발팀 041–750–2391
　　　　　　　　　　만인산자연휴양림 042–280–5521

태조대왕이 탄생한 곳에 조선 왕조의 발상을 기념하며 함경도 용연에 세운 전각.
태조의 어태는 이곳에 있다가 만인산 자락으로 옮겨와 안치됐다.

만인산 자락의 태조 이성계 태실. 태실 자리를 개인 소유자에게 빼앗긴 채 원래 있던 곳에서 100미터 정도 떨어진 산중턱에 복원한 것이다.

3. 세종대왕 태실

    세종대왕은 왕위에 오르던 해인 1418년에 전국에서 가장 좋은 길지라 하여 곤명현 소곡산에 자신의 태를 안치했다. 세종이 탄생한지 22년이 되던 해에 조성되었다.

    이듬해인 1419년에 곤명현(경남 사천 지역의 옛 지명)은 이웃의 남해현과 합하여 곤남군이라는 큰 고을로 승격하게 됐다. 이는 세종태실지가 갖는 의미가 무엇인지를 알게 해주는 파격적인 일인 것이다.

    역대 왕 중에서도 세종대왕은 유독 풍수에 큰 관심을 보인 왕이다. 특히 태실의 조성에 지대한 관심을 보인 왕으로 전해지고 있다. 특히 자신의 태가 묻혀지는 태실지에 대해서도 깊은 관심을 갖고, 전국에서도 명당 중에 명당에 묻었다.

〈세종실록〉에는 '태실증고사 정이오가 진양으로부터 와서 태실산도(胎室山圖)를 바치니, 그 산은 진주의 속 곤명에 있는 것이었다'고 기록돼 있다. 또 '태실에 돌난간을 설치하면서 땅을 파서 지맥을 손상시켰으니, 지금 진주의 태실에는 돌난간을 설치하지 말고, 다만 나무를 사용하여 난간을 만들었다가 썩거든 이를 고쳐 다시 만들 것이다. 이를 일정한 법식으로 삼을 것이다'라고 기록돼 있다.

이 기록을 보면 세종의 원래 태실지는 돌난간 때문에 지맥이 손상돼 있었으며, 곤명으로 옮겨졌음을 알 수 있다. 그러나 원래 태실지에 대한 기록은 없어 어느 곳에서 옮겨왔는지는 확인되지 않는다.

1441년 세종은 사랑해 마지 않던 손자 단종이 태어나자, 즉시 어명을 내려 자신의 태실지와 이웃한 이곳에 단종의 태를 안치하게 했다. 세종 태실지에서 단종 태실지까지는 1km 거리다.

그 후 세종 태실지는 1597년(선조 30년) 정유재란 당시 왜적들에 의하여 도굴, 파괴된 것을 선조 때인 1601년에 대대적인 수리를 했다. 할아버지 세종대왕의 특별한 손자 사랑으로 세종태실과 가까운 곳에 자리하게 된 단종 태실은 다행히도 그 규모가 작아 왜구의 관심을 끌지 못하였다. 그래서 정유재란으로 세종 태실지가 크게 훼손될 때에도 화를 면하게 되었다고 한다.

세종대왕 태실지에는 1733년(영조 9년) 태실비가 세워졌다. 태실비의 규모는 높이 180㎝, 너비 33㎝, 두께 27㎝이다.

그후 조선의 태실지가 모두 길지라는 사실을 안 일본인들은 조선 왕실의 정기를 끊기 위해 1929년 전국에 산재한 태실들을 경기도 고양시 서삼릉로 옮기게 하고, 그 땅을 민간에 팔아버렸다. 그리하여 세종태실지는 형태를 알아볼 수 없을 정도로 훼손되고, 부서진 석물들은 계곡에 버려지거나 땅에 묻혀버렸다.

이곳 태실지에는 민가의 사설 묘가 들어섰다. 현재는 당시의 조형물인 태실비와 태항아리를 안장하는 중동석, 상개연엽석, 돌난간, 지대석, 주춧돌, 팔각대 등 석물이 산자락에 한데 모아져 있다.

지금 이곳은 원래의 세종태실지가 아니라 훼손되고 버려졌던 석물들을 임시로 수습하여 모아 둔 곳에 불과하다. 세종대왕 태실은 원래 산 정상부에 해당하는 곳에 위치했다. 하지만 민묘가 자리하고 있어 부득이 산 경사 지점 아래에 석물은 모아두었다. 문화 유씨가 조선총독부에 돈을 주고 세종의 태실지를 사서는 그 땅에 조상의 묘를 만들고, 자신도 묻힌 것이다.

사천시청에 보관되어 있는 〈세종, 단종태실수개 및 표석수립의궤〉와 남아 있는 자료에 따르면, 태실은 8각의 대석 위에 중동석과 상개연엽석을 놓은 뒤 주변에 전석을 깔고, 돌난간을 돌린 형태였을 것으로 추정된다. 이곳은 '신라오악종합학술조사단'에 의하여 1967년에 조사되기도 하였다.

세종과 단종 태실지가 있는 은사리 옥동 골짜기에는 도금마을과 옥동마을이 있다. 서편의 산능선을 끼고, 북천면과 경계를 이루고 있다.

숨 가쁘게 내달려온 거대한 용은 백두대간의 끝인 지리산(1,915m)에서 한숨을 돌리고 지리산 남쪽으로 한 줄기의 남은 힘을 뿜어내어 봉우리를 만드니, 이것이 하동군 옥종면에 있는 옥산(玉山)이다. 옥산(614m)을 거쳐 남쪽으로 나지막하게 엎드려 10여리를 내려온 용은 곤명면 은사리 소곡산에 아담하고 아름다운 혈을 만들었다.

1418년에 세종의 어태를 이안(移安)하였으니, 이곳 지형이 와우형국(臥牛形局)이라 한다. 소가 밥그릇(구시)을 안고 배 부르게 누운 지형곡(地形谷)이라 하여

'구시골'이라 불리어오다가 그 후 구시(構)가 구슬(玉)로 바뀌어져서 옥동(玉洞)이라 칭하게 되었다 한다.

주변의 지형을 보면 사방이 산으로 둘러싸여 분지를 이루고, 마을은 들판이다. 단종 태실이 있었던 곳은 들 가운데 뚝뫼이다. 이것은 꿩이 들에 내려와 기어 다니는 설이라 하는데, 마을 뒤의 매봉산 매가 꿩을 덮치려고 하니, '소리골'에서 소리를 질러서 매가 꿩에 접근치 못하게 하는 형국이라고 전해 내려오고 있다.

이곳 곤명면 은사리는 7개의 명당이 있다는 명당 중에 명당이다. 이 주위에는 7곳의 길지가 있다 한다.

그곳은 호수(虎鬚; 호랑이 수염), 호미(虎尾; 호랑이 꼬리), 노서하전(老鼠下田; 늙은 쥐가 들에 내려오는 모습), 사두(蛇頭; 뱀의 머리), 단종태실지가 있는 복치(伏雉; 엎드린 꿩), 세종태실지가 있는 와우(臥牛), 옥녀도금(玉女搗錦) 등 7곳을 말한다.

또한 이곳에서 10여km가 떨어진 곤양 다솔사는 예부터 '장군대좌설'(장군이 나올 묘자리)로 알려져 있다. 입구에는 1885년 고종 때 글자를 새겨 주위에 민묘를 못쓰게 하는 "어금혈봉표(御禁穴封表)"라고 쓰여진 바위가 있다.

이 마을의 명성을 말해 주듯이 도로변엔 규모를 갖춘 묘소가 유달리 많이 보인다. 아마 가까이에 있는 세종 태실지의 영향을 받았을 것이다. 이왕이면 조상의 묘를 명당자리에 모시고 싶은 욕심 때문이라고나 할까.

풍수지리학자들에 따르면 세종대왕의 태실보다는 단종 태실이 더 명당에 들어섰다고 한다. 과연 명당이란 명성에 걸맞게 단종의 태실지는 사방이 나지막한 원형 숲으로 둘러싸인 한가운데에 배꼽 모양으로 도드라져 있다.

거북 등처럼 도톰하게 언덕을 이룬 이런 땅을 풍수에서는 '돌혈(突穴)'이라 일컫는다. 여기에는 반드시 물이 있어야 한다. 물이 기의 흐름을 막아 기가 태실지에 몰려 있어야 명당의 조건에 부합한다.

현재 단종의 태실은 경북 성주군 월항면 인촌리 선석산 기슭의 '세종대왕자 태실'에 함께 봉안되어 있다. 그리고 이곳 곤명의 단종 태실지는 사천 출신의 친일파 최연국(崔演國)이 매입해버렸다. 결국 그 자리에는 최연국의 묘가 들어섰다.

▶ 찾아가는 길 : 남해고속도로 곤양IC – 곤명면 – 은사리. 곤양 IC에서 16km
▶ 이용안내 문의 및 안내 : 사천시청 문화관광과 055-831-2727

역대 왕 중에서도 세종대왕은 유독 풍수에 큰 관심을 보인 왕으로 세종대왕 태실지는 명당 중에 명당에 조성됐다.

세종 태실지에서 단종 태실지까지는 1km 거리다. 단종 태실지의 석물은 쓸쓸하게 비바람을 맞고 있다.

단종 태실지 주변에 여러 석물들이 흩어져 있다.

4. 퇴계 이황 태실

퇴계 이황

경상북도 안동시 도산면 온혜리에 노송정(老松亭)이라 불리는 기와집들은 단종 2년(1454년)에 퇴계 이황의 할아버지 이계양이 세웠다. 이 기와집의 중앙에는 '퇴계이황태실'이라는 큼지막한 현판이 걸려 있다. 이 태실은 퇴계 선생의 '태를 모신 방'을 지칭하는 것이 아니고, '태어난 방'을 의미한다.

이 고택은 퇴계 선생의 큰 형님의 종택이자, 진성 이씨 가문의 종택이다. 경상북도 민속자료 제 60호.

동방의 대성리학자 퇴계 선생이 태어난 산실을 자랑스럽게 길이길이 기념하는 정성에 숙연함을 느낀다. 이 태실은 한때 퇴락했지만, 1980년경 후손들에 의하여 대대적으로 보수됐다.

연산군 7년에 태어난 퇴계 이황은 율곡 이이와 함께 우리나라 유학 사상의 대표적인 학자다. 그는 주자의 '이기일원론'을 바탕으로 사상을 발전시켜 우주 만물의 이(理)와 기(氣)를 새롭게 해석했다.

퇴계 선생의 할아버지 이계양이 봉화 훈도로 있을 때였다. 이 근처에서 굶주린 스님을 구해줬다. 그 스님이 집터를 잡아 주면서 이곳에 집을 지으면 귀한 자손이 난다고 해서 자리를 잡았다.

퇴계 태실은 용두산으로부터 뻗어온 용맥이 발자국처럼 형성된 곳을 주산으로 하고, 전후좌우의 산들과 물들이 모여들고, 감싸주는 형국으로 대명당의 국세를 갖춘 곳이다.

퇴계 태실의 배치를 살펴보면 주산을 배산으로 한 'ㅁ'자형의 배치다. 태실을 마당의 한 가운데 우뚝하게 높게 배치해 하루 종일 햇볕이 드는 따뜻한 곳이다.

노송정은 배면과 우측면을 판벽과 쌍여닫이 판장문으로 폐쇄하고, 전면이 개방된 6칸 마루와 2칸의 온돌방, 1칸 규모의 퇴칸을 돌출시켰다. 방과 대청과는 4분합 들문을 달아 개방성을 높였다.

노송정 우측에 토장을 돌리고, 전면에 사각문을 세운 사당은 일반적으로는 ㅁ자 정침의 우측 뒷쪽이나 사랑 부분과 근접되면서 동선을 구획할 수 있는 곳에 설치되는 것이 상례. 이에 반해 여기서는 ㅁ자 정침과는 상당히 떨어져 배치되어 있다.

전면에 퇴칸을 두고 우물마루를 깐 3칸을 통칸으로 사용하고 있으며, 치장을 하지 않은 매우 간결한 굴도리 집이다. 약 60여년전 개축되었다고는 하나 조선 사대부가의 기본틀을 유지하고 있다. 특히 태실과 같은 독특한 기능을 가진 방과 상류층 주택의 일면을 볼 수 있는 가치를 지니고 있는 주거 건물이다.

노송정 태실문 앞에는 '성인이 찾아온 문' 이란 뜻이 담긴 성림문(聖臨門)이란 현판이 걸려 있다. 어머니 박씨가 퇴계를 잉태했을 때, 공자가 그 문 앞을 찾아온 꿈을 꾸었다고 하여 붙여진 이름이다.

퇴계 선생의 할아버지, 할머니, 아버지, 어머니가 모셔진 퇴계 선영은 퇴계 태실 좌측편의 학교 뒤에 위치한다. 퇴계 태실, 종택, 퇴계 묘, 선영, 서원이 모두 3km 반경 내에 위치한다. 퇴계 선영은 용두산의 끝자락이고, 퇴계 태실 뒷쪽으로 산들이 좌우에서 감싸주는 중심 용맥에 위치한다.

용맥의 개장이 반복되다가 마지막에 용맥이 개장을 마친 곳에 해당한다. 좌우의 청룡백호 안자락이며, 상단과 하단의 두 곳에 자리잡았다.

조금 아래로 입수의 맥이 내려와 남향으로 자리를 잡았는데 내(內) 청룡은 가까이는 쌍봉산이요. 다음으로는 청량산에 뻗어 내려온 주맥이 외(外) 청룡이 되어 겹겹이 싸여 있다. 내백호 가까이는 도산이요, 멀리는 영지산 자락이 외백호를 이루듯 묘소를 감싸고 엎드려 있다.

도산서원은 퇴계 선생이 공직생활을 마치고 은둔하기에 좋은 장소로 잡은 곳이다. 퇴계는 자신이 서당 자리를 잡게 된 경위를 '도산잡영병기'에 기술하고 있다. 이곳은 산이 그다지 높고 크지는 않지만, 터가 넓고 형세가 빼어나며 방위를 보아도 한쪽으로 치우침이 없다고 한다. 또한 주변의 산봉우리와 계곡이 모두 이곳을 향하여 읍(揖)하며 감싸 도는 모습이라는 것이다.

낙동강물이 좌에서 우로 횡류하는데, 백호가 겹겹으로 역관해주는 용수의 배합이 뛰어나고, 양택의 기본 요건인 배산임수, 전저후고, 전착후관 등 3대 조건을 두루두루 충족시킨다는 풀이다.

선생의 묘소로 올라가는 중턱에는 며느리 봉화금씨묘가 자리한다. 살아서도 시아버지를 모셨는데, 죽어서도 시아버지를 모실 수 있도록 시아버지 묘역 가까이 묻어달라는 유언에 따라 퇴계선생 묘소 아래에 묘자리를 썼다고 한다. 그 마음이 너무나 갸륵하다.

퇴계 선생 묘소는 선조가 당대 제일의 지관을 보내어 건지산골에 '황룡도강(黃龍渡江)'의 명지를 잡아 주었다. 그러나 거기에 모시지 않고, 퇴계 선생이 분가하여 거처하던 양진암의 뒷산에 묘 자리를 썼다. 제자들이 예장(禮葬. 예식을 갖추어 치르는 장사)하지 말라는 퇴계 선생의 훈계를 받든 것이다.

이 묘소는 태백산 주맥에서 뻗어나온 한 줄기가 건지산의 주봉을 형성하여 조산이 되는 형국이다. 건지산에서 남쪽으로 면면히 이어온 내룡이 묘소 바로 뒤편에서 하나의 봉우리를 형성한다.

이용안내 문의 및 안내 : 안동시청 문화예술과(문화재) 054-840-5230
▶ 찾아가는 길 : 중앙고속도로 서안동 IC - 안동시 - 안동군자마을 - 도산면사무소
　　　　　　　- 퇴계 태실.
▶ 문의처 : 안동시청 문화예술과(문화재) 054-840-5230

퇴계 이황이 태어난 집에 있는 퇴계 태실은 퇴계 선생의 '태를 모신 방'을 지칭하는 것이 아니고, '태어난 방'이다.

퇴계 태실이 있는 노송정 고택은 조선 사대부가의 대표적인 고택으로 장려한 외관을 자랑한다.

노송정은 대청의 좌측에 온돌방을 이통간(二通間)으로 꾸미고 독립된 마루를 별도로 두고 있다.

눈길 못 받는 정조의 모형 태실

▲ 수원화성박물관 앞뜰에 세워진 정조의 태실 모형

'우리 문화에 조예가 있었으면 좋겠네'
 경기도 수원시 팔달구 매향동에 화성을 본떠 조형한 '수원화성박물관'이 자리하고 있다. 박물관을 바라보고 우측도로 쪽으로 보면, 비와 함께 탑의 형태로 조형한 구조물이 보인다. 얼핏 보기에는 누군가 조각이라도 해 놓은 듯하지만, 한쪽 구석에 덩그러니 놓여 있는 시멘트 덩어리 같아 보인다.

눈길 못받는 정조의 태실 모형. 성의 없이 돌로 빚어 세운 듯한 이 모형은 왜 만들었는지 의문을 갖게 한다.

사실 이 조형물은 정조의 태를 묻은 태실을 그대로 모사하여 만든 구조물이다. 원래 정조의 태실과 비는 강원도 영월군 영월읍 정양리 산 133에 소재한다. 강원 유형문화재 제114호로 지정된 이 태실은 제22대 왕 정조의 태를 모셨던 곳으로, 그 앞에는 태를 모신 것을 기념한 비가 놓여 있다.

정조는 사도세자와 혜경궁 홍씨 사이에 태어난 맏아들로, 아버지의 죽음으로 인해 험한 일들을 많이 겪어야 했다. 그러나 정조는 할아버지인 영조의 탕평책을 이어받아 당론의 조화를 이루었고, 규장각을 통한 문화 사업을 활발히 하여 실학을 크게 발전시켰다.

수원이라는 곳은 정조대왕의 삶이 새롭게 조명되고 있는 곳이다. 정조는 수원 화성을 '수원성(水原城)' 또는 '화성(華城)'이라고 불렀다. 수원성은 단순히 읍성(邑城)이었으나, 정조 때 성곽을 새로이 축조함으로써 이후로는 화성(華城)이라 불렸다. 한양을 한성(漢城)이라 불렸고, 수원을 화성(華城)으로 부른 것이다. 두 도시가 대표적인 성곽도시였기 때문이었다.

정조는 자신의 부친인 사도세자의 묘를 이곳으로 옮기고, 주민을 이주시킬 수 있는 신도시를 건설하기 위해 방어 목적으로 조성했다.

당시 정조가 아버지 사도세자의 묘소 '현륭원'에 행차한 모습을 그린 병풍 그림이 남아 있으니, 바로 '화성능행도'다.

또한 정조는 자신의 왕권을 강화하려면 새로운 정치 공간을 만들 필요가 있다고 생각했다. 그의 이상을 실현하기 위해서는 충성스러운 신하, 군사력, 그리고 이들을 원만하게 다룰 수 있는 자금이라는 세 가지 요건이 필요했다.

정조는 수도인 한양에서는 이 3가지 모두를 얻기 어려우니, 신도시를 건설하는 방법이 최선이라는 결론을 얻었다. 그런 목적의 정치 공간을 아버지의 추모 사업과 연결하여 일석이조의 효과를 얻는다면 금상첨화가 아닐 수 없었다. 수원 화성은 딱 안성맞춤의 장소였다. 서울과 남쪽을 연결하는 교통의

정조가 아버지 사도세자의 묘소에 행차한 모습을 그린 화성능행도. 개혁 군주 정조의 위상을 대변하듯 행차하는 모습이 화려하고 웅장하다.

요지이자, 상업 활동을 위한 도시인 한편, 사도세자의 현륭원이 인근에 있었기 때문이었다.

사적 제3호(1963년 1월 21일 사적 지정)인 화성은 1997년 세계문화유산으로 지정돼 새롭게 조명받았다.

그런데 수원 화성을 찾는 사람들은 이 태실의 조형물에 대해 무관심한 듯하다. 곁으로 지나치면서도, 안내판 하나 꼼꼼하게 읽어보는 이들을 보기 어렵다. 왜 이런 것을 여기 세워야 했는지조차 모르는 듯하다.

우리 역사, 특히 수원과 정조대왕의 역사에 대해 좀 더 관심을 기울여주었으면 하는 바람이다. 아무 조형적인 가치조차 없는 시멘트 덩어리로 태실 모형을 세워놓는 것은 예산 낭비일 뿐이다.

- 제 9 장 -
맺는 말

제 9장 – 맺는 말

앞으로도 우리 민족 고유의 태실 문화를 널리 알리고 보존하기 위한 나의 발걸음은 결코 멈추지 않을 것입니다. 지속적인 자료 수집과 답사를 통해 태실에 관한한 족적을 남기고 싶습니다.

이 책을 쓰기 시작하면서 유네스코 세계문화유산 등재에 작은 일이든 큰 일이든 하고 싶다고 했습니다. 그날까지 작은 밀알이 되고자 합니다.

저는 태실에 미친 사람이라는 소리도 가끔 들었습니다. 미친 사람답게 제 나름으로는 원대한 포부도 갖고 있습니다. 서삼릉 주변에 태실박물관을 세워 국내 관광객들은 물론 세계 각국의 방문객들이 한국의 태실 문화를 몸소 체험하는 그날을 꿈꾸고 있습니다. 규모 있는 박물관이 아니더라도 좋습니다. 박물관이 꼭 방문객들을 압도하고 들어가는 국립중앙박물관 같으라는 법은 없습니다. 작은 박물관들이 늘어날 때 우리의 찬란한 문화유산은 더욱 빛을 발한다고 봅니다.

꿈은 이루어진다고 합니다. 언젠가 이 꿈은 이루어질 것입니다.

제 꿈은 여기서 한걸음 더 나아갑니다. 언젠가는 전 세계를 순회하며 태항아리 전시회를 열어 한국의 태실을 알리는 문화공익 사업도 하고 싶습니다. 전 세계를 순회하며 태실 사진전도 열고 싶습니다. '꿈은 꿈꾸는 자의 것'이라고 합니다. '꿈은 꿈꾸는 자에게만 있고, 내일은 내일을 믿는 사람에게만 있다'고 합니다. 그리고 '꿈을 가진 자는 그 꿈을 이루어간다'고 합니다.

모자람이 많은 제 책을 읽는 사람들이 태실에 관심을 가져주고, 저의 꿈을 응원해 주었으면 좋겠습니다.

저는 앞으로도 한가하게 시간이나 때우는 나른한 인생을 살고 싶지는 않습니다. 아침에 눈을 뜨면 오늘 하루는 어떻게 시간을 보낼까 고민하는 소극적인 인생을 살지는 않을 것입니다. 자랑스런 우리 문화유산, 태실에 내가 할 수 있는 것을 다 한다는 생각으로 살아갈 생각입니다.

이 책에서 저는 일제강점기에 일본 통치자들의 음모에 의해 희생된 서삼릉을 여러 번 언급했습니다.

다시 말하지만 저는 제 고향 고양시의 서삼릉에 무한한 애정을 갖고 있습니다. 애석하게도 오늘날 서삼릉은 젖소 개량사업소, 효릉, 예릉, 태실 구역 등 7개 구역으로 나누어져 방문객들이 마음대로 이 구역에서 저 구역으로 이동하지 못하는 실정입니다. 그것은 서삼릉 한복판에 생뚱맞게도 젖소 개량사업소가 들어섰기 때문입니다. 젖소 개량사업소가 다른 곳으로 이전되는 날을 손꼽아 기대해 봅니다.

끝으로 이 책을 쓰는 데 많은 도움과 격려를 주시고, 용기를 주신 여러 분들에게 고개 숙여 감사의 마음을 전합니다. 이 책을 감수해주신 고양시 문화재 전문위원 정동일님과 많은 도움을 주신 풍수지리학 박사이자 왕릉과태실연구소 상임 고문이신 김태일님, 청주시청 이규상님, 성주군 학예사 박재관님, 영화 제작자 김세훈님, 교정을 맡아준 고양시 문화관광해설사 박소연님, 모두 너무 감사합니다. 이 분들의 도움이 없었다면 이 책은 세상에 나오지 못했을 것입니다.

이어 '조선의 세계적인 문화유산 – 태실' 2편으로 여러분을 다시 찾아 뵙겠습니다.
문의사항은 hwun123@naver.com으로 해주시면 감사하겠습니다.

부록 – 서삼릉 태실 집장지에서 출토된
조선시대 왕자와 공주, 옹주, 왕비의 태항아리들.

(서삼릉 태실내 태항아리와 태실의 실태를 파악하기 위해 1999년 3월 국립문화재연구소에 의해 수습 발굴조사가 이루어졌다.)

이왕전하 태항아리

인성대군 태항아리

연산군 모 폐비윤씨 태항아리

안양군 태항아리

완원군 태항아리

왕자 수장 태항아리

견성군 태항아리

연산군 원자 금돌이 태항아리

연산군 자인수 태항아리

왕녀 영수 태항아리

연산군녀 복억 태항아리

연산군녀 복합 태항아리

덕흥대원군 태항아리

인성군 태항아리

인흥군 태항아리

숙명공주 태항아리

숙정공주 태항아리

숙경공주 태항아리

명선공주 태항아리

연령군 태항아리

영조왕녀(화유옹주) 태항아리

영조왕녀(화령옹주) 태항아리

영조왕녀(화길옹주) 태항아리

의소세손 태항아리

문효세자 태항아리

철종왕세자 태항아리

덕혜옹주 태항아리

고종제팔남 태항아리

고종제구남 태항아리

영산군 태항아리

의혜공주 태항아리

경평군 태항아리

■ 참고 자료.

— 사료(史料)

△ 〈삼국사기〉

△ 〈문종 실록〉 제3권

△ 〈고려사〉

△ 〈세종실록지리지〉

△ 〈태봉등록〉 규장각 소장

△ 〈태봉〉 규장각 소장 이왕직편

△ 〈영조대왕태실가봉의〉

△ 〈이조실록〉

— 단행본

△ 강경숙, 〈한국도자기 가마터 연구〉, 시공사, 2005.

△ 〈한국도자사〉 일지사, 1989.

△ 강대규, 김영원, 〈도자공예〉, 솔, 2005.

△ 국립문화재연구소, 〈안태등록(국역)〉, 민속원, 2007.

△ 〈조선 왕실의 안태와 태실 관련 의궤〉, 민속원, 2006.

△ 김문식, 〈조선왕실 기록문화의 꽃 의궤〉, 돌베개, 2005.

△ 김영애, 〈태항아리〉, 건기원, 2009.

△ 〈국역 조선왕조실록〉

△ 김영원, 〈조선시대 도자기〉, 서울대학교 출판부, 2003.

△ 김재열, 〈KOREAN ART BOOK 백자 ? 분청사기Ⅰ〉, 예경, 2000.

△ 〈KOREAN ART BOOK 백자 ? 분청사기Ⅱ〉, 예경, 2000.

△ 박원출, 이정수, 조원영, 〈테마가 있는 한국문화〉, 선인, 1999.

△ 방병선, 〈순백으로 빚어낸 조선의 마음, 백자〉, 돌베개, 2002.

△ 신명호, 〈조선 왕실의 의례와 생활, 궁중 문화〉, 돌베개, 2002.

△ 윤용이, 〈아름다운 우리 도자기〉, 학고재, 1996.

△ '조선 왕실의 안태와 태실 관련 의궤' _ 2006, 국립문화재연구소

△ 〈조선의 태실〉 1, 2, 3, 1999, 전주이씨대동종약원

△ 〈한국의 태실〉 _ 2005, 이규상

△ 충북대학교 호서문화연구소 1982, 〈호서문화연구〉 제 2편

△ 충북향토사연구협의회 1989, 〈충북향토문화〉

△ 청원군, 청원군지

△ 보은군, 1994, 〈보은군지〉

△ 진천군, 1994, 〈천군지〉

△ 청주시, 1997, 〈청주시지〉

△ 충북대학교 박물관, 1998, 〈진천군의 문화 유적〉

△ 청원군, 1999, 〈문화재대관〉

△ 국립문화재연구소, 1999, 〈서삼릉 태실〉

△ 이화여대박물관. 1985 〈조선백자항아리〉

△ 한글학회. 1991. 〈한국땅이름큰사전〉

— 보고서 및 논문

△ 김태일, 동방대학교 _2012, '조선의 왕릉과 태봉의 비교 연구' _ 동기감응론과 풍수 이론 중심으로

△ 김현길, 1983, 〈중원군 엄정면 소재 태실에 대하여〉

△ 최호림, 1985, 〈조선시대 태실에 대한 연구〉

△ 한림대학교 박물관 1991, 〈왕녀복란태실발굴조사보고서〉

△ 홍재선, 1992, 〈충청 지방의 태실과 그 현황〉

△ 김영진, 1997, 〈청원 산덕리 태실 발굴조사 보고서〉

△ 정영호 조익현 1999, 〈진천 김유신장군사적 학술조사보고서〉

△ 경상북도문화재연구원, 1999, 〈인종태실 발굴조사보고서〉

△ 김성찬 〈원주의 태실고〉

△ 문화재청 〈태항아리특별전〉 1999

△ 〈서삼릉 태실 – 서삼릉태리 이장전 분포도〉

△ 홍성익, 〈강원지역 태실에 관한 연구 _ 전국 태실 조사를 겸하여〉

△ 윤석인, 2000, 〈조선왕실의 태실 석물에 관한 연구〉

△ 주간한국 〈풍수와 길흉화복〉

△ 금산군 자료실 〈국도문화재 및 자료〉

△ 〈전북민속자료 제 26호 예종대왕 태실비〉

△ 〈사천시 자료실 기념물 제 30호〉

△ 〈윤근일, 서삼릉태실 발굴조사 개요〉

△ 〈김태윤, 조선왕실 태항아리〉

— 기타

△ 임동권, 1974, 〈한국의 민속〉 세종대왕 기념사업회

△ 박철민, 1980, 〈조선 초기의 풍수지리사상〉

△ 최호림, 1985, 〈조선시대 묘지의 종류와 형태에 관한 연구〉

△ 김용숙, 1987, 〈조선궁중산속연구〉

△ 한국정신문화연구원, 1994, 〈한국민족문화대백과〉

△ 서울대학교 규장각 〈정조대왕태실가봉의궤〉

△ 이호일, 2003, 〈조선의 왕릉〉

△ 조선사회사 총서

△ 서울육백년사.

△ 보은군청 문화공보과 파일

△ 네이버 〈백과사전〉 정조대왕 태실 및 태실비

△ 〈충주시 지방유형문화재〉 제 6호 경종대왕 태실

△ 〈충남유형문화재〉 제 21호 명종대왕 태실 및 비

△ 국립문화재연구원, 2008년, 〈조선 왕실의 태실〉

저자 김 득 환

- 경기도 고양시 벽제면에서 태어나 어린 시절부터 조선 왕조의 태실들이 집장된 서삼릉으로 소풍을 가곤 했다. 그 추억이 머리 속에 강렬하게 남아서 남들이 가지 않는 태실 전문가의 길을 가게 됐다.
- 고양시 생활체육협의회 사무국장을 역임한 뒤 지난 2004년부터 고양시 문화관광해설사로 활동했다.
- 이 땅에서 아스라이 사라져가는 우리 역사의 한 자락을 복원하려고 고양시 독산봉수대 제전위원장을 맡기도 했다. 2013년부터는 '역사의 대중화'에 기여하고자 매년 고양시 호수공원에서 '조선의 왕릉과 태실 사진전'을 열어왔다.
- 경기도 향토문화연구원을 거쳐 조선황실태실연구소 소장 겸 서삼릉복원추진위원회 상임대표를 맡고 있다.
- 논문으로는 '경기향토사학' 제 12집(2007년)에 실린 '서삼릉 능역의 능묘와 태실 등에 대한 고찰'과 '경기향토사학' 제 16집(2011년)에 실린 '지명 유래에 대하여'(고양 배다리 중심)가 있다.
- 현재 방송통신대학에 재학 중이다.

조선의 세계적인 문화유산

태실 胎室

초판 1쇄 인쇄일 2016년 5월 20일
초판 1쇄 발행일 2016년 5월 27일

인쇄인 김 지 혜

발행인 김 득 환

지은이 김 득 환

펴낸곳 책읽는사람들

등록번호 301-2014-008

이메일 hwun123@naver.com

전화 031-965-3339

주소 경기도 고양시 덕양구 원당동 221-55
         (서삼릉로 태실 앞)

정가 19,800원

총판처 (경제서적)유통회사 : 02-736-0640

*파본은 교환해 드립니다.
*이 출판물은 저작권법에 의해 보호를 받는 저작물이므로
 무단복제할 수 없습니다.